T0271178

نظم المعلومات الإدارية

وتطبيقاتها في الصناعة

[التنظيم والتكنولوجيا]

بين النظريــــة والتطبيـــق

2

نظم المعلومات الإدارية وتطبيقاتها في الصناعة [التنظيم والتكنولوجيا]

بين

النظريـــــــة والتطبيـــــــق

رياض سلطان علي

المملكة الأردنية الهاشمية
رقم الإيداع لدى دائرة
المكتبة الوطنية
2006/11/2983

685.403
علي، رياض
نظم المعلومات الإدارية: التنظيم والتكنولوجيا/ رياض سلطان علي.-
عمان: دار زهران، 2006.
(   ) ص.
ر.أ. : (2006/11/2983)
الواصفات: / إدارة الأعمال// المعلومات الإدارية /

❖ أعدت دائرة المكتبة الوطنية بيانات الفهرسة والتصنيف الأولية.
❖ يتحمل المؤلف كامل المسؤولية القانونية عن محتوى مصنفه ولا يعبر هذا المصنف عن رأي دائرة المكتبة الوطنية أو أي جهة حكومية أخرى.

المتخصصون في الكتاب الجامعي الأكاديمي العربي والأجنبي

دار زهران للنشر والتوزيع

تلفاكس : 5331289 – 6 – 962+، ص.ب 1170 عمان 11941 الأردن
E-mail : Zahran.publishers@gmail.com
www.darzahran.net

5

الباب الخامس: حالات عملية عن تطبيق نظم المعلومات الإدارية في الصناعة.

الفصل السادس عشر: حالات عملية عن تطبيق نظم السيطرة

الرسوم والمخططات

بسم الله الرحمن الرحيم

مقدمة الكتاب :

لقد بدأت الدول الصناعية المتقدمة تدرك منذ ستينيات القرن العشرين، كنتيجة حتمية للتقدم السريـع في مجـالات الإدارة والصـناعة والانتشار المـذهل في استخدام الحاسـبة الإلكترونيـة، أهميـة نظم المعلومات الإدارية ودورهـا في تـوفير المعلومات الضرورية لصنع القرارات الصائبة، وقامت الجامعـات ومراكز العلم في هذه الدول بأعداد مجموعات كبيرة من الكتب والبحوث التي ألقت الضوء على التطورات التي طرأت على نظم المعلومات الإدارية.

وبنظرة لواقعنا العربي نجد أن نظم المعلومات الإدارية لم تحفل بالعنايـة الكافيـة مـن البـاحثين والدارسين ولم تثير اهتماماتهم بـالرغم مـن أن أقطارنـا تشـهد اليـوم ثـورة تكنولوجيـة واسـعة النطـاق في مجالات العلم والتقنية وأن منشأتنا الصناعية قـد ازدادت حجومها وتشتت جغرافياً وتعقدت هياكلها التنظيمية. ويمكن القول أن هذا الجانب المهم من جوانب تكنولوجيا الإدارة لم ينل حظه بعد من الدراسـة والبحث وأن مكتباتنا تكاد تخلو من الكتب والبحوث العلمية التي أعدت حول هذا الموضوع المهم.

ومن هنا تأتي أهمية هذا الكتاب(نظم المعلومات الإدارية وتطبيقاتها في الصناعة) الذي يهـدف إلى سد هذه الثغرة في المكتبات العربية وتزويد العاملين في حقل الإدارة، سـواء الـذين يمارسون العمليـة الإدارية أو الذين يبحثون في جوانبها الأكاديمية بالمعارف العملية والتطبيقية المتعلقة بتصميم وتطوير نظم المعلومات الإدارية كما يقدم الكثير من الآراء والحالات العملية الجديرة بالاهتمام والدراسة.

ويمتاز هذا الكتاب بمجموعة من الميزات نلخصها فيما يلي:

1- يتناول بالدراسة والتحليل العميق نظام المعلومات الإدارية مـن منطلـق مـدخل الـنظم (SYSTEM APPROACH). تقوم هذه الوسيلة على أساس دراسة

17

الأنظمة الثانوية المكونة لنظام المنشأة الرئيسي وكذلك البيئة التي تمارس فيها الأنظمة نشاطاتها.

ومدخل النظم هو منهج شامل يعالج العلاقات المتداخلة لمكونات النظام. وبتعبير آخر، فأنه وسيلة مهمة تساعد في دراسة الإطار المتكامل لتصميم نظام المعلومات الرئيسي- والنظم الفرعية التي يستند عليها في تقييم نظم المعلومات التقليدية بهدف تطويرها لكي يمكنها مواجهة متغيرات العصر- والإيفاء بجميع احتياجات الإدارة من المعلومات من حيث الكمية والنوعية.

2- يحاول الجمع بين الإطار النظري والحالات الواقعية. أن الكتاب هو محاولة جادة لتقديم دراسة منهجية شاملة تركز على التطبيق العملي من خلال عرضه لمجموعة من النماذج التطبيقية في مجال التكاليف والإنتاج والخزن والسيطرة على النوعية لإبراز المشكلات التي تعاني منها هذه النظم بهدف اقتراح الحلول الملائمة لها.

3- يضم الكتاب مجموعة من المخططات التوضيحية لسير المعلومات في نظم المعلومات الإدارية لعدد من الشركات الصناعية وذلك أيماناً من الكاتب بأن توضيح سير المعلومات بيانياً يساعد على تحديد وتشخيص المشاكل التي تعاني منها النظم.

ينقسم الكتاب إلى خمسة أبواب:

الباب الأول: هو من أربعة فصول يتحدث عن نظم المعلومات الإدارية من حيث مفاهيمها وأنواعها والبيئة وعملية أتحاذ القرارات.

يتناول الفصل الأول بالدراسة والتحليل خمسة اتجاهات لتحديد مفهوم نظم المعلومات الإدارية ثم ينتقل إلى شرح الأصناف المختلفة لنظم المعلومات الإدارية وفي الفصل الثاني وعنوانه بيئة نظام المعلومات الإدارية عرض الكتاب النظام المفتوح والنظام المغلق، والبيئة الخارجية والنظام المرن والنظام المستقر.

وفي الفصل الثالث يعرض الكتاب موضوع المعلومات وصنع القرار وفيه يتناول ما يهم القارئ معرفته من المصطلحات الأساسية المرتبطة بهذا الموضوع وينتقل من ذلك إلى شرح عملية تحديد احتياجات صانع القرار الإداري من المعلومات المطلوبة.

وفي الفصل الرابع والأخير من الباب الأول يتحدث الكتاب عن عملية اتخاذ القرارات ويتناول الموضوعات التالية: الطريقة التقليدية- الطريقة العلمية- التغذية الاسترجاعيه- نماذج القرار.

أما الباب الثاني والذي يختص بالأساسيات التكنولوجية لنظم المعلومات الإدارية. وقد تم تقسيم هذا الباب إلى أربعة فصول، يتناول الفصل الخامس موضوع نظم جمع المعلومات إذ يتطرق إلى شرح أهم الطرق المستخدمة في هذا المجال. ويتناول الفصل السادس نظام قاعدة البيانات، بينما يعرض الفصل السابع نظام الاتصالات في المفهوم والتطور ويوضح الفصل الثامن كيفية تطوير نظام التقارير.

والباب الثالث من هذا الكتاب فيستعرض تكنولوجية المعلومات وشبكات الاتصال، إذ يبين الفصل التاسع كيفية استخدام شبكات الإنترنت والإنترانت والإكسترانت، ويتناول الفصل العاشر أنواع الشبكات.

يتناول الباب الرابع دراسة بناء نظم المعلومات الإدارية وهي دراسة لا غنى عنها للقارئ وكذا للمدراء بمختلف مستوياتهم نظراً لأن الإلمام بمنهج البناء في طرقه المختلفة لا يتم إلا بدراسة الأدوات والأساليب اللازمة لتطوير النظم وذلك بمعرفة خصائصها وغاياتها وهو ما تقوم بدراسته ماده هذا الفصل والذي اشتمل على خمسة فصول الفصل الحادي عشر- خاص باستخدام مدخل النظم في حل مشاكل الأعمال الذي يتطرق فيه الكتاب لتقييم الحلول البديلة وتصميم النظام الأفضل كما يتكلم فيه كذلك عن تحديد المشكلة عن طريق دراسة وفهم النظام.

وفي الفصل الثاني عشر يتناول الكتاب طرق بناء نظم المعلومات التقليدية ويبدأ بتحديد مرحلة فحص المشكلة المعنية وينتقل بعد ذلك لاستعراض المراحل المختلفة الأخرى وهي التحليل والتصميم والبرمجة والتطبيق والصيانة.

وفي الفصل الثالث عشر يتناول الكتاب طرق بناء نظم المعلومات المتطورة ويعرض الفصل في هذا المجال مجموعة من الطرق المهمة.

وفي الفصل الرابع عشر يعرض الكتاب موضوع تقييم فاعلية نظم المعلومات وفيه يتناول ما يهم القارئ معرفته من معاني المصطلحات الأساسية المرتبطة بهذا الموضوع وينتقل من ذلك إلى شرح طرق التصميم المختلفة فيركز على أربعة طرق أساسية تستعمل إجراءات مميزة في عملية التقييم.

أما الباب الأخير من الكتاب فيتناول الجانب التطبيقي لنظم المعلومات الإدارية. يضم هذا الجزء مجموعة من الحالات العملية في مجال السيطرة على الإنتاج والسيطرة على الخزين والسيطرة على النوعية ويضم كذلك مجموعة من المخططات البيانية التي تبين سير المعلومات في هذه الأنظمة وأخيراً يمكننا القول بأن الجمع بين الجانبيين النظري والعملي يجعل للكتاب أهمية فكرية وقيمة مرجعية سيغطى جانباً من النقص الحاصل في التأليف في مجال نظم المعلومات الإدارية.

المؤلف 2007م

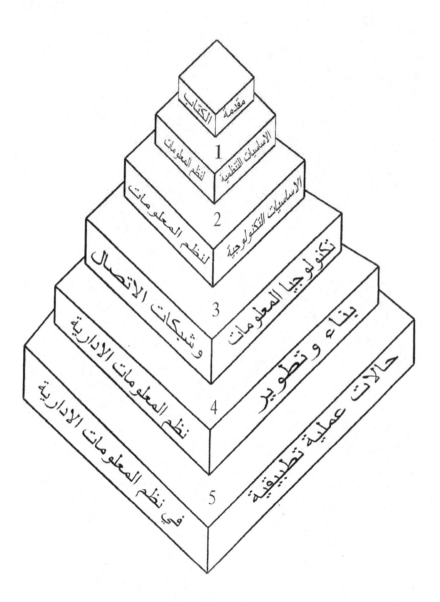

(مخطط يوضح محتويات الكتاب)

21

الباب الأول

الأساسيات التنظيمية لنظم المعلومات الإدارية

الفصل الأول: التعريف بمفهوم نظم المعلومات الإدارية.

الفصل الثاني: بيئة نظم المعلومات الإدارية.

الفصل الثالث: مدخل نظم المعلومات وصنع القرار.

الفصل الرابع: عملية اتخاذ القرارات.

مقدمة:

يتضمن هذا الباب دراسة الأساسيات التنظيمية لنظم المعلومات الإدارية مع توضيح لبعض الأمثلة والتطبيقات العملية. وبالرغم من أن الموضوع يرتبط بجوانب متعددة تتعلق بدراسات الإدارة والتنظيم والتكنولوجيا فإن تركيزنا في هذا الباب سينصب على الجوانب المتعلقة بالمفهوم والخصائص والأنواع المختلفة لنظم المعلومات الإدارية وبتأكيد خاص على أهمية وقيمة المعلومات في عملية صنع القرارات والدعم الذي تقدمه المعلومات إلى صناع القرار. ونظراً لشمولية موضوع الأساسيات التنظيمية لنظم المعلومات الإدارية وتشعبه فسأحاول جهد الإمكان دراسة ومناقشة المشاكل الرئيسية فيه.

لذا فقد تم تقسيم هذا الباب إلى أربعة فصول، تناول الفصل الأول منه تحديد مفهوم نظم المعلومات الإدارية مع توضيح للجوانب التي يركز عليها هذا المفهوم.

أما الفصل الثاني فقد تركز على البيئة لنظام المعلومات الإدارية مع توضيح. للعوامل الداخلية والخارجية التي تؤثر عليه، واهتم الفصل الثالث بصفات وخصائص المعلومات وتناول دراسة الأنواع المختلفة من القرارات الإدارية واحتياجاتها من المعلومات المناسبة.

واختتم هذا الباب بالفصل الرابع الذي تناول عملية صنع القرارات مع التركيز على مراحل صنع القرارات ووصف لطبيعة نماذج القرار وأنواعها وفوائدها ودور نماذج القرار في تعزيز ودعم هذه العملية وطبيعة الدعم الذي تقدمه التغذية الاسترجاعية للقائد الإداري.

إضافة إلى كل ما ورد فقد تضمن هذا الباب مجموعة من الرسوم التوضيحية التي استعين بها لتحيد مفهوم نظم المعلومات الإدارية في ضوء الكتابات السلوكية والتكنولوجية وتوضيح العلاقة بين الأنظمة المختلفة المنشأة.

الفصل الأول

التعريف بمفهوم نظم المعلومات الإدارية

أهداف الفصل:

بعد دراسة هذه الفصل يجب أن تكون قادراً على معرفة:

1. الاتجاهات المتعددة في تحديد مفهوم نظام المعلومات الإدارية.

2. الخصائص المهمة التي تتسم بها نظم المعلومات الإدارية.

3. الأنواع المختلفة لنظم المعلومات الإدارية.

التعريف بمفهوم نظم المعلومات الإدارية

مقدمة:

أن مفهـوم نظم المعلومـات الإداريـة (Management Information System) هـو مفهـوم حديث في القاموس الإداري وأنه في قاموس الحاسب الإلكتروني أكثر حداثة حيث ارتبط بتطور الحاسبات الإلكترونية في الأعوام الثلاثون السابقة ومنذ ذلك الحين شاع استعمال هذا المفهـوم وأصبح محط اهتمام أكاديمي مكثف.

لم يتفق أسـاتذة العلـوم الإداريـة ولا المهتمـون بدراسات الحاسب الإلكترونـي حتـى الآن عـلى تعريف واحد جامع مانع لمدلول عبارة " نظام المعلومات الإدارية" وقد يكون السـبب في ذلك استخدامه في عدة مواقع للتعبير عن حقائق وأغراض ليست دائماً واحدة فحملتـه بعـض الغموض والالتباس ولـذلك فهو بحاجة إلى تحديد في هذا الوقت أكثر من أي وقت مضى- لأنه أصبح كثير التـداول في مؤلفات علـم الإدارة وعلم الحاسبات الإلكترونية.

أن محاولة تحديد اصطلاح أنظمة المعلومات الإدارية لا تتم بـدون التوقف لفحصه والتقرب من الأرضية التي يتباين فيها استعمال هذا الاصطلاح. وهذا مـا سـنحاول رصده هنا بالمناقشـة والتحليـل والاستنتاج.

الاتجاهات المختلفة في تحديد مفهوم نظام المعلومات الإدارية: لقد اتخذ تحديد مفهوم نظام المعلومات الإدارية في ضوء الكتابات الإدارية والسلوكية والحاسبات الإلكترونية عدة اتجاهـات مـن بينهما ما يلي:

1-   الاتجاه الإداري **Managerial Approach**: لاحظ الشكل (1-1)

الاتجاه الذي يرى في نظام المعلومات الإدارية مجموعة طرق تستخدم النماذج الرياضية لتوفير معلومات ملائمة لصنع القرارات الإدارية (Decision Making). يركز مؤيدوا هـذا الاتجاه عـلى الهـدف النهائي لنظام المعلومات الإدارية والوسائل التي تستعمل لتحقيـق هـذه الأهـداف وتكـاد تمثل القرارات الإدارية الصائبة، التخطيط

والرقابة الاهتمام الرئيسي لأصحاب هـذا الاتجاه عنـد تحديدهم للمفهـوم. والآن نحـاول أن نبين معـاني أنظمة المعلومات الإدارية ودلالاته كما حددها أنصار هذا الاتجاه ممن كتبوا في هذا الموضوع ومنطوياته: لاحظ الشكل(1-2).

1. تعريف كولبرت (Colbert) " نظام المعلومات الإدارية" هو طريقة منظمة تهدف إلى تزويد المدير بكافة المعلومات التي يحتاجها.

الشكل (1-1) يوضح تحديد مفهوم نظام المعلومات الإدارية في ضوء الكتابات الإدارية والسلوكية والتكنولوجية

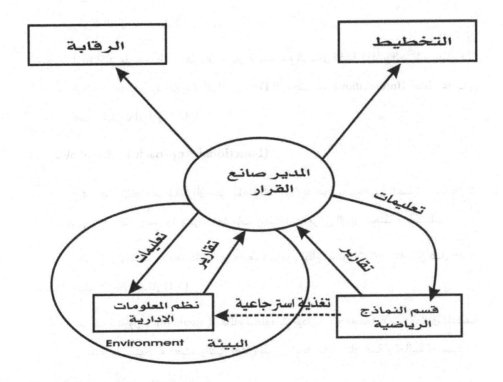

الشكل (1-2) يبين نظام المعلومات الإدارية كما حـدد أصحاب الإتجـاه الإداري managerial
approach.

أ- أن القول بأن نظام المعلومات الإدارية يقوم بتقديم المعلومات التـي يعتمـد عليهـا في التخطيط
    والرقابة وصنع القرارات الإدارية يؤكد على مقدرة النظام في إشباع احتياجات المستويات الإدارية
    المختلفة من المعلومات المطلوبة.

ب- أن تشبيه نظام المعلومات الإدارية بمجموعة من الطرق والأساليب التـي تجمـع وتخـزن بيانـات
    عن البيئة الداخلية والخارجية للمنشأة يؤكد الحقيقة التي تشير

31

إلى أن النظام هـو مفتـوح (Open System). يتـأثر بـالمتغيرات النابعـة مـن البيئـة الداخليـة والبيئة الخارجية للمنشأة.

ج- أن التأكيد على أن نظام المعلومات الإدارية يستخدم الوسائل الفنية للإدارة الحديثـة يعنـي بـأن النظام له القابلية على تحويـل البيانـات Data إلى معلومـات (Information) يعتمـد عليهـا في صنع القرارات الإدارية الصائبة.

2. الإتجاه الوظيفي (Functional Approach)

يرى انصار الاتجاه الوظيفي بأن نظام المعلومات الإدارية هو مجموعة من العمليات والفعاليات المختلفة التي تقوم بجمع ومعالجة وخزن المعلومات وتهيئة التقارير إلى الإدارة بمختلف مستوياتها.

وفيما يلي نورد بعض التعريفات التي وضعت لمفهوم نظام المعلومات الإداريـة مـن قبـل أنصـار الاتجاه الوظيفي. لاحظ الشكل (1-3).

أ- تعريف كينيرون (Kenneron) " نظام المعلومات الإدارية هو مجموعـة مـن الطـرق المنظمـة والقائمة على منهجيـة معينـة والتـي تعنـي بتـوفير المعلومـات التاريخيـة والحاليـة والمسـتقبلية المتعلقة بأنشطة المنشأة المختلفة ".

ب- تعريف سكارتز(Schuartz) " نظـام المعلومـات الإداريـة هـو مجموعـة الأسـاليب والإجـراءات والمكائن المكتبية والاختصاصيين التي تعني بجمع وتحليل وتركيب وخزن وتهيئـة المعلومـات إلى المدراء لاستعمالها في التخطيط والميزانيات والمحاسبة والرقابة الإدارية ".

ج- تعريف بلوج(Bliuch) " نظام المعلومات الإدارية هو أداة مصـممة لتجميـع وتنظيم وتحليـل البيانات ولمعالجتها لكي توفر المعلومات التـي يحتاجهـا المـدراء في فعاليـات التخطـيط والرقابـة الإدارية.

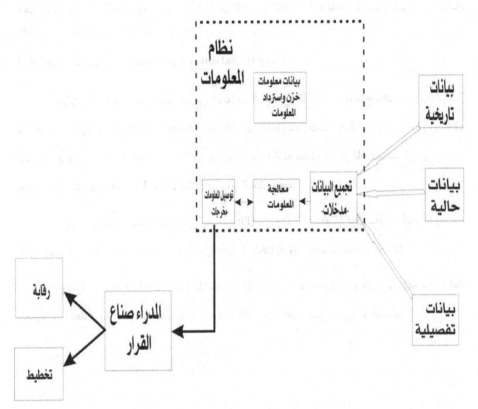

الشكل (1-3) يوضح الاتجاه الوظيفي في تحديد مفهوم نظام المعلومات الإدارية

د. تعريـف فتزجيرالـد (Fitzgerald) نظـام المعلومـات الإداريـة هـو طريقـة مـن الإجـراءات والمعدات التي تعني بجمع وتسجيل، وتلخيص البيانات وتوفير المعلومات التاريخية والحالية والمرتقبة لكي يستخدمها المدراء في عمليات التخطيط والرقابة واتخاذ القرارات الإدارية.

وهكذا يتضح من محاولات أنصار الاتجاه الوظيفي في تحديد مفهوم نظام المعلومـات الإداريـة أنهم يركزون على الواجبات الأساسية للنظام المتمثلة بجمع وخزن وتحليل البيانات وتوفير المعلومات التـي تحتاجها الإدارة في اتخاذ القرارات، وهكذا

يمكن القول بأن هذا الاتجاه يمكن أن يفيد في فصل العمليات والفعاليات المختلفة التي يقوم بها النظام والتمييز بين اختصاص كل واحدة منها.

3. الاتجاه التنظيمي (Organtaational Approach)

يركز هذا الاتجاه على مجموعة من الوظائف التنظيمية كالمحاسبة، الإنتاج والتسويق والسيطرة على الخزين والرقابة على النوعية باعتبارها مجموعة تهيئ معلومات ذات قيمة إلى المدراء على اختلاف مستوياتهم. وكما يبدو واضحاً. من هذا الاتجاه، فإنه يتميز بكونه يصور نظام المعلومات الإدارية بأداة تعمل على ربط الوظائف التنظيمية المختلفة ببعضها البعض لاحظ الشكل (1-4).

لعل أهم ممثلي هذا الاتجاه فيرمن(Firmin) وكاروث (Caruth) فالأستاذ (فيرمن) يعرف نظام المعلومات الإدارية بمجموعة مترابطة من الأنظمة المختلفة والمتخصصة بعملية محددة.

ويعرف الأستاذ (كاروث) نظام المعلومات الإدارية بوحدة واحدة تضم أنواع مختلفة من أنظمة المعلومات المتعلقة مع بعض، والمعتمدة على بعض، والتي تؤثر على جميع مكونات المنشأة.

الشكل (1-4) يبين الاتجاه التنظيمي في تحديد مفهوم نظام المعلومات الإدارية

إن ما يجب توكيده بعد كل ما تقدم أن نظام المعلومات الإدارية هـو أداة تعمـل عـلى تسـهيل الاتصالات بين الأنظمة المختلفة المتخصصة والمنشأة نفسها وبيئتها الخارجية، لذلك يعتبر نظـام المعلومـات الإدارية الشبكة التي تربط جميع اجزاء المنشأة وبيئتها الخارجية.

4. الاتجاه التكنولوجي:

ينظر هذا الاتجاه إلى نظام المعلومات الإدارية على أنه يحتوي على مجموعة من الإجراءات (Procedures) والبرامج الجاهزة (Software) التي تستخدم قواعد البيانات المحملة في الحسابات الالكترونية (Computerized Databases) لاحظ الشكل (1-5).

ولعل أبرز وأهم التعاريف لا نصار هذا الاتجاه يتمثل بالآتي:

أ- تعريف كارتي (Garrity): " نظام المعلومات الإدارية هو تفاعل بين الذكاء البشري وتكنولوجيا المعلومات ومجموعة البرامج الجاهزة التي تستخدم في الحاسب الإلكتروني من أجل حل المشاكل المعقدة".

ب- تعريف نوكولسن (Nicholson) نظام المعلومات الإدارية هو عبارة عن مجموعة من البرامج الجاهزة والبرامج الأخرى للحاسبة الإلكترونية والإجراءات التي تتفاعل بعضها مع البعض الآخر بهدف أنجاز متطلبات معالجة البيانات".

ج- تعريف اورلكي(Orlicky) " نظام المعلومات الإدارية هو طريقة منظمة لتوفير المعلومات من قاعدة البيانات (Data Base) إلى الإدارة بصورة سريعة بغية إشباع حاجاتها المخططة وغير المخططة".

د- تعريف رجارد(Richard) " نظام المعلومات الإدارية هو نظام يستخدم الحاسب الالكتروني لغرض معالجة البيانات وتوفير المعلومات بشكل روتيني وحسب الطلب".

ه- تعريف برنس(Prince) " نظام المعلومات الإدارية هو: شبكة من البرامج الجاهزة تزود الإدارة بالمعلومات المفيدة في اتخاذ القرارات الجيدة ".

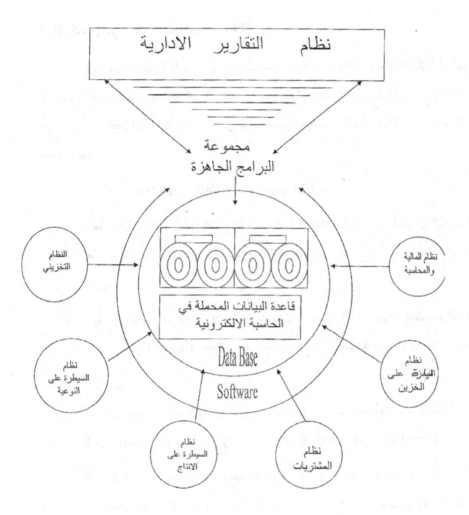

يوجد الشكل (1-5)

يوضح الاتجاه التكنولوجي في تحديد مفهوم نظام المعلومات الإدارية

وهكذا نرى أن هذا الاتجاه في تحديد معنى نظام المعلومات الإدارية يطرح حقائق عدة يأتي في مقدمتها أن النظام هو شكل من أشكال البرامج الجاهزة للحاسبة الإلكترونية والتي يمكن بواسطتها الإشراف على خلق(Creation) وتحديث (updating) وتعديل (Modification) البيانات في قواعد البيانات بهدف توفير خدمات فورية لجميع المستفيدين.

37

5. الاتجاه المادي (Physical Approach)

يربط متبني الاتجاه المادي مفهوم نظام المعلومات الإدارية بالمكونات الميكانيكية أو الهيكلية للحاسبة الإلكترونية وعلى هذا الأساس فإن السمة الجوهرية لهذا الاتجاه والتي تميزه عن بقية الاتجاهات هو تركيزه على بعض المزايا ذات الأهمية التي طرأت على تكنولوجية الحاسبات الإلكترونية وعلى تقنيات شبكة الانترنت.

أ. سرعة الحاسبة الإلكترونية الهائلة في إتمام وعرض البيانات.

ب. سعة نطاق الذاكرة(Memory) يؤدي إلى إمكانية الاحتفاظ بألالف الوحدات من البيانات التي يمكن استخدامها لمرات عديدة لاستخراج نتائج معينة ومن ثم خزنها للإفادة منها في أغراض أخرى.

ج. طرق جديدة وسريعة لإدخال وإخراج المعلومات تضم القراءة البصرية (Optical Reading) العرض البصري(Visual Display) مثل وحدات الاستجابة الصوتية (Vioce response units)

.

د. خدمات متطورة من برمجيات وعتاد وخدمات شبكة الانترنت ولعل أهم ممثلي هذا الاتجاه، كندريد (Kindred) وايليان ووزلي (Elliott and Wasley) وباير (Beyer).

فالاستاذ كندريد يعرف نظام المعلومات الإدارية بأنه " عبارة عن نظام يضم مجموعة من أجهزة المدخلات والمخرجات (Output/ Input Device) ومعدات معالجة البيانات ووسائل الاتصال المختلفة باستخدام التكنولوجيات الخاصة بشبكات الانترنت والإنترانت.

يلتقي هذا التحديد إلى حد ما مع تحديد ايلينات و وزلي عندما يعتبرون نظام المعلومات الإدارية هو نظام لمعالجة البيانات يضم مجموعة من المعدات المتصلة بالحاسب الإلكتروني وأجهزة الاتصال مثل الأجهزة الطرفية وبوابات الشبكات وأنظمة التحكم

بشبكة الانترنت كلها مصممة لتوفير المعلومات للمدراء لمساعدتهم في اتخاذ القرارات الإدارية لاحظ شكل
(6-1).

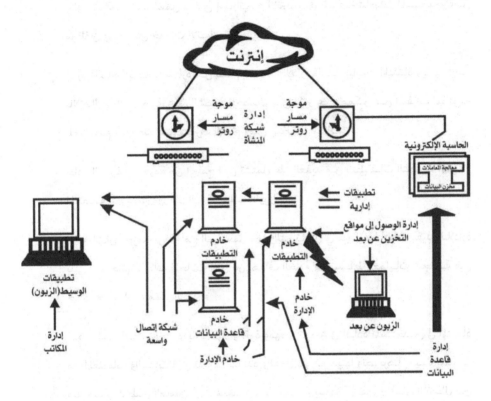

شكل (6-1)

يوضح الاتجاه المادي لنظام المعلومات الذي يضم تكنولوجيات البرمجيات وأنظمة وتطبيقات
الكومبيوتر والإنترنت التي تساعد في توفير الاتصال السريع بالمنشآت في جميع أنحاء العالم

يتضح لنا من خلال الشكل (1-6) ما يلي:

— إدارة شبكة المنشأة: تضمن تحقيق إستراتيجية الانترنت في تلبية احتياجات المستخدمين من موظفين وزبائن من خدمات الاتصالات.

— إدارة قاعدة البيانات: عبارة عن نظام يستخدم لإدارة قاعدة بيانات المنشأة ويقوم أيضاً بالاتصال بمواقع أخرى على الشبكة للحصول على أكبر عدد ممكن من الملفات المطلوبة للمستخدم كما يحدد متى يتصرف النظام ومتى ينتظر التعليمات.

— خادم التطبيقات: حزمة من البرامج التي تشتمل على العديد من التطبيقات التجارية المفيدة المخصصة للمهندسين ورجال الأعمال والاستشاريين.

— خادم الإدارة: حزمة من البرامج التي تعمل معاً والتي تشكل في مجموعها أدوات مفيدة للإدارة تلبي احتياجاتها في كافة المجالات ومن بين أهداف الخادم هو تبسيط العمليات التجارية من خلال تحسين إدارة مسار العمل.

— خادم قاعدة البيانات: يتميز بالاستقرار والقوة ومهمته تكمن في إفادة المستخدمين في المنشأة من المعلومات والبيانات التي توفرها القاعدة والعمل على تحديثها وتطويرها بحيث يستفيد منه جميع الموظفين العاملين في المنشأة. أن هذا الخادم يسهم في تفعيل أفاق الاتصال بين المنشاة وشركائها الاستراتيجيين وحتى المستثمرين بالحصول على المعلومات المطلوبة بأسهل الطرق مما يوفر الوقت والجهد والمال.

— إدارة المكاتب: يتضمن برنامج إدارة المكاتب أحدث أدوات الإنتاجية المكتبية التي تساعد المنشأة في أكثر مهام الحاسوب المنزلي مثل التراسل الفوري والتواصل مع الأصدقاء وإنشاء الرسوميات وتصميمها وتنظيم الملفات للصور والموسيقى الرقمية.

الخلاصة:

أن الخلاصة التي نخرج بها من كـل مـا تقـدم هـي أن هنـاك عـدة تسـميات ومصطلحات قـد استخدمت للتعبير عن نظم المعلومات الإدارية، وفي ضوء هذه التعددية في المفاهيم يتضح أنه لا وجـود لمفهوم عام وشامل ومقبول لدى الجميع لمفهوم نظم المعلومات الإدارية، إلا أن ذلك لا يمنع- في واقع الأمر- من القول بأن تعريف نظام المعلومات الإدارية يتحدد بالآتي:

تفاعـل بـين الأفـراد (people) وتكنولوجيـا الأجهـزة (Hardware) والبرمجيـات (Software) وتقنيات شبكات الاتصال لتأمين تدفق المعلومات الضرورية بصورة فورية إلى الإدارة لمساعدتها في اتخـاذ القرارات الصائبة والشكل (7-1) يوضح المقصود.

يلاحظ مما تقدم أن نظم المعلومات الإدارية تتسم بعدة خصائص أهمها:

1- أنها تركز إلى درجة كبيرة على تكنولوجيا المكونات الإلكترونيـة والميكانيكيـة للكومبيـوتر وعـلى مجموعة البرامج الجاهزة وعلى تقنيات البنية التحتية للاتصال بالانترنيت.

2- أنها تتحقق من خلال جهود نظم متعـددة التخصصـات كنظـام جمـع المعلومـات الـذي يـؤمن جمع البيانات وتحليلها وتقنيتها.

ونظام قاعدة البيانات الذي يؤمن حفظ الملفات على الأقراص المدمجة ونظام الاتصالات الـذي يؤمن إرسال مكونات قواعد البيانات كالجداول والتقارير والاستعلامات إلى الإدارة بمختلف مستوياتها.

أن جميع هذه النظم تتلاحم مع بعضها البعض لتأمين وصول المعلومات الضرورية الملحة للإدارة لحظة بلحظة عبر شبكة الانترنيت. لاحظ الشكل (7-1).

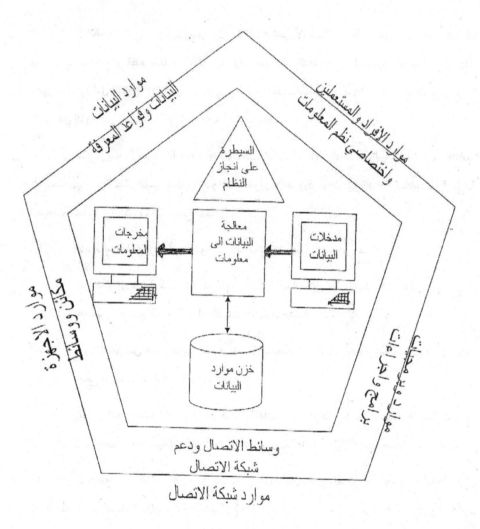

موارد البيانات
البيانات وقواعد المعرفة

موارد الأفراد والمستعملين
اختصاصي نظم المعلومات

السيطرة على انجاز النظام

مخرجات المعلومات

معالجة البيانات الى معلومات

مدخلات البيانات

موارد الأجهزة
مكائن ووسائط

خزن موارد البيانات

وسائط الاتصال ودعم شبكة الاتصال

موارد شبكة الاتصال

شكل (1-7)

الأنواع المختلفة لنظم المعلومات الإدارية:

مقدمة:

تحتاج كل منشأة إلى المعلومات لتمكنها من القيام بأعمالها بكفاءة ونجاح.

أن تدفق المعلومات في المنشأة يهم جميع الشعب والأقسـام وذلك لأنها تسـتخدم في تسـهيل القيام بالوظائف الإدارية من تخطيط ورقابة. أن نمو المنشـآت من حيث الحجـم وزيادة العمليـات سببت زيادة المشاكل الإدارية على أنواعها ومنها تداول المعلومات والاتصالات الداخلية. ولكي تـتمكن كـل منشـأة من السيطرة على تدفق المعلومات وتسهيل الاتصالات بـين الشـعب والأقسـام المختلفة لتزويـد مـدرائها بالمعلومات المطلوبة وبالوقت المناسب ظهرت الحاجة إلى وجود نظم المعلومـات الإداريـة لتحقيق هـذه الأغراض كما يوضحه الشكل (1-8).

وهكذا فإن كثير من المنشآت طورت مـع الـزمن عـدد مـن نظـم المعلومـات لتـداول ومعالجـة أصناف مختلفـة مـن المعلومـات الداخلـة والخارجـة منهـا وتهيئـة معلومـات ذات قيمـة إلى المـدراء مـن مستويات مختلفة ووحدات وظيفية مختلفة.

التصنيفات المختلفة لنظم المعلومات الإدارية

ويمكن تصنيف نظام المعلومات الإدارية إلى عدة أنواع، أحدها تبعاً لحجم وطبيعة النظام.

— نظم المعلومات المالية- أقدم وأهم الأنظمة.

— نظم معلومات الأفراد العاملين.

— نظم المعلومات اللوجستيكية- كالحصول على المواد والتجهيزات، الإنتاج والتوزيع.

علماً بأن هذه الأصناف الثلاثة قائمة في كل منشأة وتتعامل أساساً بكميات كبيرة مـن المعلومـات الداخلية والخارجية.

وفيما يلي تصنيف آخر ولكن مع درجات مختلفة من التأكيد.

- نظم المعلومات المالية.

- نظم المعلومات عن الإنتاج.

- نظم المعلومات عن التسويق.

- نظم استرجاع المعلومات.

- نظم تقارير إدارية.

- نظم استرجاع البيانات.

- نظم إدارة البيانات.

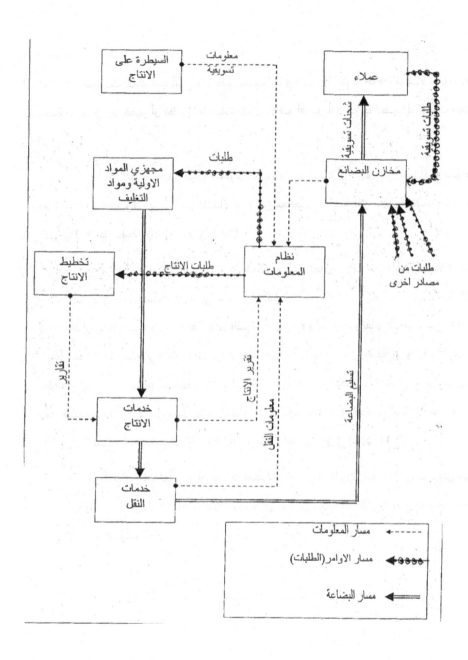

الشكل(1-8) يوضح تدفق المعلومات في المنشأة

ولما كانت هناك عدة أنواع من نظم المعلومات في المنشأة- فثمة حاجة لوجود أداة لتحقيق عملية الربط بينهم. فظهر أن نظام المعلومات الإدارية هو أفضل أداة لربط نظم المعلومات ببعضها البعض.

من أجل التفهم الجيد لأنظمة المعلومات الإدارية على الفرد أن يفهم فكرة المنشأة أو مفهومها. وحول هذا الموضوع قال ديردين" بأن المنشأة عبارة عن معالجات مترابطة لكل منها وظائف خاصة- مثلاً " الرقابة المالية، تخطيط الإنتاج التسويق، الخ..)

ويبدو جلياً بأن المنشأة هي عبارة عن شبكة معقدة لمعالجة القرارات للفعاليات المختلفة في جميع أقسامها من أدنى مستوى إلى أعلى مستوى. يتكون النظام الإداري في المنشأة من أنظمة ثانوية لاتخاذ القرارات على مستويات مختلفة: منها الفنية والتنظيمية والسلوكية والقانونية. مثال على ذلك هو صناعة السيارات- حيث تمر الأوامر الإنتاجية المتعلقة بصناعة السيارات من وظيفة إلى وظيفة أخرى ولكل وظيفة جانب من التخصص: تخطيط الإنتاج، السيطرة على الخزين، التكاليف، المشتريات والمخازن ولها نظام معلومات خاص بها من أجل بث وإيصال المعلومات إلى المدير العام ورؤساء الأقسام والقادة الإداريين في المنشأة لمساعدتهم في اتخاذ القرارات المهمة وكما هو مبين في الشكل (1-9).

ومن الجدير بالذكر هنا، أن تعدد الحلقات الوسيطة والروتين يؤديان إلى تشويش طريق المعلومات وتسبب تأخر وصول المعلومات المطلوبة إلى صانعي القرارات والتي تؤدي إلى تأخير عملية اتخاذ القرارات في المنشأة.

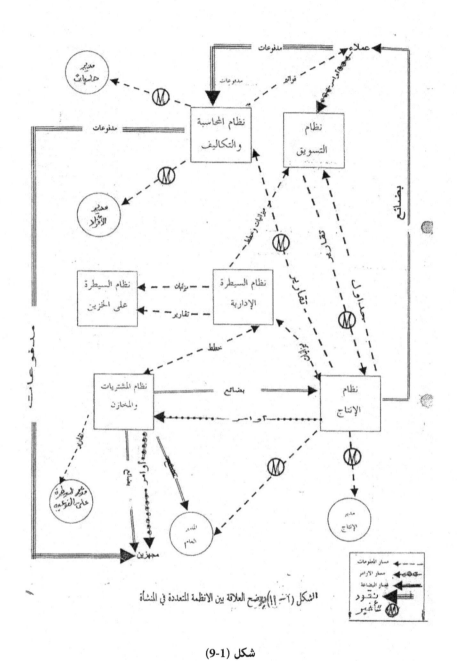

الشكل يوضح العلاقة بين الانظمة المتعددة في المنشأة

شكل (1-9)

يوضح العلاقة بين الأنظمة المتعددة في المنشأة

الفصل الثاني

بيئة نظام المعلومات الإدارية

أهداف الفصل:

بعد دراسة هذا الفصل يجب أن تكون قادراً على معرفة:

1. طبيعة البيئة التي يعمل نظام المعلومات الإدارية ضمن إطارها ويمارس فيه نشاطه.

2. المقصود بالنظام المفتوح والنظام المغلق.

3. كيف يمكن التفريق بين عناصر البيئة الداخلية وعناصر البيئة الخارجية.

4. المقصود بالنظام المرن والنظام المستقر.

بيئة نظام المعلومات الإدارية

مقدمة:

يلقي هذا الفصل الأضواء على طبيعة البيئة الذي يعمل نظام المعلومات الإدارية ضمن إطارها ويمارس فيها نشاطه، أي أنه يركز على دراسة العوامل البيئية التي تؤثر على فاعلية وكفاءة نظام المعلومات الإدارية، أن أهم الموضوعات التي سندرسها في هذا الفصل ما يلي:

1. النظام المفتوح والنظام المغلق.

2. البيئة الداخلية والبيئة الخارجية.

3. النظام المرن والنظام المستقر.

النظام المفتوح والنظام المغلق Open and Closed System

يجب أن ينظر إلى نوع النظام- مفتوح أو مغلق- من منظور البيئة أو المحيط الـذي يمـارس فيـه النظام عمله- فنجد كاست و روزنوك Kast and Rosienzweig مثلاً يؤكدان على أن نـوع النظام مـرتبط ارتباطاً " وثيقاً" بمفهوم الحدود أو الحواجز التي تفصل النظام عـن محـيط العمل الخارجي لذلك كان تركيزهم على أهمية الحدود كعامل حاسم في الفصل بين النظام المغلق والنظام المفتوح. وطبقاً لرأيهم فإن النظام المغلق هو النظام الذي تفصله حواجز متينة عن محيطه الخـارجي بشكل تمنعـه التأثر والتفاعـل معه- أما النظام المفتوح فهو النظام الذي يتفاعل مع محيط العمل الخارجي ويتأثر به، فنظام المعلومـات المفتوح يعمل داخل النظام الكلي للمنشأة والنظامين يتفاعلان ويتأثران بالمحيط الخارجي الـذي تمـارس المنشأة فيه فعاليتها أما لوى ومكينز Lowe and Mcinnes فيقولان بأن النظام المغلق يفتقر إلى الحركة التي تقوم على التفاعل مع البيئة أو محيط العمل الذي يجعل النظام

ينبض بالحياة ويستطرد لوى ومكينيز في تحليل مفهومهم للنظام المفتوح فيقولان: أن النظام المفتـوح هـو الحياة النابضة داخل البيئة انظر الشكلين (2-1)و(2-2).

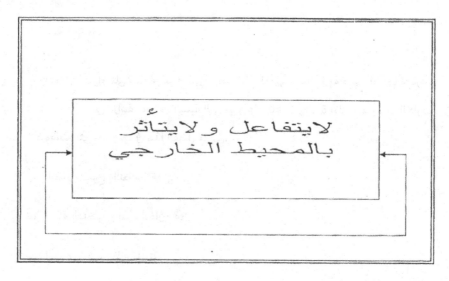

الشكل(2-1)

يوضح النظام المغلق

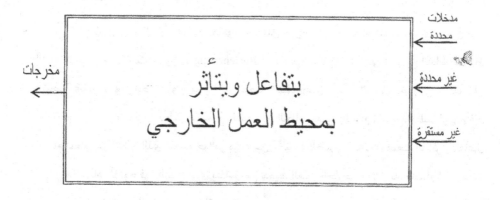

مدخلات
محددة

غير محددة

غير مستقرة

مخرجات

شكل (2-2)

يوضح النظام المفتوح

52

البيئة الداخلية والبيئة الخارجية

هودج وجونسون (Hodge and Johnson) يفرقان لنا بين البيئـة الداخليـة والبيئـة الخارجيـة وبهذا فهما يضعا الفواصل بين البيئتين، وطبقاً لهذا فـأن البيئـة الداخليـة ذات شكل. وبالتـالي فإن البيئة الخارجية لا بد وأن تكون ذات شكل أيضاً فهما يقولا أن عوامل البيئة الداخليـة تمثل العوامل المتواجدة ضمن حدود المنشأة والتي تؤثر على فاعلية وكفاءة نظام المعلومات الإدارية وتشـتمل علـى المعوقـات (Constraints) التي تحد مـن قـدرة النظـام علـى إنجاز أعماله ومثال ذلك دوران المـوظفين Staff Turnover والعلاقات الإنسانية وضـغوط العمـل (Work Pressures) وفيما يتعلـق بالبيئـة الخارجيـة فأنها تشير إلى العوامل التي تظهر خارج حـدود المنشـأة وتـؤثر عـلى قـرارات وأنشطة المنشـأة. وقد أورد هودج وجونسون ثلاثة عوامل بيئية خارجية تؤثر على فاعلية وكفاءة نظم المعلومات الإدارية تستحق منـا أن نعرض لها باختصار. لاحظ الشكل (2-3).

1. العوامل الاقتصادية:

ما من محاولة لتحليل ودراسـة تـأثير العوامـل البيئيـة الخارجيـة عـلى فاعليـة نظـم المعلومـات الإدارية يمكن أن تتجاهل التأثير الكبير للعوامل الاقتصادية على هذه الفاعلية. تتمثل العوامـل الاقتصادية بهيكل السوق والسياسة الاقتصادية والسياسة الضريبية وقانون العمل والقانون التجاري.

2. العوامل الاجتماعية:

أن أهم العوامل الاجتماعية التي تؤثر تأثيراً كبيراً على فاعلية نظم المعلومات الإدارية هي توزيع الـدخل وأذواق المسـتهلكين والتقاليـد الاجتماعيـة والحضريـة والدينيـة والتـأمين الاجتماعـي والتنظـيمات الاجتماعية.

3. العوامل التعليمية:

تعتبر العوامل التعليمية مثل الثقافة والتدريب والمهارات الفنية من أهم القوى البيئية الدافعة لفاعلية وكفاءة نظم المعلومات الإدارية يوضح الشكل(2-4) العوامل البيئية المؤثرة على نظام المعلومات الإدارية.

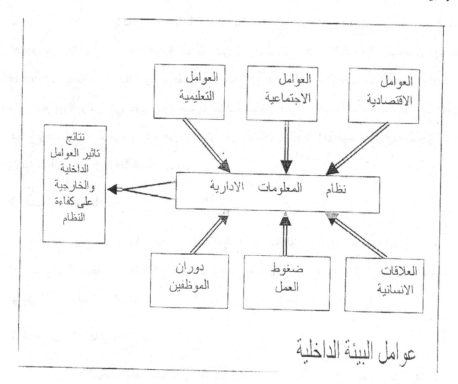

شكل(2-3)

يوضح العوامل البيئية التي تؤثر على نظام المعلومات

النظام المرن والنظام المستقر:

ولما كانت نظم المعلومات الإدارية ذات طبيعة ديناميكية حركيـة، وأنهـا تعتمـد بالدرجـة الأولى على استخدام العلم والتكنولوجية، وكلاهما يؤدي إلى أحـداث تغـيرات واسـعة النطـاق في قواعـد البيانـات ونظم جمع المعلومات ونظم الاتصالات وهذه بدورها تنمي فاعلية وكفاءة نظم المعلومات الإداريـة، فـإن نظم المعلومات الإدارية، أصـبحت في حاجـة ضروريـة إلى التطـور عـن طريـق تـدريب مصـممي الأنظمـة والمحاسبين الإداريين تدريباً متقدماً في مجال الحاسبات الإلكترونية والتزود بالمعارف العلمية والتكنولوجيـة اللازمة لفهم تقنيات نظم المعلومات الإدارية قادراً على التكييف للتغييرات البيئية المتنبأ بها، حيث يعتقـد أن النظام في أي منشأة يعمل ضمن إطار العوامل البيئيـة الداخليـة والخارجيـة السـائدة في تلـك المنشـأة، ولذلك فإن من الخطورة بمكان تجريد النظام من العوامل البيئية التي تصوغه وتقود حركته وتوجه مسيرته لاحظ الشكل (2-5) لذلك ينبغي أن تنصب جهود المعنيين نحو تطوير قـدرة الـنظم بصـورة تسـتطيع بهـا التكييف للتغيرات التي تحصل في القوانين والإجراءات والقرارات الإدارية والأفراد.

مما تقدم نخلص إلى القول بأن القضية الحيوية الأساسية التي تضمن للنظم الحياة والنمو تكمن في مقدرتها على التكييف إلى بيئتها التي نشأت فيها وتتفاعل معها لذلك فإن مـن علامـات الـنظم الفاعلـة قدرتها على التكييف للظروف البيئية المتغيرة وإلا وصفت النظم بالجمود وعدم الكفاءة، أن النظم الفاعلة تعني النظم التي تتمتع بقدر معقول من الكفاءة والقـدرة عـلى تحقيـق أهـدافها وأهـداف المنشـأة التـي تزاول نشاطها فيها. فالمرونة أو التكييف تشير إلى قدرة النظم على التعامل أو التوافق الجيد مـع الظـروف البيئية.

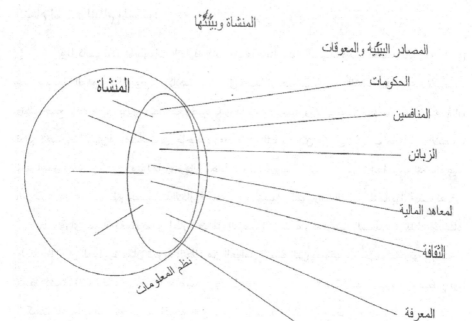

المنشاة وبيئتُها

المصادر البيئيّة والمعوقات

الحكومات

المنافسين

الزبائن

لمعاهد المالية

الثقافة

المعرفة

التكنولوجيا

المنشاة

نظام المعلومات

شكل(2-4)

يبين العوامل البيئية المؤثرة على نظام المعلومات الإدارية

56

شكل (2-5)

نظم المعلومات والمحيط الخارجي المؤثرة عليها

ومما يجدر النظر إليه بعين الاعتبار أن النظم لا تتكيف أو تتغير على وتـيرة واحـدة وذلـك لأنهـا
تختلف من حيث الجوهر والأحكام ومعدل التغيير. أن كل نظام له درجة مختلفة من المرونة التي تتحـدد
بمعدل التغيير ضمن بيئة معينة وفي ضوء ذلك يمكننا القـول بـأن درجـة المرونـة في أي نظـام للمعلومـات
الإدارية وقدرته على التعامل مع التغيير الذي يحصل في البيئة يعتمد بصـورة رئيسـية عـلى معـدل التغيـير
rate of change.

ثمة نقطة أخيرة إلا وهي أن العوامل البيئية التي تتغير باستمرار تتطلب وجود نظم مرنة وبدرجة عالية من الكفاءة والفاعلية لكي تستطيع إشباع احتياجات المدراء الآنية والمرتقبة من المعلومات. وبمعنى أخر أن النظم المرنة هي التي توفر لصانع القرارات كل ما يحتاجه من معلومات في بيئة متغيرة وذلك لأن نظم المعلومات المرنة تكون منطبعة بظروف المنشأة واحتياجاتها ولأنها تراع واقع العوامل البيئية المحيطة بها وتستوعب إيجابياتها وسلبياتها لتستفيد منها في تحديد كل ما يحتاجه المدراء من المعلومات

الفصل الثالث

مدخل إلى المعلومات وصنع القرار

أهداف الفصل:

بعد دراسة هذا الفصل يجب أن تكون قادراً على معرفة:

1. صفات وخصائص المعلومات.

2. الأنواع المختلفة للقرارات الإدارية واحتياجاتها من المعلومات المناسبة.

3. توقيت تدفق المعلومات إلى صناع القرار الإداري.

الفصل الثالث

مدخل إلى المعلومات وصنع القرار

مقدمة:

للتفريق بين البيانات data والمعلومات information يمكننا القول بأن المقصود بالبيانات هـي المادة الأولية للمعلومات، فهي حقائق، ملاحظات مسجلة أو المدخلات لنظام المعلومات.

أما المعلومات فهي بيانات تمت معالجتها وتحليلها وتحويلها إلى صـورة يعتمـد عليهـا في الرقابـة واتخاذ القرارات الإدارية.

أو هي المخرجات لنظام المعلومات الإدارية

في المجمل يمكن أن نقول: أن البيانات ليس لها معنى واضح أو قيمـة عمليـة بحد ذاتها يمكن، اتخاذ القرارات بموجبها، ومعنى ذلك أنه عن طريق التصنيف والتبويب والترتيب والمعالجـة يـتم تحويلها إلى معلومات يمكن فهمها والاستفادة منها في اتخاذ القرارات الإدارية والتخطيط والرقابة.

وتبعاً لما يقوله مكري McRae نظام المعلومات الإدارية هـو نظـام يسـتخدم نماذج رياضية ووسائل فنية حديثة لغرض تحويل البيانات المجمعة إلى معلومـات مفيدة يمكن الاعتماد عليها في صنع القرارات الإدارية والتخطيط والرقابة.

صفات وخصائص المعلومات

وهذه الخصائص تتضمن:

－ معلومات مناسبة

－ معلومات فائضة

- معلومات دقيقة

- معلومات كاملة

معلومات مناسبة) Relevant Information).

ابتداءً يمكن القول بأن كلمة مناسب (Relevance) تستعمل لوصف درجة العلاقة والإرتباط بين المشكلة الآنية والمعلومات المناسبة المتوافرة لعلاجها. وكما يعتقد (تون Toon) " بأن المعلومات المناسبة هي تلك التي لها علاقة وثيقة بالقرار المتخذ من قبل الإدارة، ومن ثم فإن المعلومات تكون أكثر مناسبة عندما تشبع احتياجات صانع القرار وتضمن قناعاته" ستابوس   (Staubus) أيضاً يعتقد بأن " المعلومات تكون مناسبة للقرار إذا كانت كميتها ونوعيتها تهيء ظروف ملائمة لصانع القرار بشكل تساعد في تشخيص واختيار أفضل البدائل لمعالجة المشاكل المختلفة".

ومن كل ما تقدم يتضح لنا بأن ستابوس مثل تون يربط مفهوم المعلومات المناسبة بالعلاقة بين المعلومات وعملية صنع القرارات.

أن هذا التصور لمفهوم المعلومات المناسبة يضعنا أمام حقيقة مهمة مفادها بأنه إذا كانت المعلومات المناسبة تؤثر على نوعية القرارات الإدارية فإن للمصممين الإمكانية على تصميم نظم تقوم بتوفير معلومات قادرة على إشباع احتياجات هذه القرارات ولذلك يجب على مصممي النظم أخذ ما يلي بنظر الاعتبار.

- تحديد القرارات المختلفة التي صنعت خلال الأشهر الماضية ونوع المعلومات التي استعملت والمعلومات المهمة التي لم يستطع نظام المعلومات توفيرها. إذ أن ذلك يساعد على معرفة المحددات الأساسية التي تمنع نظام المعلومات الحالي من توفير المعلومات المناسبة لعملية صنع القرار.

معلومات فائضة (Information Over load)

من المفاهيم التي يجب أن تكون موضع اهتمام، ونحن بصدد مناقشة الاحتياجات الاساسية لصانعي القرارات الإدارية هي ما يسمى بالمعلومات الفائضة عن الحاجة. أن هذا المفهوم هو مهم جداً في فهم العلاقة بين المعلومات وصانعي القرارات الإدارية.

ابتداءً يمكن القول بأن المدراء بمختلف مستوياتهم ترفع لهم في كثير من الأحيان تقارير تتضمن معلومات زائدة عن الحاجة لا تساعدهم في صنع القرارات الصائبة وإنما تزيد عليهم الأعباء الناجمة في الوقت الذي يصرفونه في البحث عن المعلومات المناسبة التي لها علاقة بقراراتهم سنتناول هذا الموضوع في قسمين. الأول يبحث في الفيض (Overabundance) بالمعلومات غير المناسبة والثاني يبحث في الفيض بالمعلومات المناسبة.

1. في مفهوم الفيض بالمعلومات غير المناسبة.

يقول البرفسور رسل اكوف (Russell Ackff) أحد أوائل الباحثين في تطور نظم المعلومات الإدارية: " أن معظم المدراء يعانون من الفيض في المعلومات غير المناسبة التي تحتويها التقارير المرفوعة لهم".

ويعتقد بأنه من الضروري أن تكون وظيفة نظم المعلومات الإدارية القيام بعملية التصفية (Filtration) والتلخيص (Condensation) ولذلك فهو يؤكد بضرورة تصميم نظام المعلومات الإدارية مع استخدام جهاز أو برنامج لفصل البيانات وتصفيتها وتنقيتها وفق صيغ محددة مسبقاً وذلك بهدف تقليل عبء المدراء الناجم عن البحث على المعلومات المطلوبة. أن ما ينبغي تأكيده بهذا الصدد هو أن البرفسور أكوف استطاع بناء الهيكل النظري لنظام المعلومات الإدارية الذي يساعد مصممي الأنظمة في الكشف عن المتغيرات التي تؤثر على انجاز النظام. ولقد قدم كل من كريكر (Kruger) وملر (Miller) تفسيراً لمفهوم الفيض بالمعلومات غير المناسبة، متشابها بعض الشيء لمفهوم اكوف. يرى كريكر وملر بأنه عندما يكون هناك فيض

63

في المعلومات غير المناسبة التي تنتجها نظم المعلومات الإدارية فإن المدراء " يتأثرون سلبياً" وتضعف قدرتهم على صنع القرارات الصائبة وإنجاز أعمالهم بكفاءة.

لقد كان كل من كريكر وملر يحاول أن يشرح- على نحو منطقي- ضرورة وجود نظم المعلومات الإدارية الفاعلة، فهم يقولون بأنه إذا ما كانت النظم فاعلة والمعلومات التي تزودها للإدارة مناسبة وسليمة وتعبر عن قناعة الأغلبية الساحقة للمدراء، فإن الإدارة ستكون أكثر قدرة على تنفيذ أعمالها وبشكل مبدع.

نستخلص من ذلك أن المدراء سيكون اعتمادهم كبير على نظم المعلومات الإدارية إذا توفرت القناعة لديهم بأن هذه النظم فاعلة وتوفر لهم معلومات مناسبة وحديثة تساعدهم في صنع القرارات الصحيحة وإنطلاقاً من ذلك، نجد أن هناك تساؤلات عديدة تطرح بصدد النظم الفاعلة وهي تدور حول إمكان تواجدها وما إذا كانت هناك متطلبات أساسية تضمن تحقيقها. أن كل من كريكر وملر يرى بأن تصميم نظم فاعلة تستوجب الشروط التالية:

أ) أن مصممي النظم (Systems Designers) يجب أن يكونوا من ذوي الخبرة والمعرفة باحتياجات المستفيدين من النظم لكي تتيح لهم الفرص لتطوير نظم فاعلة.

ب) أن مصممي النظم يجب أن يصمموا نظم للمعلومات الإدارية بشكل يمكن بواسطتها تحقيق اقتصاد في وقت المدراء وصانعي القرارات.

2. الفيض بالمعلومات المناسبة (Too Much Relevant Information)

أثرنا فيما سبق مشكلة الفيض في المعلومات غير الملائمة وتأثيرها السلبي على متخذي القرارات الإدارية، بقي علينا الآن أن نستعرض مسألة الفيض في المعلومات المناسبة التي تبرز أيضاً كمشكلة كبرى وتتطلب بالفعل حلولاً رئيسية. يحدد رادار (Redar) مشكلة الفيض في المعلومات المناسبة بقوله: " يستطيع عقل الإنسان معالجة جزء قليل من المعلومات فقط، ولذلك عندما يزداد العبء على صانع القرار عند استلامه كميات كبيرة من المعلومات تنخفض كفائته في معالجتها. أن النقطة المهمة

64

هنا هي أن الفيض في المعلومات المناسبة التي يستلمها المدراء لربما لها تأثير سلبي أو جانب مؤذى على صانع القرارات وذلك بسبب الجهد الذهني الذي يبذله المدراء في اختيار المعلومات التي يحتاجونها من بين المعلومات التي يوفرها النظام لهم. وفي هذا الصدد قام ملر (Miller) بتصنيف ردود الفعل السلوكية(Behavioral reaction) للفيض في المعلومات كما يلي:

أ. الحذف (Ommission): الفشل في معالجة جزء كبير من المعلومات.

ب. الخطأ (Error) في معالجة المعلومات.

ج. التأخير في إنجاز المعاملات.

د. الإهمال في معالجة أنواع معينة من المعلومات.

ه. التهرب من إنجاز الواجب.

المعلومات الدقيقة (Accuracy)

يذهب بعض علماء نظم المعلومات الإدارية إلى القول بأن الدقة تعني نسبة المعلومات الصحيحة إلى مجموع المعلومات التي يزودها النظام لصانعي القرارات في فترة زمنية معينة.

وفي ضوء هذا التعريف نقول أن المعلومات الدقيقة تعني المعلومات الخالية من الأخطاء، وصانعي القرارات يشعرون بالرضا من المعلومات التي يستلموها من نظم المعلومات الإدارية عندما تكون عندهم ثقة كبيرة بها باعتبارها طليقة من الأخطاء والتهويل (Bias) ولكن تدلنا الملاحظة أن خلو المعلومات من الأخطاء بالمعنى المطلق لا يمكن أن يوجد في الواقع. إذا توجد الأخطاء في جميع المعلومات التي تزودها نظم المعلومات ولكن بدرجات متفاوتة كل حسب كفائته، ويمكننا تقسيم الأخطاء التي تحصل عند التعامل مع كميات كبيرة من المعلومات إلى ما يأتي:

أ. أخطاء المعاملات.

ب. اخطاء العمليات الحسابية.

وهناك سؤال يطرح نفسه الآن حول ما إذا كان بالإمكان تحسين دقة المعلومات. يقول سبراك وتون(Spragues waton) بأنه يمكن تحسين دقة المعلومات عن طريق التعاون الوثيق بين الإدارة والعاملين هنا يجب أن يركز العاملين جهودهم على فحص وتدقيق المعلومات وتقليل الاستمارات والسجلات القديمة وتركز الإدارة جهودها لوضع رقابة على الأخطاء في المعلومات.

ويقترح مارتن وبيكر بوضع أنظمة الرقابة الداخلية على عمليات الأقسام الإنتاجية في المنشأة وإتباع أنظمة الدورات المستندية الصحيحة التي تحقق الرقابة الحسابية على فقرات الصرف المالي. ويبين مارتن وبيكر أهمية أنظمة الرقابة الداخلية باعتبارها أداة لتصحيح الأخطاء المحاسبية ولفحص صحة البيانات المحاسبية ولفحص سير المعلومات. ويرى كل من مارتن وبيكر أن أنظمة الرقابة الداخلية لا يمكن تحقيق أهدافها بكفاءة عالية من دون القيام باعداد كوادر فنية متخصصة على المستوى العلمي للقيام بدورها في مجال الرقابة والتدقيق على أحسن الأحوال. ويؤكد مالكو (Milko) مثله مثل وشبروك Washbrook وديفز Davis بأنه لغرض تأمين فاعلية عمل نظم المعلومات الإدارية في تزويد معلومات دقيقة فمن الضروري تصميم نظام للتدقيق بحيث يصبح كجزء متكامل مع هذه الأنظمة ولكي يقوم بفحص البيانات التي تدخل هذه النظم.

المعلومات الكاملة (Completeness)

بين البرفسور سهلر Sihler بأن المعلومات الكاملة تعني تلك المعلومات المطلوبة التي يزودها نظام المعلومات الإدارية إلى صانعي القرارات بصورة كاملة من دون ترك أي جزء منها.

إذاً فإن نظام المعلومات الإدارية بالنسبة لسهر هو نظام يوفر لصانعي القرارات كل ما يحتاجه من المعلومات في بيئة ملائمة مثالية.

لقد لاقت هذه النظرة إلى المعلومات الكاملة انتقادات عديدة ويعتبرها بعضهم على أنها مثاليـة أكثـر مـن اللازم لا يمكـن تحقيقها في عـالم الواقـع. فمـثلاً يـرى ولـتن ودوتـن (Walton & Dutton) أن المتطلبات اللازمة للحصول على معلومات كاملة من نظم المعلومات الإدارية متطلبات مثالية، ومعنى هذا أنها مستحيلة التحقيق من الناحية العملية. ويؤكد ولتن ودوتن بأن المعلومـات الكاملـة لا يمكـن تحقيقها دائماً وذلك لأن نظم المعلومات الإدارية تتأثر وتخضع لعوامل متعددة تـؤثر عـلى كفائتها وتقيـد فاعليتها على توفير جميع المعلومات التي تطلبها الإدارة بمختلف مستوياتها. ويلخص ولتن ودوتن هذه العوامل كما يلي:

أ. النزاع أو التصادم بين الأقسام المختلفة في المنشأة يشجع بعض العاملين مـن إخفاء بعض المعلومات المهمة للأضرار ببعض الأشخاص مما يؤدي إلى الحد من انسياب المعلومـات الملائمة ويقلـل مـن كمية المعلومات التي تصل صانعي القرارات.

ب.   ضعف الاتصالات بين الأقسام أو انعدام التعاون بين العاملين فيها يمنع من

وصول جميع المعلومات التي يحتاجها المدراء وذلك لن ضـعف الاتصالات يقلـل مـن سـير الاجراءات ويعطل انجاز بعض المعلومات المهمة.

ج. تذمر الموظفين من زخم العمل وقلة الحوافز التشجيعية وانعدام فـرص التطوير تـؤدي إلى قتل روح الإبداع والمبادرة ويشجعهم على التقصير من انجاز المعاملات وبالتالي سيقلل مـن تـدفق المعلومات الضرورية للإدارة.

بعد هذا العرض لمسببات النقص في كمية المعلومات المرسلة لصانعي القرارات تعرض بعض الكتاب أمثال بوندي(Ponde) وكورون(Corwin) وشو(Show) للأساليب الواجب اتخاذها لعلاجـه والتي يمكن إيجازها فيما يلي:

أ.   استخدام التدريب والتعليم لتثقيف العاملين في الأقسام الإنتاجية على العلاقة الجيدة الواجب إقامتها مع بعضهم الآخر ولتخلق في نفوسهم الاستقرار والطمأنينة ولتشجيعهم على التعاون والتنسيـق في العمل. أن تقوية الصداقة والثقة بين

العاملين ستكون عاملاً مؤثراً في زيادة تدفق المعلومات التـي تحتاجهـا الإدارة وفي سرعـة انجـاز المعاملات المهمة.

ب. التنميط أو ضع معايير قياسية لإجراءات العمل وتقوية الاشراف المباشر يؤدي إلى تركيـز الجهـود نحـو تحسين العلاقات الانسانية بين الأقسام المختلفة في المنشأة وتوجيهها لتحقيق أعلى الفوائد.

ج. تحسين ظروف العمل لتقليل زخم العمل على الموظفين وتطوير نظـام الحـوافز يضـمن عـدم اختفـاء المعلومات ووصولها إلى صانعي القرارات بصورة كاملة.

د. تحديد في السلطات والمسؤوليات للموظفين يؤدي إلى تقوية الاتصال الفاعـل بيـنهم وتقليـل التنـاقض بين الأقسام الإنتاجية.

ه. خلق مناخ ملائم لكي يساعد في تقليل عقدة الخوف لدى رؤساء الأقسام من إعداد تقارير تحتوي على معلومات غير كاملة ولتشجيعهم على ممارسة الصلاحيات الممنوحة لهم بروح من الحرية وعـدم التردد.

تحديد احتياجات القرارات الإدارية من المعلومات.

عند التفكـير في تصـميم أي نظـام للمعلومـات الإداريـة يجـب أن تؤخـذ في الاعتبـار احتياجـات القرارات الإدارية المختلفة من المعلومات المناسبة. فمثلاً نوع المعلومات التي يحتاجهـا القـرار الاسـتراتيجي (Strategic Decision) يختلف عن نوع المعلومات التي يحتاجها قرار الرقابة الإداريـة (Management Control Decision).

ويتضح لنا من هذا بأن اختيار أو تحديد المعلومات المناسبة لكـل قـرار إداري عـلى انفـراد هـي عملية معقدة تتطلب الكثير من الدراسة والقدرة على التحليل وعمق التفكير. لذلك فإن القرارات الإداريـة المختلفة تتطلب تحديداً خاصاً ومدروساً للمعلومات التي تتلاءم مع احتياجاتها وظروفها.

أنواع المعلومات المطلوبة:

يقول: كوري ومورتن(Corry & Morton) بأن اختلاف القرارات الإدارية (إستراتيجية، رقابة إدارية، رقابة تشغيلية) تحتاج إلى معلومات مختلفة تتلاءم مع طبيعتها واحتياجاتها. فالقرارات الإستراتيجية مثلاً لها علاقة بوضع بيانات المنشأة وأهدافها لذلك فهي تحتاج إلى معلومات ملخصة، والقرارات التشغيلية تحتاج إلى معلومات مبرمجة تأتي من مصادر داخل المنشأة وتأسيساً على ما تقدم يمكن القول بأن المعلومات الملخصة تتلاءم مع القرارات الإستراتيجية والمعلومات المبرمجة تتلاءم مع القرارات التشغيلية فما هو مناسب من المعلومات لقرارات معينة قد يبدو غير مناسب لقرارات أخرى. لاحظ الشكل (3-1).

يلتقي هذا التحديد إلى حد ما مع تحديد الأستاذان بيرج وستراتير (Burch & Strater) وكما قالوا: تختلف المعلومات التي تدعو الحاجة إليها لصنع القرارات التشغيلية وقرارات الرقابة الإدارية. يرى بيرج وستراتير مثلاً بأن المعلومات الملخصة تساعد الإدارة في صنع القرارات الإستراتيجية الطويلة الأجل كتوسيع المشروع وتحديد خطوط الإنتاج. وتساعد المعلومات المبرمجة الإدارة في صنع القرارات التشغيلية القصيرة الأجل كأعداد الميزانيات واختيار موقع المشروع وتطوير المنتوج. أما فيما يتعلق بصنع قرارات الرقابة الإدارية. كالرقابة على المخزون وفعاليات الشحن والاستلام والبرمجة يعتقد بيرج وستراتير بأنها تحتاج إلى صنف من المعلومات مختلفة عن المعلومات التي تحتاجها القرارات المشار إليها أعلاه.

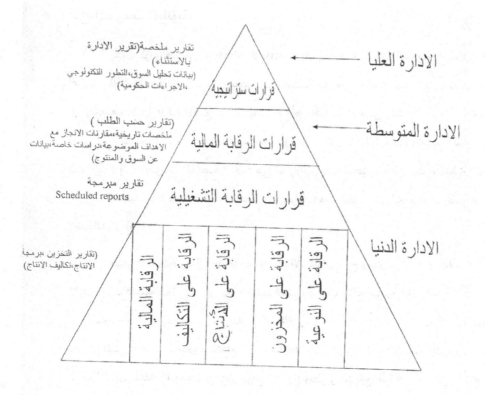

الشكل (3-1) يبين احتياجات القرارات المختلفة من المعلومات

المناسبة

يخلص بيرج وستراتير بأنه لغرض تأمين تدفق معلومات تشبع احتياجات الأصناف الثلاث من القرارات فمن الضروري تصميم نظام المعلومات الفاعل الذي بمقدوره أن يحقق هذا الهدف.

يؤكد الأستاذ زاني (Zani) بضرورة تشخيص الطبيعة والتكرارية والعلاقات المتداخلة للقرارات الرئيسية في المنشأة وذلك لأنها تحتاج إلى أنواع مختلفة من المعلومات. يقول زاني أن التأكيد على وجود ثلاث قرارات رئيسية مميزة (استراتيجية، رقابة إدارية، رقابة تشغيلية) يساعد مصممي الأنظمة في فصل السمات المختلفة للمعلومات المطلوبة وكذلك فهم أنواع المعلومات التي يحتاجها كل قرار رئيسي.

لقد ميز زاني أنواع المعلومات التي تحتاجها القرارات الرئيسية في المنشأة فأوضح أن:

أ. قرارات التخطيط الإستراتيجي تحتاج إلى معلومات عن السوق والتطوير التكنولوجي والإجراءات الحكومية.

ب. قرارات الرقابة التشغيلية تحتاج إلى معلومات عن المنتوج والمخزون وتكاليف الإنتاج.

ج. قرارات الرقابة الإدارية تحتاج إلى معلومات حالية وتاريخية ومقارنات الأداء.

وقد أبرز الاساتذة شو (Show) بلوج (Blouch) بولوك (Pollock) ماكنتوش (Macintosh) أدلبرج(Adelberg) الفروق بين الأنواع الثلاث للقرارات الإدارية واحتياجاتها من المعلومات كما يلي:

أ. قرارات إستراتيجية، تتعلق بأهداف المنشأة الأساسية كتحسين الربحية وخفض تكاليف الإنتاج، تحتاج إلى معلومات عن البيئة يتم الحصول عليها من مصادر خارجية. يتم إعداد هذه المعلومات على أساس روتيني من دراسات اقتصادية مستقبلية.

ب. قرارات الرقابة الإدارية- تتعلق باستخدام الموارد البشرية والمادية المتاحة بشكل كفؤ بغية تحقيق أغراض القرارات الإستراتيجية- تحتاج إلى معلومات عن النتائج الفعلية والنتائج التقديرية والانحرافات التي تخدم الإدارة في السيطرة على استخدام الموارد المتاحة والوصول إلى المستويات الإنتاجية المنشودة.

ج. قرارات الرقابة التشغيلية- وهي الفعاليات الرامية للسيطرة على استخدام الموارد الأساسية للمنشأة وذلك بهدف تحقيق أهداف القرارات الإستراتيجية والإدارية. تحتاج إلى معلومات دقيقة ومحددة كجداول الإنتاج وتكاليف الإنتاج وتقارير المخزون.

توقيت تدفق المعلومات

تحتاج القرارات الإدارية المختلفة(إستراتيجية، رقابة إدارية وتشغيلية) إلى معلومات تتوفر بأوقات مختلفة ومعنى ذلك أن صانعي القرارات لا يحتاجون كل المعلومات في وقت واحد، إذ ليس من الضروري أن تصنع كل القرارات بسرعة، يعتبر وصول المعلومات بسرعة ضرورة إلى بعض القرارات مثل الرقابة الإدارية.

وفي هذا الصدد ينبغي الوعي بدقة بدور مصممي الأنظمة في وضع الإطار المناسب للنظام الذي يأخذ بنظر الاعتبار الأنواع المختلفة من القرارات وأوقات تدفق المعلومات لسد احتياجاتها، أن قيام مصممي الأنظمة بدراسة طبيعية وتكرارية القرارات الرئيسية والمعلومات يستطيع التعامل بفاعلية مع الاحتياجات الحقيقية لصانعي القرارات. هنا يجب على المصمم أن يركز جهوده على أمرين أساسيين:

أ)   دراسة المصادر الرئيسية للمعلومات والطرق البديلة لتجهيز البيانات.

ب)   دراسة تأثير التغييرات الأساسية لتكنولوجية المعلومات ويمكننا الخروج بالخلاصة التالية: يعتمد تصميم النظام الفاعل للمعلومات الإدارية الذي يستطيع إشباع احتياجات الأنواع المختلفة من القرارات على قابلية المصممين على بناء الهيكل الأساسي للنظام الذي يتعامل مع قرارات التخطيط الاستراتيجي والرقابة الإدارية والرقابة التشغيلية التي تستوجب اختلاف في السرعة وتوقيت المعلومات.

أن زيادة سرعة إرسال المعلومات لصانعي القرارات إنما يتطلب بالضرورة تقليل الوقت المصروف على جمع وتحليل وخزن واستعادة المعلومات وهذا واجب قسم الحاسبة الإلكترونية الذي يعتبر في الواقع أداة فاعلة تقلل من التأخير في جمع وتسجيل ومعالجة ونقل المعلومات وبالتالي تجعل هذه المعلومات متوافرة للإدارة في الوقت المناسب.

الفصل الرابع

عملية اتخاذ القرارات

أهداف الفصل:

بعد دراسة هذا الفصل يجب أن تكون قادراً على معرفة:

1. الطرق المختلفة في اتخاذ القرارات.

2. كيف يمكن استخدام كل من الطريقة التقليدية والطريقة العلمية في عملية صنع القرارات الإدارية.

3. كيف يمكن تحديد المراحل التي يمر بها صانع القرار.

4. فوائد التغذية الاسترجاعية للقائد الإداري.

5. كيف يمكن استخدام نماذج الاختيار ونماذج الذكاء في عملية اتخاذ القرارات الإدارية.

عملية اتخاذ القرارات

مقدمة:

تعتبر وظيفة اتخاذ القرارات من أهم الوظائف التي تضطلع بها الإدارة في الوقت الحاضر، وقد ظهرت أهمية ممارسة هذه الوظيفة بالنسبة إلى المنشآت الصناعية منذ استخدام التكنولوجية الآلية على نطاق واسع.

طرق اتخاذ القرارات:

من المهم هنا أن نؤكد على أن عملية اتخاذ القرارات تتحقق بطريقتين التقليدية والعلمية الطريقة التقليدية هي من مسؤولية القائد الإداري الذي يقوم باتخاذ القرارات استناداً على تجاربه المتراكمة وفي ضوء خبراته الذي تعلمها عبر حياته الوظيفية واعتماداً على الحدس والتخمين أنظر الشكلين (4-1): أن القائد الإداري هو وحده الذي يمكن أن يرتفع به الحدس إلى الإبداع في صنع القرارات الصائبة.

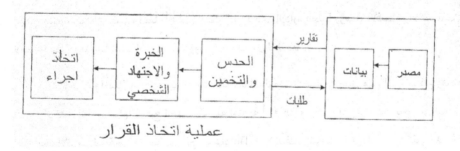

عملية اتخاذ القرار

شكل (4-1) يوضح عملية اتخاذ القرارات باستخدام الطرق التقليدية

الطريقة العلمية في عملية صنع القرارات

إن عملية صنع القرارات التي تعتمد على الأسلوب العلمي هي فن الحركة بين البدائل المختلفة لتحقيق أهداف المنشأة بأقل ما يمكن من التكاليف وذلك بالاستخدام الأمثل لكافة الوسائل المتاحة. ويمكننا تحديد المراحل التي يمر بها صانع القرار بما يلي لاحظ الشكل (4-2):

1. مرحلة تحديد المشكلة: مما لاشك فيه أن صحة القرارات التي تتخذها الإدارة يعتمد إلى حد كبير على التفهم العميق للجوانب المختلفة للمشكلة ذات العلاقة بالقرار المطلوب والنظر إلى تفصيلات المشكلة وأبعادها بعناية خاصة. أن مرحلة تحديد المشكلة وفق النموذج العلمي هي عملية بالغة التعقيد لذلك فإن الواجب الأول في تحديدها وتوضيح تفصيلاتها يقع على عاتق إدارة المنشأة التي يتوجب عليها القيام بإعداد المساعي ومحض الآراء وبذل الجهد والوقت الكافيين من أجل الوصول إلى تحديد دقيق وسليم. وبناء على هذا يمكن القول أن دقة المعلومات ودراسة ما تنطوي عليه المشكلة من التفاصيل هي أحد العوامل المهمة التي تقرر نجاح المدير في صنع القرار الصائب.

2. مرحلة التحليل والتشخيص: أن اعتماد إدارة المنشأة على ما يتوافر لديها من اختصاصيين ومحاسبين أكفاء للقيام بدور المحلل لمسببات المشكلة أمر مهم وضروري كما ينبغي أن يتم التحليل عن طريق مشاركة الإدارة العليا وبتوجيهها وبالتعاون مع رؤساء الأقسام لكي يصبح التحليل قائماً على أساس علمي سليم. ونود أن نضيف أيضاً بأنه من الحكمة أن تدعو الإدارة العليا رؤساء الأقسام والاختصاصين لاجتماع مفتوح لدراسة مسببات المشكلة ووضع عدة بدائل لعلاجها.

3. مرحلة اختيار البديل: بعد أن يتم استيفاء المعلومات الضرورية حول مسببات المشكلة وقيام الأفراد الاختصاصين بتحليلها ووضع الحلول البديلة المتاحة أمام صانع القرار، يقوم المدير باختيار البديل الذي يراه الأنسب لتحقيق أهداف ومصالح المنشأة بأقل التكاليف. وينبغي على الإدارة أن تكون قادرة على استخدام درايتها وخبرتها

كوسيلة تسترشد بها في تشخيص المواقف الصحيحة واختيار الطريق الصحيح والحل الفاعل على أسس اقتصادية. أن اختيار البديل الأفضل يتطلب استخدام بعض نماذج القرار المهمة كنماذج الاختيار ونماذج الذكاء، وهذا ما سنأتي على شرحه بالتفصيل لاحقاً.

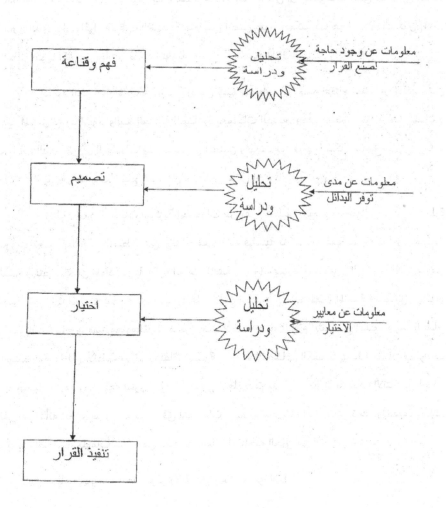

شكل (4-2) مراحل صنع القرار

التغذية الاسترجاعية (المرجعة)

يقتضى التأكيد على أن الاتصالات الفاعلة بين الأقسام في المنشأة تستلزم تغذية استرجاعية Feed back أن نظام التغذية الاسترجاعية إجراء مفيد غرضه التأكد من أن المعلومات التي تصل إلى القائد الإداري الذي يتخذ القرار قد تمت الاستفادة منها على أحسن صورة ممكنة كما هو مبين في الشكلين (4-3) ولإعطاء صورة أكثر وضوحاً عن فائدة التغذية الاسترجاعية نقدم المثال التالي:

إذا لزم اتخاذ قرار لمعالجة طلب وارد من قسم المبيعات فإن قسم الإنتاج يمكن أن يطلب من مدير المعمل تزويد المواد واليد العاملة للمباشرة بعمليات الصنع. وهنا يقتضي التأكد قبل المباشرة بعمليات الصنع من أن التعليمات قد وصلت إلى المعنيين وفهمت من قبلهم بشكل صحيح، كما يتوجب أيضاً التأكد من أن عمليات الصنع تسير بكفاءة ولا توجد أي اختناقات أو تأخير.

تستلم وحدة العمليات المركزية المعلومات عن تقدم عمليات الصنع وترسلها إلى قسم السيطرة على الإنتاج، يحفظ قسم السيطرة على الإنتاج معلومات قياسية تتعلق بكيفية سير الإنتاج وعمليات الصنع والمتطلبات من المواد الأولية واليد العاملة (الشكل 4-4) وبمقارنة المعلومات الحقيقية المستلمة من وحدة العمليات المركزية يقوم قسم السيطرة على الإنتاج بتحديد النقاط المهمة المسببة لانخفاض الكفاءة في عمليات الإنتاج وتجهيز معلومات إلى مدير العمل لأخذ الإجراء اللازم للتصحيح يقوم مدير الإنتاج بالتنسيق مع محللي الأنظمة بدراسة النقاط المهمة المسببة لانخفاض الكفاءة بهدف اتخاذ الإجراءات التصحيحية اللازمة ومن جهة أخرى يقوم اختصاصي المعلومات بتقييم سير المعلومات الإنتاجية الحالي الذي من شأنه إيجاد أفضل أسلوب لتدفق المعلومات بحيث لا يحدث اختناقات أو تأخير وتحقيقاً لذلك، لا بد لاختصاصي المعلومات من فحص نظام المعلومات الإنتاجية الحالي من الجوانب التالية:

1. هل أن نظام المعلومات الحالي يوفر رقابة كافية على المعلومات؟

2. هل توجد نقاط لاتخاذ القرارات ذات صلة وثيقة بالموضوع؟ الشكل(4-4)

3. عندما يحدث انحراف عن العملية المخططة، هل أن التغذية الاسترجاعية للمعلومات سريعة بحيث تمكن المسؤول من اتخاذ الإجراء التصحيحي؟

4. هل أن التغذية الاسترجاعية دقيقة بالمستوى المعقول؟

5. هل أن التغذية الاسترجاعية موجهة بشكل صحيح؟ (لاحظ الشكل (4-5)

يجب أن يكون لدى اختصاصي المعلومات صورة واضحة عن نقاط اتخاذ القرارات الإدارية المختلفة ووقت رد الفعل المرتقب قبل أن يباشر بتبسيط نظام المعلومات الإنتاجي الحالي. وبهذا الصدد يتعين على اختصاصي المعلومات القيام بما يلي:

أ. تحديد القرار المطلوب اتخاذه، من قبل مدير الإنتاج والذي يتناسب مع واجباته.

ب. تحديد المعلومات المطلوبة للقرار المزمع اتخاذه.

ج. تحديد أسرع واسطة يمكن أن تعالج فيها هذه المعلومات.

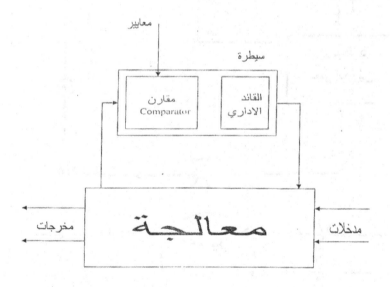

الشكل (4-3) نموذج عام للسيطرة بالتغذية الاسترجاعية

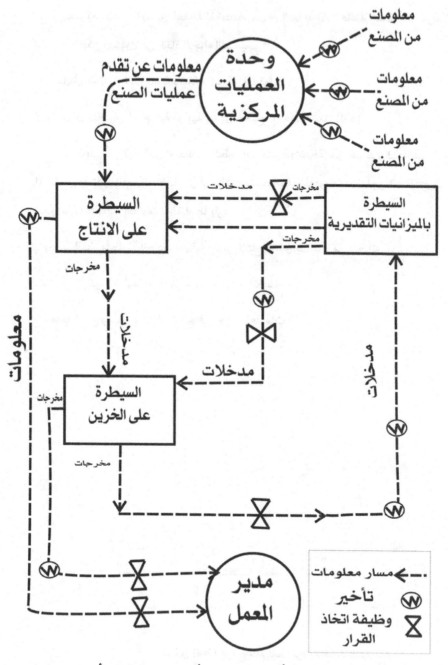

الشكل (4-4) يوضح أهمية المعلومات للأقسام المختلفة في المنشأة

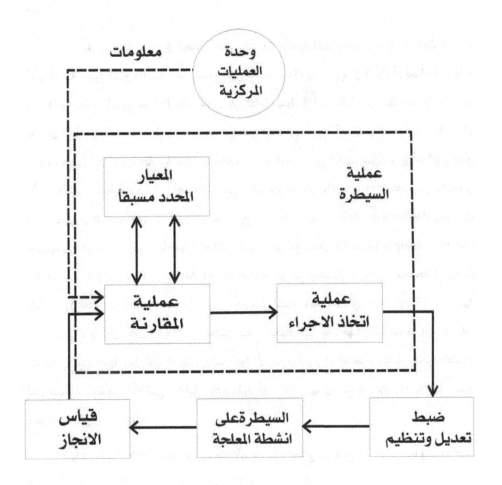

شكل (5-4) يوضح التغذية الاستجاعية

نماذج القرار (Decision Models)

مقدمة

لا شك أن رغبة الإدارة في الحصول على معلومات مناسبة لاستخدامها في صنع القرارات الصائبة أظهر أهمية وجود نماذج رياضية معينة تساعد على تحقيق هذا الهدف. ويمكن القول أن نجاح استخدام مثل هذه النماذج، أنما يعتمد في الدرجة الأولى على كفاءة المدراء في استعمالها ومن المهم هنا أن نؤكد بأنه نجد أن كثيراً من المدراء لا يدركون أهمية النماذج التي تستدعي طبيعة أعمالهم الإلمام بها مما يتعذر عليهم الحصول على صورة حقيقية عن احتياجاتهم من المعلومات التي تمكنهم من تسيير أعمالهم وفق الأسس العلمية الصحية. وهنا تبرز أهمية مصممّي الأنظمة (Systems Designers) باعتبارهم الأشخاص الذين يوجهون كل جهودهم وقدراتهم لدراسة جميع أبعاد نماذج القرار (Decision Models) ومجالات تطبيقها ولهذا ينبغي عليهم أن يأخذوا زمام المبادرة، بالتعاون مع محللي الأنظمة (Systems Analysts) والمحاسبون الإداريون (Management Accountants) لوضع وتطبيق النماذج الصحيحة في الوقت المناسب وكذلك القيام بتقديم الإيضاحات والاقتراحات إلى المدراء لمساعدتهم في معرفة كيفية استخدامها. أن كل مدير لا بد وأن يكون واعياً لأهمية تطبيق نماذج القرار التي يحتاجها وملماً بإمكانات وقدرات منشآته في استخدامها. وعلى هذا الأساس يمكننا القول أن نماذج القرار قد أضحت بمثابة العمود الفقري لكل منشأة سليمة والمنشأة التي لا تطبق نماذج القرار أو ترتكز عليها في صنع قراراتها الإدارية فهي منشأة ضعيفة لا يمكن الركون عليها.

ولعل السؤال الذي يقتضي أن نطرحه الآن هو لماذا نحتاج إلى نماذج القرار؟ ومما يساعد على الإجابة على هذا السؤال هو أن نستعرض بإيجاز ما يلي:

- فوائد استخدام نماذج القرار.

- ألقاء الضوء على عدد من نماذج القرار المهمة.

فوائد استخدام نماذج القرار

تسعى نماذج القرار لتحقيق الفوائد التالية:

1. تزود الإدارة بالمعلومات المطلوبة التي تساعد في الحصول على صورة حقيقية عن عملية صنع القرار، وعلى ذلك يمكن القول أنه إذا استعمل المدراء نماذج القرار الصحيحة فإن ذلك يمكنهم من تحديد احتياجاتهم من المعلومات بصورة دقيقة لاحظ الشكل (4-6).

2. تساعد المدراء في التفكير والتحضير لعمليات الغد بشكل يمكنهم من إعادة النظر في الخطط الموضوعة مسبقاً ومعالجتها قبل أن تسبب أضراراً كبيرا وبمعنى أخر تستعمل نماذج القرار لتخمين سلوك المستقبل ودراسة المشاكل ومعالجتها.

3. توضيح إجراءات العمل المختلفة وتخمين النتائج المتوقعة من كل واحدة وتقييم تلك الإجراءات في ضوء الأهداف المطلوبة.

وبإيجاز يمكننا القول أن نماذج القرار هي يد الإدارة التي يقتضي- المحافظة عليها باستمرار، إذ أنها تقدم تحليل شامل للعناصر الملموسة من المشاكل ومن ثم فهي تقدم أساساً رصيناً وحقيقياً لمساعدة وتوجيه الإدارة عند صنع القرارات الإدارية.

أنواع نماذج القرار:

أن السؤال الذي يطرح نفسه الآن هو ما هي أهم أنواع نماذج القرار التي يمكن أن تستعملها الإدارة في اتخاذ قراراتها هناك بلا شك أنواع كثيرة ومن أهمها في اعتقادنا هي الأنواع التالية:

أولاً:- نماذج الاختيار Choice Models

ثانياً:- نماذج الذكاء Intelligence Models

وسنحاول الآن شرح هذه الأنواع المختلفة من النماذج بإيجاز.

أولاً:- نماذج الاختيار:

تخدم نماذج الاختيار كمؤشر لتقويم القرارات الإدارية البديلة فهي تنـير الطريق أمـام الإدارة عنـد اختيـار أفضل البدائل المتاحة. أن من أبرز الأمثلة لنماذج الاختيار هي البرمجة الخطية. التكاليف الحديـة، التـدفق النقدي والتدفق النقدي المخصوم.

أ) البرمجة الخطية (Linear Programming)

أن للبرمجة الخطية أهمية كبيرة في الوقت الحاضر وذلك بسبب استخدامها كأداة فعالة لمعالجة بعض المشاكل التي تواجه المنشأة كما تساهم أيضاً في ترشيد سياستها، ولعله مـن المفيـد أن نـذكر عـلى أن البرمجة، بحد ذاتها تعني التخطيط للانتفاع الأفضل من الموارد المتاحـة عـن طريق اختيـار أحسـن الطـرق البديلة المتوافرة التي تتلاءم مع الظروف والموارد والإمكانيـات المحليـة وكذلك توجيـه هـذه المـوارد نحـو أحسن الاستخدامات.

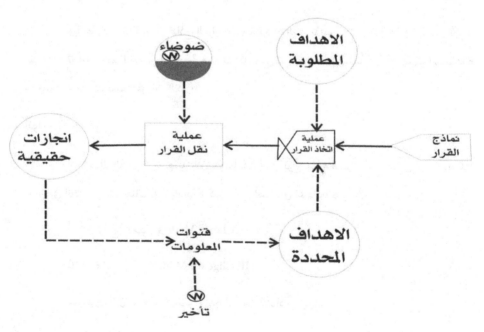

شكل (4-6) يبين كيفية استخدام النماذج في عملية اتخاذ القرارات

84

ومما لا جدل فيه أن هذه الأساليب الفنية للبرمجة يمكن في ظروف مناسبة أن توفر الحلول الناجعة لكثير من المشاكل التي تتعرض لها المنشأة كمشاكل النقل والتوزيع والصيانة والمخازن والإنتاج.

ولا يفوتنا هنا أن نذكر أن مسؤولية وضع الخطط البعيدة الأمد واتخاذ القرارات تقع على عاتق الإدارة التي تصبح مسؤولة بعد ذلك عن تنفيذها ومتابعة التنفيذ، وفي سبيل تحقيق هذه الأهداف تضع لها خطوطاً " أساسية لسياسة طويلة الأمد تستند على المعلومات والبيانات والتقارير التي ترفع إلى الإدارة من قبل الموظفين، وفي ضوء هذه الحقائق يمكننا القول بأن مدى نجاح وفاعلية البرامج الخطية يتوقف على سلامة البيانات وصحة القرارات الإدارية وعلى تقييم نتائجها، وهناك العديد من الأمثلة التي تدل على أن الأساليب الفنية للبرامج الخطية تسعى إلى تقوية عملية اتخاذ القرارات وذلك بهدف أيجاد الحلول السريعة لمشاكل توزيع الموارد النادرة عن طريق إعداد البرامج البعيدة المدى وتقييم قرارات الميزانيات الرأسمالية. أن المشكلة الأساسية التي تواجه البرمجة في كثير من الأحيان هي صعوبة معرفة مقدار احتياجاتنا من الموارد أو الطاقات التي يرمى إلى استغلالها لضمان الوصول إلى المستويات الإنتاجية المرسومة وعلى سبيل المثال قد تتعرض المنشأة إلى بعض المعوقات والاختناقات التي تمنعها من إنتاج ما يكفي لسد احتياجات السوق المحلي وذلك بسبب تعطل طاقاتها الإنتاجية أو ارتفاع التكاليف والأسعار مثلاً.

وقبل أن نختتم هذا العرض السريع يجدر بنا الإشارة إلى بعض المآخذ الرئيسية للبرمجة الخطية ومنها أنه قد يمكن إيجاد الحلول لبعض المشاكل التي تواجه المنشآت عن طريق التجربة والخطأ (Trial & Error) إلا أن إيجاد الحلول لنفس المشاكل باستخدام البرمجة الخطية قد تكلف كثيراً، أذ أنها تستلزم بيانات رياضية وإحصائية كبيرة وتحتاج إلى استخدام الحاسبات الإلكترونية ذات التكاليف الباهظة.

ب) التكاليف الحدية Marginal Costing

التكاليف الحدية تشير فقط إلى الكمية التي تتغير فيها التكاليف بتغير حجم الإنتاج وحدة واحدة لذا فهي تخدم كمؤشر لتقويم القرارات الإدارية البديلة ومن ثم تنير الطريق أمام الإدارة عند وضعها السياسات الرشيدة، وثمة فوائد أخرى للتكاليف الحدية ندرجها فيما يلي:

* أنها أداة فعالة تساعد الإدارة في معالجة الموقف الإنتاجي في أوقات الركود الاقتصادي لذا فهي تلعب دوراً فعالاً في طرق تحديد كمية الإنتاج المرسومة.

* تستعين بها الإدارة عند قيامها باختيار أكثر المشروعات ربحية وتعتبر كشوفات الكلفة الحدية أهم الوسائل التي تنفع الإدارة في هذا المجال إذ تبين هذه الكشوفات قيمة المساهمة (Contribution) لكل مشروع، ولا يفوتنا هنا أن نذكر أن المساهمة تمثل الفرق بين سعر بيع الوحدة الواحدة والكلفة المتغيرة، أو هي الفرق بين المدخولات والتكاليف الحدية.

* تفيد الإدارة في وضع قرارات الصنع أو الشراء Make or buy decisions أي قرارات صنع بعض أجزاء المنتجات أو القيام بشراءها من الخارج. أن المنطق الذي يردده البعض أحياناً من أن القرارات المتعلقة بإعطاء الأفضلية للقيام بفعاليات الصنع أو الالتجاء إلى شراء أجزاء من السلعة المنتجة قد تحتاج إلى بيانات تكاليفية ومعلومات إحصائية مفصلة أمر لا جدال فيه.

ويجدر الإشارة في هذا الصدد إلى أن المؤشرات التالية التي لها وزن كبير على قرارات الصنع أو الشراء هي الطاقة الإنتاجية وحجم الربحية وتوفر الخبرات والمهارة والتخصص في العمل وطبيعة المنتوج. يقتضي دراسة طبيعة المنتوج والطاقات الإنتاجية قبل وضع القرارات الإدارية موضع التنفيذ ذلك لأن الجهل بطبيعة المنتوج أو الإساءة في تقدير كمية الطاقة الإنتاجية اللازمة أو الإساءة إلى استغلالها معناه. الإسراف في استخدامها وهذا بدون شك يترتب عنه انخفاض في الكفاءة الإنتاجية للمنشأة. ومن

المنطق أيضاً القيام باستيراد المواد الأولية والأجزاء المطلوبة من الخارج عندما تكون التكاليف الحدية لإنتاج هذه الأجزاء محلياً أكبر من سعر بيعها في الأسواق الخارجية.

ومن هذا المنطلق سأحاول بما يسمح به الحال في تبيان أهمية إعداد كشوفات التكاليف الحدية (Marginal Cost statements).

لا شك أن مقدار المساهمة(Contribution) يخدم كمؤشر حيوي في وضع القرارات الإدارية القصيرة الأجل. إذ أن اختيار أفضل البدائل أو أفضل المشروعات المتوافرة يعتمد أساساً على عملية المقارنة بين أحجام المساهمة لكل مشروع في تغطية تكاليفه الثابتة.

ونستدل مما تقدم أن أحسن المشروعات هو الذي يحقق أكبر قدر ممكن من المساهمة. في ضوء هذه الحقائق يمكننا القول بأن كشوفات التكاليف الحدية تساعد الإدارة في تحديد مقدار مساهمة كل بديل من البدائل المتاحة وتحقق المساهمة بعد تنزيل التكاليف الحدية من قيمة المبيعات.

لا ريب أن المشروع (ب) في الكشف التالي يدر أكبر قدر مكن من المساهمة ومن ثم فهو أفضل من المشروعين(أ)،(ج).

	مشروع(أ)		مشروع(ب)		مشروع(ج)	
	دينار	دينار	دينار	دينار	دينار	دينار
المبيعات	00	2400		2600		5000
التكاليف الحدية						
مواد مباشرة	700		300		2200	
أجور مباشرة	500		200		900	
مصاريف غير مباشر	200	1400	100	600	400	3500
المساهمة		1000		2000		1500

ويلاحظ في هذا الصدد أنه يمكننا تطبيق المعادلات التالية:للوصول إلى تحديد مقدار الربحية:

التكاليف الكلية= الكلفة الثابتة + الكلفة المتغيرة

المساهمة = المبيعات- الكلفة الحدية

الربح = المساهمة- الكلفة الثابتة

ج) التدفق النقدي

قبل أن نشرح كيف يستخدم التدفق النقدي كوسيلة لاتخاذ القرارات الإدارية يلزمنا الخروج عن ذلك أسطراً قليلة لتحديد المقصود بالتدفق النقدي. يقصد به الحركة الفعلية للنقد التي تمثل النقد الداخل إلى المنشأة ويسمى التدفق النقدي الموجب، والنقد الخارج من المنشأة ويطلق عليه اسم التـدفق النقـدي السالب.

وطريقة اتخاذ القرارات الإدارية التي في مضمونها تعكس اختيار أفضل البدائل المتـوافرة تؤكد على أهمية التدفقات النقدية الصافية للبدائل المختلفة. ويلاحظ عموماً أنه يتعين وضع كشف خاص لكل من هذه البدائل يقوم بتبيان مقدار المتحصلات النقدية سعياً وراء تحديـد حجـم التـدفق النقـدي الصافي لكل بديل، ولا ريب أن أحسن هذه البدائل وأنسبها هـو البـديل الـذي يحقـق أكبر تـدفق نقـدي صـافي. ويمكننا أن نورد هنا في اختصار المثال التوضيحي التالي:

واجهت إحدى المؤسسات الصناعية مشكلة بيع بعض مفردات خزين البضاعة الجاهزة التـي كانت كلفتها تساوي (100) دينار وكان لدى هذه المؤسسة بديلان يمكن الاعتماد عليهما لتصريـف هـذه البضاعة البديل الأول بيعها إلى شركة (أ) بقيمة (100) دينار والبـديل الثاني بيعها إلى شركة (ب) بقيمة (108) دينار علماً بأن الشركة تبعد عن المؤسسة بمسافة تساوي ضعف المسافة الواقعة بين المؤسسة والشركة (أ) أضف إلى ذلك أن كلفة إجراءات التسليم قد تم احتسابها كما يلي:

تكاليف الوقود والدهن للشركة (أ) تساوي (5) دنانير والأجور (6) دنانير والتـأمين والانـدثار (7) دنانير، وتكاليف الوقود والدهن للشركة(ب) تساوي (10) دنانير والأجور(6) والتأمين والاندثار (14) دينـار. وعادة يتم اختيار أفضل هذه البدائل عن طريق الأرقام السالفة الذكر بالشكل التالية:

	الشركة(أ)	الشركة(ب)
التدفق النقدي الداخل (المبيعات)	100 دينار موجب	108 دينار موجب
التدفق النقدي الخارج	11 دينار سالب	16 دينار سالب
	89 دينار موجب	92 دينار موجب

في ضوء ذلك يكون القرار الصحيح هو بيع البضاعة إلى الشركة (ب) ذلك بسبب كبر حجم صـافي التدفق النقدي ويلاحظ في هذا الخصوص ما يلي: لم تؤخـذ تكـاليف التـأمين والانـدثار بعـين الاعتبـار عنـد احتساب مقدار التدفق النقدي الصافي بسبب كونها مصروفات تاريخيـة لا تفيـد عمليـة اتخـاذ القـرارات. ومن المفيد أن نذكر هنا أن أهم الفوائد لاستخدام أسلوب بسيط نسبياً إذ لا توجد تعقيـدات في اسـتخراج الكلفة والمدخولات ولا توجد مشاكل اندثارية.

د) التدفق النقدي المخصوم Discounted Cash Flow:

هناك بلا شك طرق كثيرة لحساب التدفق النقدي المخصوم ولكن أهمها في اعتقادنا هي طريقـة القيمـة الحاليـة الصـافية (net present value) وطريقـة الـدخل المخصـوم Discounted yield وقبـل الخوض في شرح إحدى هذه الطرق يحسن بنا أن نأخذ الملاحظات التالية بعين الاعتبار:

* تحدث التدفقات النقدية في نهاية السنة.

* اختيار سعر الفائدة المناسب.

* تحدث النفقات(outlay) في بداية السنة الأولى وهذا ما يعادل نهاية السنة السابقة (أي سنة الصفر) ومن ثم ستظهر هذه النفقات كأنها حدثت في سنة الصفر. وفي ضوء ذلك تكون القيمة الحالية للدينار في سنة الصفر مساوية إلى دينار واحد.

طريقة القيمة الحالية الصافية

بموجبها يخصم التدفق النقدي بسعر مناسب، وتشير الدلائل إلى أن القيمة الحالية الصافية تتحقق من حاصل جمع كل الأقيام الحالية للمشروع علماً بأنه قد تم طرح النفقات من التدفقات النقدية المخصومة:

ونود أن نوضح ذلك بالمثال الآتي:

فيما يلي المعلومات التي تتعلق بالمشروعين(أ ، ب):

	المشروع (أ)	المشروع(ب)
النفقات الأصلية سنة(صفر)	10000دينار	10000دينار
التدفق النقدي الصافي سنة (1)	310	7000
التدفق النقدي الصافي سنة(2)	1000	2000
التدفق النقدي الصافي سنة(3)	1000	2000
التدفق النقدي الصافي سنة(4)	4000	1000
التدفق النقدي الصافي سنة(5)	10000	730

المطلوب إيجاد القيمة الحالية الصافية لكل مشروع علماً بأن نسبة كلفة رأس المال (سعر الفائدة) هي 10%

الحل:

مشروع (أ)			**مشروع (ب)**		
التدفق النقدي الصافي	**عامل الخصم 10% لكل دينار**	**القيمة الحالية (امل الخصم × التدفق النقدي الصافي)**	**التدفق النقدي المخصوم**	**عامل الخصم 10% لكل دينار**	**القيمة الحالية(عامل الخصم × التدفق النقدي الصافي)**
- (10000 دينار)	(1) دينار	- (10000)دينار	- (10000) دينار	(1) دينار	-(10000)دينار
+ 310	909د	+ 282	7000+	909د	+ 6363
+ 11000	826د	+ 826	2000+	826د	+ 1652
+ 1000	751د	+ 751	+ 2000	751د	+ 1502
4000+	683د	+ 2732	+ 1000	683د	+ 683
+ 10000	621د	+ 6210	+ 730	621د	+ 453
القيمة الحالية الصافية		+ 801 دينار			+ 653

ومن الجدير بالذكر أن:

$$\text{عامل الخصم} = \frac{1}{(1+\text{سعر الفائدة})^{\text{ن سنة}}}$$

$$\text{والقيمة الحالية} = \text{القيمة بعد (ن سنة)} \times \frac{1}{(1+\text{سعر الفائدة})^{\text{ن سنة}}}$$

مما تقدم نلاحظ أن المشروع (أ) قد حقق قيمة حالية صافية قدرها (801) دينار (موجب) فماذا يعني ذلك؟

يمكننا اعتبار المبلغ (801) دينار كقيمة حالية صافية نتج بإقتراض (10000) دينار وبفائدة قدرها 10%.

ومما يجدر ملاحظته هنا بأنه بغية اتخاذ القرار الصائب يقتضي معرفة فيما إذا كانت القيمة الحالية الصافية موجبة أو سالبة. فإذا كانت موجبة فأن ذلك يعني أن عائد النقد المستثمر في المشروع هو فوق السعر الذي تم اختياره Selected rat وبصورة عكسية إذا كانت سالبة فمعنى ذلك أن العائد هو تحت السعر المحدد.

أن استخدام الأسلوب الفني للتدفق النقدي المخصوم له فوائد كثيرة تؤثر تأثيراً مباشراً في التصنيع والتنمية الاقتصادية. وهذه الفوائد هي:

- لقد بات واضحاً أننا نحتاج إلى هذا النوع من الأساليب الفنية لكي يمكن وضع القرارات الإدارية المتعلقة بالمشاريع الرأسمالية بصورة سليمة إذ يمكن الإفادة منه عند القيام بمقارنة المشاريع البديلة سعياً وراء تحديد المشروع الذي يدر أكبر عائد ممكن.

- تعتبر طريقة التدفق النقدي المخصوم أكثر الطرق التي تقوم بقياس عائد رأس المال المستثمر بدقة ووضوح ذلك أنها تأخذ عامل الوقت وتأثيره على النقدية بنظر الاعتبار فضلاً عن أنها تعطي حلولاً سريعة لبعض المشاكل التي تشغل أذهان الاقتصاديين في وقتنا الحاضر.

- يستخدم في تقييم جدوى وكفاءة المشاريع الإنتاجية وذلك عن طريق مقارنة عائد كل مشروع مع المعيار الاستثماري الذي تحدده المنشأة وبتوقيت الإيرادات والنفقات التخمينية المخصومة.

ثانياً: نماذج الذكاء

تعتبر خريطة التعادل من أهم نماذج الذكاء التي يمكن أن تفيد القائد الإداري في صنع القرارات القصيرة الأجل وعلى هذا الأساس سنقتصر في هذا المجال على دراسة هذا الموضوع بصورة مفصلة.

تحليل نقطة التعادل Break-Even Analysis

يساعد تحليل نقطة التعادل الإدارة في وضع القرارات الإدارية القصيرة الأجل، إذ أنها تصور للإدارة النتائج المحتملة الوقوع في حالة وجود اختلافات في الفعاليات الإنتاجية للمنشأة، وفضلاً عن ذلك فإنها توضح العلاقات الموجودة بين التكاليف الكلية وحجم المبيعات وأثرها على الربحية.

وتتمكن الإدارة من اتخاذ القرارات الإدارية بإلقاء نظرة على الرسم البياني لنقطة التعادل كأداة فعالة للتنبؤ بالأرباح كما ويبين مدى تأثر حجم الأرباح نتيجة لحصول تغيرات في مقدار التكاليف الثابتة أو التكاليف المتغيرة أو حجم المبيعات.

وقد دلت التجارب التي مرت بها معظم الشركات في الدول المتقدمة على أن تحليل نقطة التعادل يساعد على قياس وتقييم الإنجازات لمختلف المستويات الإدارية ويحافظ على مستوى جيد من الأرباح وذلك عن طريق الرقابة على الفعاليات المختلفة للمنشأة.

ويجدر الإشارة في هذه الصدد إلى بعض الفرضيات ذات الأهمية والتي يستند عليها نجاح تطبيق مبادئ تحليل نقطة التعادل وهي:

ثبات سعر البيع والتطور التكنولوجي وإنتاجية العمل، وتغير التكاليف بتغير حجم الإنتاج. وإمكانية تقسيم التكاليف الكلية إلى تكاليف ثابتة وتكاليف متغيرة بشكل دقيق وصحيح واستناداً إلى هذه الفرضيات فإن أي زيادة في كمية الإنتاج ينجم عنها زيادة في حجم المبيعات وزيادة في حجم التكاليف الكلية.

ومن المهم أن نؤكد على أن الافتراضات السابقة تكون صحيحة في الأجل القصير كنتيجة حتمية لتغير بعض هذه الافتراضات في الأمد الطويل. وفي ضوء ذلك يمكننا القول أنه يمكن تصميم خريطة أخرى لنقطة التعادل عندما تحصل تغيرات في إحدى الفرضيات السابقة.

أن السؤال الأساسي الذي يجب مناقشته الآن هو كيف تستطيع المنشأة رسم خريطة نقطة التعادل، أن الإجابة على هذا السؤال تستدعي دراسة أرقام الميزانية العمومية وأرقام حساب الأرباح والخسائر واستنباط المعلومات منها، ذلك لأن الأرقام الواردة في الكشوفات السابقة تعتبر المصدر الأساسي لخريطة نقطة التعادل.

وأخيراً أننا نعتقد أنه إذا أحسن استخدام الخريطة وتوفرت الخبرة والكفاءة الإدارية لحسن تطبيقها فإنها ستبدو أكثر تلاءماً مع ما تنشده المنشأة من التخطيط والسيطرة على التكاليف وضبط الأرباح.

أمثلة توضيحية:

إذا فرض مثلاً، أنه قد حددت فقرات الكلف والمبيعات وأقيام هذه الفقرات كما في الجدول أدناه:

الفقرات	دينار
تكاليف ثابتة	40000
تكاليف متغيرة	20000
مبيعات	100000

الحل:

- يرسم المحور العمودي الذي يمثل التكاليف والإيرادات ويقسم إلى أجزاء متساوية بين الصفر و 100000 دينار.

- يرسم المحور الأفقي الذي يمثل المبيعات أو الإنتاج بالا قيام بحيث يلتقي مع المحور العمـودي في نقطة الصفر ويقسم إلى أجزاء متساوية حسب الحاجة(*)

- يرسم خط التكاليف الثابتة بشكل مستقيم بحيث يبدأ من نقطة على المحور العمودي ويكون موازياً للمحور الأفقي، أي يبدأ من 4000 دينار على المحور العمودي.

- تستخرج قيمة التكاليف الكلية بإضافة قيمة التكاليف الثابتة إلى قيمة التكـاليف المتغـيرة أي(20000 + 40000 دينار).

- يرسم خط التكاليف الكلية فوق خط التكاليف الثابتة أي بين قيمتـي 40000 دينـار و 60000 دينار.

- يرسم خط المبيعات من نقطة التقاء المحـور الأفقـي مـع المحـور العمـودي، أي بـين الصـفر و 100000 دينار.

- تحدد نقطة التعادل عند تقاطع خط المبيعات مع خط التكاليف الكلية كما موضح في الشـكل (7-4).

بعد الانتهاء من تحديد نقطة التعادل يمكننا ملاحظة ما يلي:

- تتساوى الإيرادات من المبيعات مع التكاليف الكلية في هذه النقطة ويكون فيها الـربح صـفراً، أي أن المؤسسة التي تعمل عند نقطة التعادل لا تحقق أرباحاً ولا تتحمـل خسـارة. لقـد كانـت التكـاليف الكلية قبل الوصول إلى النقطة أكبر من

(*) تستطيع وضع الفقرات التالية على المحور الأفقي إذا اقتضت الضرورة:
- المبيعات (كميات)
- المبيعات (أقيام)
- انتاج (كميات)
- طاقة إنتاجية (نسبة مئوية).

المبيعات وبها تتحمل المنشأة خسارة، بينما تحقق المنشأة أرباحاً عندما تعبر نقطة التعادل وتكون المبيعات أكبر من التكاليف الكلية.

- يمكن التنبؤ بالأرباح [*] عند أي حجم من أحجام المبيعات وذلك بتحديد قيمة المبيعات المرتقبة، ومد خط رأسي منها يقطع خط التكاليف الكلية وخط المبيعات أي أن الربح المنتظر يساوي 15000 دينار عندما تكون قيمة المبيعات المنشأة المرتقبة= 70000 دينار.

- أن نقطة التعادل= 5000 دينار أي أن التكاليف الكلية للمنشأة وإيراداتها في هذه النقطة= 5000 دينار عندما تبيع بقيمة 50000.

- أن حجم التعادل للمنشأة يعادل 50000 دينار وأن قيمة المبيعات التي تقل عن حجم التعادل يترتب عنها خسارة للمنشأة وقيمة المبيعات التي تزيد عن حجم التعادل يترتب عنها ربحاً للمنشأة.

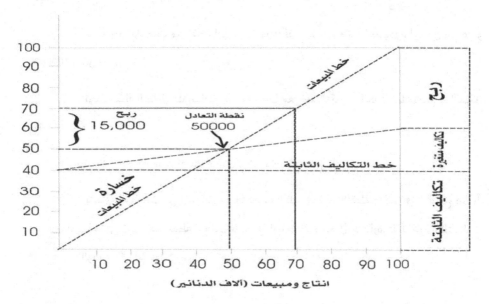

شكل(4-7): نقطة التعادل التقليدية

(*) يتحدد حجم الربح بين خط المبيعات (إلى الأعلى) وخط التكاليف الكلية (إلى الأسفل) في الخريطة البيانية، ويمكن حسابه رقمياً من المعلومات التي يحصل عليها من المحور العمودي وذلك بتنزيل قيمة التكاليف الكلية من قيمة المبيعات.

الذكاء الاصطناعي artificial intelligence

مقدمة:

قبل الحديث عن نماذج الذكاء وجب علينا إلقاء الضوء على مصطلح الذكاء الاصطناعي الذي بدء بالظهور تحديداً في عصر الحاسوب والاتصالات. فالذكاء الاصطناعي يتمتع بقدرة عالية من التعامل الإيجابي مع تنفيذ الأعمال وحل المشاكل التي تشابه إلى حد كبير تلك الأعمال والأساليب التي تنجز بذكاء الإنسان.

فالذكاء الاصطناعي له القدرة والاستجابة الملائمة للحالات والمشاكل المعقدة، وله القدرة على فهم العمليات الذهنية المعقدة التي يقوم بها الإنسان عن طريق التفكير وترجمتها إلى ما يشابهها من عمليات محاسبية تزيد إمكانية الحاسوب على حل المشكلات الصعبة لاحظ الشكل (4-8).

وبناء على ما سبق يمكننا تحديد أهداف الذكاء الاصطناعي بما يلي:

1- تمكن الحاسوب من معالجة المعلومات وحل المشكلات بصورة مشابهة إلى الطريقة التي يقوم بها المرء في تنفيذ الأعمال وحل المسائل المحاسبية.

2- فهم طبيعة الذكاء الإنساني الذي يتحقق عن طريق كشف اغوار الدماغ البشري وذلك بهدف محاكاته والتواصل والتفاعل معه.

3- تطوير نظم محوسبة وأساليب متطورة لبرمجته. تتصرف وتعمل مثل الإنسان، إذ لها القدرة على تعلم اللغات، وإنجاز الواجبات المادية والتعامل مع المواقف الصعبة وصنع القرارات الصائبة.

ميادين الذكاء الاصطناعي:

يمكننا تحديد وتوضيح بعض الأمثلة من تطبيقات الذكاء الاصطناعي من الشكل الآتي:

يوجد شكل (الذكاء الاصطناعي)

التفكير وتحكيم العقل والحدس
استعمال تحكيم العقل لحل المشكلات
التعلم من التجربة
اكتساب مهارة وتطبيق المعرفة
عرض الإبداع والتخيل
التعامل مع الأوضاع المعقدة
التجاوب السريع وبنجاح مع الأوضاع الجديدة
الاعتراف بالأهمية النسبية لعناصر الوضع الجديد
معالجة المعلومات الخاطئة والناقصة والغامضة

شكل(4-8) يوضح خواص السلوك للذكاء الاصطناعي

نماذج الذكاء الاصطناعي (artificial intelligence models)

إن نماذج الذكاء الاصطناعي هي أنماط عديدة يكمل بعضها بعضاً، وأن كل نمط من هذه الأنماط يساهم في تحقيق نجاح المدير في حياته التجارية فإذا تكاملت هذه الأنماط وتوافقت مع الذكاء والبصيرة، والمعرفة العميقة لديه، فإن المدير سيتفوق وسيصنع القرار الصائب.

غير أن المنطق والتفكير وتحكيم العقل وحدة لا يحقق للمدير النجاح المنشود في صنع القرار السليم المنشود إذ لم يرافقه استخدام الحاسوب والبرمجيات المتخصصة التي تمكن أن توفر للمدير المعلومات التي يحتاجها في هذا المجال، وكم من مدير متوقد الذكاء أخفق في اتخاذ القرار الصائب في حين نجح الآخرون ممن هم دونه ذكاء لأنهم يستخدمون نظم دعم القرار والنظم الخبيرة.

فما المقصود بنماذج الذكاء؟ وما هي أنوعها؟ وما هي دورها في تحقيق النجاح لرجال الأعمال؟

نماذج الذكاء هي برمجيات يستفاد منها المدراء في المنشأة لصنع القرارات السليمة عن طريق استخدام الحاسوب وبأداء عالي وموثوق وبطريقة غير مكلفة.

ويمكننا تصنيف نماذج الذكاء الاصطناعي تصنيفاً تقنياً حسب مضمونها واستخدامها في مجال إدارة الأعمال إلى ما يلي:

1. نظم دعم القرار decision support systems.
2. النظم الخبيرة expert systems.

نظم دعم القرار

وهي نظم معلومات محوسبة تهدف إلى توفير معلومات متفاعلة لكي تمكـن الخـبراء مـن إتقـان صنع القرار المطلوب.

أن هذه النظم تستدعي بالضرورة استخدام الوسائل الفنية التالية:

(a) نماذج تحليلية analytical models

(b) قواعد بيانات متخصصة specialized data bases

(c) استخدام الحدس والبصيرة استخداماً سليماً من قبل صناع القرار وبنـاء عـلى مـا سبق فإن اسـتخدام الذكاء والإبداع شرط لا بد منه للتعامل الإيجابي مع المشـكلات التـي تعـترض المـدراء في المنشـأة عند القيام باتخاذ القرارات بشأنها. وبهذا التكامل بين الحاسوب والذكاء الإنساني يتحقق النجـاح المنشود.

يعدد كتاب العلوم الإدارية أربعة فوائد لاستخدام نظم دعم القرارات نلخصها بما يأتي:

1. توفير معلومات متفاعلة interactive تساعد في دعم القرارات الإدارية عن طريـق التحليـل والمقارنـة بين البدائل المتاحة.

2. تقديم تقارير سريعة ومرنة ومتكيفة عن المبررات والمسببات للمشاكل التي تواجه المنشأة.

3. تقديم ملاحظات وتفسيرات فاعلة وردود فعل سريعة عن الأسئلة والمشاكل.

4. تقديم حلول للمشكلات، أو قرارات أو خطط إبداعية.

5. تقييم صحة وأهمية وفاعلية القرارات أو الحلول أو الخطط لحل المشكلات.

6. إعداد المعلومات عن طريق استخدام النماذج التحليلية للبيانات.

نستطيع الاستدلال من خلال الفوائد المذكورة سابقاً من تحديد ورصد بعض السمات لهذه النظم.

أ.   تستعمل هذه النظم مجموعة من المعايير لتقييم وترتيب البدائل المتعددة.

ب.   أن هذه النظم مصممة على أن تكون وسائل فنية تتجاوب بسرعة ويمكن السيطرة عليها من قبل المستخدمين النهائيين المدراء في المنشأة.

ج.   تستعمل هذه النظم نماذج رياضية مثل spreadsheet program تتمكن بواسطتها التعبير عن علاقات محاسبية بسيطة بين المتغيرات وعلى سبيل المثال: الإيراد- المصارف= الربحية.

د.   تتضمن نظم دعم القرارات نماذج ووسائل فنية تحليليه تستخدم للتعبير عن العلاقات المعقدة بين المتغيرات وعلى سبيل المثال نماذج البرمجة الخطية Linear programming ونماذج التنبؤ بـ multiple regression ونماذج الميزانيات الرأسمالية.

النظم الخبيرة expert systems

هي عبارة عن نظم تستخدم برمجيات متخصصة وتستند على قواعد معرفية محدده وتعمل كمستشار خبير يقدم الحلول والإجابات والمقترحات التي يحتاجها المدراء في صنع القرارات الصائبة.

ومن فوائد وأهداف النظم الخبيرة ما يلي:

1.   تعزيز كفاءة صنع القرار لدى جميع المدراء وفي مختلف أقسام المنشأة من خلال تزويدهم بالمعرفة والمهارات المتعلقة بعملية اتخاذ القرارات الإدارية.

2.   استخدام قاعدة المعرفة لخزن مجموعة متنوعة من المواضيع والقواعد والحقائق والإجراءات الذهنية المهمة التي يحتاجها أي مدير لاتخاذ قرار، أن قاعدة المعرفة هذه knowledge base تعتبر المرتكز الرئيسي التي تقوم عليها هذه النظم.

3. تدعم قرارات decision support المستخدمين النهائيين end users عن طريق تزويدهم بمعلومات على شكل قرارات واضحة وكاملة ونصائح مفيدة لحل كثير من المشاكل في مجال أدارة الأعمال.

4. تعمل كمستشار خبير للمدراء في المنشأة حيث تزودهم بالمعلومات عن التطبيقات التقنية والتجارية التي تلبي احتياجات هؤلاء الأفراد ليصبحوا قادرين على اتخاذ قرارات إدارية سليمة. لاحظ (4-9).

5. تقديم خدمات استشارية فنية سريعة للمدراء عن طريق أدوات ووسائل تدريبيه متطورة تهدف لتحسين خبرات هؤلاء الأفراد ولمساعدتهم في تفسير خطوات اتخاذ القرارات الإدارية وفي فهم الطريقة التي يتم فيها صنع القرارات المطلوبة.

6. تبني أحدث التقنيات ومواكبة أحدث التطورات في مجال خدمات وتطبيقات الذكاء الاصطناعي artificial intelligence عن طريق استخدام الحاسوب وتسخير التكنولوجيا لتسهيل خطوات دورة المنتوج في الصناعة بدءاً من مرحلة إيجاد الزبون إلى مرحلة شحن البضائع للمستهلكين.

تطبيقات النظم الخبيرة

إن تطبيقات هذه النظم خاصة في مجال الأعمال التجارية والصناعية شـهد قفـزة كبـيرة كنتيجـة حتمية لتسخير التكنولوجيا ومواكبة التقنيات الحديثة حيث أصبح تزايد اعتماد القطاع الصناعي والإنتاجي بشكل خاص من منشأة صناعية وخدمية على التكنولوجيا التي قدمها الحاسوب في العالم.

مجال المشكلة: تحديد حجم المشكلة والتي تكون عادة صغيره بموضوع معين.

الخبرة المطلوبة: يتطلب حل المشكلة توفر الخبير المتخصص الذي يتحلى بصفات الإبداع والخيال والقدرة التحليلية.

تحديد الصعوبات: يستلزم حل المشكلات المعقدة معالجة منطقية وبوسائل تقنية متقدمه.

نوع المعلومات: يتطلب معالجة المشكلة بنجاح تحليل البيانات غير الدقيقة والغامضة والمعقدة والسيطرة عليها.

صفات الخبير: يستلزم وجود خبير بتفكير فعال وكفؤ ويحضى بدعم مستمر من المدراء والمستخدمين.

الشكل (4-9) المعايير الملائمة لتطوير النظم الخبيرة

ولابد من التأكيد هنا على أن النظم الخبيرة لا يمكنها أن تعطي الجواب إلى جميع المشـاكل التي تعاني منها المنشآت على اختلاف أحجامها ولكنها تستطيع الإجابة على عدد مـن الأسـئلة التـي تدور حول أصناف معينة من المشاكل.

وهنا لابد من الحديث عن جملة من التطبيقات التي يمكن حلها باستخدام النظم الخبيرة.

الصنف الأول: يتعلق بتقييم إنجاز العاملين في المنشأة أن هذا الصنف يدعى نظام إدارة القرار وهدفه تقييم البدائل المتوفرة وإعداد التوصيات، استناداً على معايير يتم تجهيزها مسبقاً.

الصنف الثاني: يتعلق بجدولة الموارد التي تستخدم في المنشأة، وعلى سبيل المثال جدولة الإنتاج وجدولة الصيانة.

الصنف الثالث: يتعلق بالدراسة والتصاميم، أن هذا الصنف من النظم الخبيرة يركز على دراسة وتصميم مكونات الأجهزة وعلى سبيل المثال شبكات الاتصال وخطة التجميع المثالي.

الصنف الرابع: يتعلق بالنظم التي تسيطر على الإجراءات والعمليات الإنتاجية ومثال ذلك السيطرة على الخزين والسيطرة على الإنتاج والسيطرة على المكائن.

مكونات النظم الخبيرة

يفيد تحديد العناصر التي يتكون منها النظام الخبير في التعرف على مكوناته الأساسية مثل قاعدة المعرفة knowledge base والبرمجيات الجاهزة. لاحظ الشكل (4-10). لدى الحديث عن النظام الخبير يقتضي الأمر توضيح العناصر المختلفة التي يتكون منها هذا النظام والتعريف بالقواسم المشتركة والجوامع بين هذه العناصر وما من شك أن فقدان النظام لنسيج التعاضد والتشابك بين قاعدة المعرفة، وبرامجيات النظم الخبيرة الجاهزة يفرغ النظام الخبير من هدفه الأساس المتمثل بتقديم الاستشارة والخبرة إلى صناع القرار في المنشأة و يجعل من النظام الخبير مجرد أداة جامدة فاقدة لهدفها الحقيقي في خدمة المدراء على اختلاف مستوياتهم.

وتأسيساً على ما تقدم يمكننا تصنيف مكونات النظام الخبير إلى:

1. قاعدة المعرفة knowledge base.

2. برمجيات النظم الخبيرة الجاهزة expert system software package.

قاعدة المعرفة: استطاع خبراء الحاسوب رصد بعض السمات لقاعدة المعرفة وهي سمات نستطيع تتبع أثرها في كافة النظم الخبيرة وأهم هذه السمات:

أولاً: خزن المعلومات المتعلقة بالمشاكل التي تظهر من البضاعة المنتجة.

ثانياً: خزن الحلول والإجابات المختلفة للمشاكل التي تواجه صانعي القرار في القطاع الصناعي مثلاً.

وكذلك تقوم قاعدة المعرفة بأعداد التقارير المتعلقة بالحلول المقترحة التي يستفاد منها المدراء لصنع القرارات الصائبة في الوقت المناسب.

برمجيات النظم الخبيرة الجاهزة

لكي نستطيع أن نفهم ما يعنيه الخبراء بمحتويات البرمجيات الجاهزة للنظم الخبيرة لا بد أولاً من تعريف مصطلح برمجيات النظام الخبير. أن هذه البرمجيات هي عبارة عن حزمة تطبيقية تطوع الحاسوب من أجل تقديم قرارات سليمة ومرتبة إلى المنشأة وذلك بهدف مساعدة صانعي القرارات الإدارية في اتخاذ التوصيات الضرورية لحل المشاكل المستعصية.

نستطيع الاستدلال من خلال هذا التعريف ما يلي:

أ) تحتوي التطبيقات الجاهزة للنظم الخبيرة على inference engine وعلى برامج أخرى تقوم بتنقية refining المعرفة وتحقيق الاتصال المباشر مع المستخدمين لهذه النظم.

ب) أن هدف النظم الخبيرة يكمن في تطوير قاعدة المعرفة والبرمجيات الجاهزة الأخرى لخدمة إمكانات صانعي القرار في دعم وتشجيع الابتكار والإبداع وبشكل يوفر الكثير من الوقت والجهد على المدراء في المنشأة.

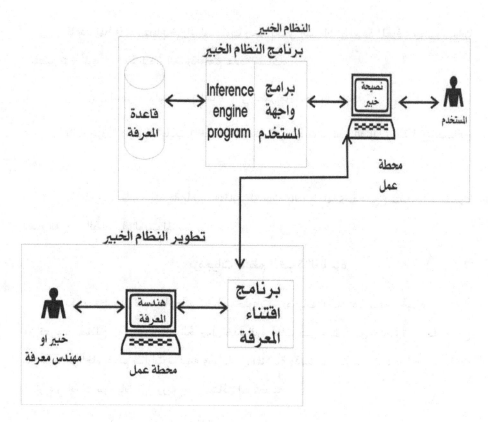

شكل (4-10) مكونات النظم الخبيرة

متطلبات نجاح استخدام نماذج القرار من قبل المدراء

أن الحصول على الفائدة المرجوة من استخدام نماذج القرار يتطلب درجة عالية من الفهم لمضمونها وطريقة عملها ومناطق اتخاذ القرار الأكثر ملائمة لها، وفي هذا الصدد يؤكد كل من اركايرس ARGYRIS وفروم VROOM إلى أن معظم المدراء المسئولين عن عملية اتخاذ القرارات الإدارية ربما يملكون فهماً محدوداً للنماذج الرياضية ولربما لا يفهمون كيف يجب أن تستعمل كأساس لاتخاذ القرارات الجيدة.

106

نماذج القرار الرياضية هي الأداة المباشرة والفاعلة لعمل المدير، هي قوته، وضعفه والأداة التي يمكن أن تكون سبباً في نجاحه أو فشله في إدارة أعماله الصناعية. لذلك، نرى كثيراً من المدراء، بالرغم مما يحملونه من ثقافة ومهارة لا يستطيعون أن يكونوا متميزين بسبب عدم استخدام نماذج القرار الرياضية في عملية اتخاذ القرار.

نماذج القرار الرياضية قوة هائلة يعتمد النجاح في الاستفادة منها على قدرة المدير التنفيذي لمعرفة طريقة ومجالات عملها، وإمكاناتها، وإلا فهي شيء جامد. والنماذج الرياضية بصفة خاصة مميزة بقدرتها على مساعدة المدير التنفيذي في الإبداع في اتخاذ القرار إذا ما عرفها، وعرف كيف يستفيد منها.

والمسألة مسألة تعليم وتدريب على استعمال النماذج الرياضية بحيث تضمن للمدير التنفيذي اتخاذ قرارات أكثر صواباً وعلى ذلك فإن الأمر يتطلب. إعداد المدراء على اختلاف مستوياتهم الإدارية في مجال بحوث العمليات OPERATONAL REAERCH بشكل تصبح لهم القدرة على اتخاذ القرارات باستخدام النماذج الرياضية.

يؤكد همز HOMES مثله مثل هامان HAMMANN أن نجاح استخدام النماذج الرياضية يعتمد على تنسيق الجهود بين المدراء ومصممي الأنظمة على نحو يجمع بين الفكر والعمل ويبين النظرية والتطبيق وهذا يتطلب ما يلي:-

1. بناء برنامج تدريبي قصير المدى يستهدف إعداد المدراء في مجال بحوث العمليات والحاسب الإلكتروني ومصممي النظم في مجال تحليل النظم SYSTEMS ANALYSNS وأنظمة المعلومات الإدارية.

2. إعداد حلقات دراسية في أنظمة المعلومات لرؤساء الأقسام ومدراء الشعب ومصممي الأنظمة والمدراء العامين.

3. القيام بالدراسات الأكاديمية والأبحاث الميدانية لترشيد الممارسة في مجال بحوث العمليات والحاسب الإلكتروني.

ونعدد فيما يلي بعض النقاط الأساسية التي يجب أن تؤخذ بنظر الاعتبار:

1. يجب أن يكون المدراء وصانعي القرارات على دراية كافية بالنماذج الرياضية ومجالات استعمالها في أعمالهم.

2. يجب أن تسبق تطوير ونشر استخدام النماذج الرياضية في عملية اتخاذ القرارات الإدارية تدريب المدراء على استعمالها في أعمالهم.

3. يجب أن يكون للمدراء ومتخذي القرارات تدريب متخصص في المحاسبة والرياضيات والإحصاء والاقتصاد، وعلم النفس لكي يصبح بمقدورهم العمل مع مصممي الأنظمة في تطوير النماذج الرياضية.

4. أننا لا نستطيع، بلا شك أن نتوقع نماذج القرار نفسها أن تمضي في ملاحقة المشاكل التي تواجه المنشآت، ووضع الحلول الناجعة لها، وهذا الأمر لا شك يحتم علينا ضرورة تشخيص المشكلة. وتنسيق جميع الجهود البشرية والمادية لحلها ووضع نماذج القرار الملائمة بقصد الوصول إلى حل للمشكلة الموضوعة للبحث. ومن الواضح أننا لا نستطيع أن نختار نماذج القرار بطريقة عشوائية فإن لكل مشكلة نموذج خاص لحلها يقتضي أن يؤخذ بنظر الاعتبار.

5. أن أي برنامج تطبيقي، يستلزم لتنفيذه، وجود إدارة تدرك أهمية الأخذ بإجراءاته ومفاهيمه، وهنا يبرز دور المدير الكفؤ الذي يستطيع تحديد أبعاد المشكلة بطريقة واقعية فعالة، وتحليها تحليلاً وافياً، وعلى أساس هذه الدراسة يمكن اختيار الحل الأمثل، فمثلاً تقوم الإدارة بوضع نظام للسيطرة على الإنتاج وتخطيطه عندما يتبين لها بأن هناك مشاكل كثيرة تتعلق بوجود خزين غير متوازن أو بسبب التسليمات الإنتاجية المتأخرة إلى العملاء أو وجود معوقات إنتاجية أو اختناقات تؤدي إلى عرقلة العمليات الإنتاجية.

6. وفيما يتعلق بأهمية الإدارة أيضاً يقتضي عليها أن تأخذ زمام المبادرة لتطبيق نموذج القرار كأجراء تنفيذي لقناعتها بأهمية النموذج باعتباره أداة يمكن الإفادة منه.

7. ولكي تساعد نماذج القرار على إنجاز مهمتها علينا أن نزيل من طريقها العقبات التي تعترض طريقها فهناك قيود لا مبرر لها مفروضة عليها، وهنا يبرز دور الإدارة الكفؤة مرة ثانية لكي تساهم في القضاء على الصعوبات والتغلب على المشاكل وكذلك العمل على دعم وإسناد إجراءات التطبيق وتحقيق التنسيق بين نماذج القرار ذات الأهداف المختلفة ويعتبر من قبيل البديهيات والحقائق الإدارية المسلم بها القول بأن ارتباكات البرنامج قد يكون مصدرها فقدان التنسيق والتخطيط عند وضع الأهداف الفنية موضع التنفيذ. أن العلاج الناجح لهذه المشكلة يكمن في منح مدير كل قسم أنتاجي صلاحيات كاملة لتنسيق الجهود والأعمال لكل نماذج القرار الموضوعة. لقد بات معروفاً لدى الجميع أن البرنامج الأمثل هو الذي يتجاوب ويتفاعل باستمرار مع الاحتياجات المالية والإدارية ويكون منسجماً ومتناسقاً في جميع أساليبه ووسائله الفنية.

8. يعتمد نجاح تطبيق نماذج القرار على عاملين أساسيين الأول هو مشاركة الإدارة الفعلي، وهذا ما تم شرحه سابقاً، والثاني كفاءة العاملين والفنيين واختيارهم اختياراً مناسباً كما ينبغي أن يوضح لهم توضيحاً كاملاً نماذج القرار ومفاهيمها وأغراضها، كذلك من المهم تطبيق الحوافز التي تشجع العاملين للإقبال على برامج تنفيذ نماذج القرار في المنشأة بدافع من حماسهم ورغبتهم.

الباب الثاني

الأساسيات التكنولوجيا لنظم المعلومات الإدارية

الفصل الخامس: نظم جمع المعلومات

الفصل السادس: نظام قاعدة البيانات

الفصل السابع: نظام الاتصالات

الفصل الثامن: نظام التقارير

مقدمة:

يتألف نظام المعلومات الإدارية من مكونات أو عناصر مستقلة يمكن إدراك سماتها الملموسة بوضوح وبصورة فردية، وترتبط هذه المكونات أو العناصر بعلاقات مختلفة من حيث النوعية والدرجة. ويمكننا حصر المكونات الهيكلية لنظام المعلومات الإدارية بالآتي:

نظام جمع المعلومات

نظام قاعدة البيانات

نظام الاتصالات

نظام التقارير

والواقع أن كل عنصر لا يقتصر تأثيره على نفسه فقط وإنما يتعدى لعناصر أخرى فهو يتفاعل معها وبدرجة معينة من التوازن القادر على الوصول إلى حصيلة مفيدة. أن الأهمية الكبيرة للتفاعل بين هذه العناصر أو النظم فتتجلى في توفيرها المعلومات الضرورية للمدراء لاستعمالها في صنع القرارات الإدارية الصائبة. إزاء هذه الأهمية للعناصر يمكننا أن نتحدث عن مفهوم وخصائص كل نظام في مبحث منفصل لكي نحدد ونعمق كل التفصيلات المطلوبة ونبين الارتباط بين هذه العناصر.

يتضمن هذا الباب أربعة فصول، يتناول الفصل الخامس منها " نظام جمع المعلومات" وخصص الفصل السادس لموضوع " نظام قاعدة البيانات" والفصل السابع يدور موضوعه حول نظام الاتصالات، أما الفصل الثامن فإنما يتناول موضوع نظام التقارير الإدارية.

الفصل الخامس

نظم جمع المعلومات

أهداف الفصل

بعد دراسة هذا الفصل يجب أن تكون قادراً على معرفة:

1. المقصود بنظام جمع المعلومات.

2. الطرق المختلفة لنظام جمع المعلومات.

3. الخصائص التي يمتاز بها نظام جمع المعلومات.

4. كيف يمكن تطوير نظام جمع المعلومات في المنشأة.

نظام جمع المعلومات

مقدمة:

جمع المعلومات عبارة عن مجموعة من عمليات متعاقبة تتضمن جمع البيانات وتسجيلها وتدقيقها ينجزها نظام جمع المعلومات بهدف خزنها في قاعدة بيانات نظام المعلومات الإدارية.

يوجد ثلاث طرق لجمع المعلومات:

الطريقة اليدوية: تستخدم هذه الطريقة " الطرق اليدوية " في جمع المعلومات كالتلفون مثلاً.

الطريقة شبه الأوتوماتيكية: تستخدم هذه الطريقة بعض المعدات الخاصة لجمع المعلومات كالاستمارات المثقبة(Punched Cards) والشريط الورقي والشريط الممغنط (Magnetic Tape).

وتتضمن هذه الطريقة سلسلة من العمليات التي تقوم بها الحاسبة الإلكترونية بهدف السيطرة والتصفية(Filtration) للبيانات المجمعة بهدف جعلها ملائمة للخزن.

ويبين الكاتب جونسون(Johnson) بأن جمع البيانات لا تعني فقط عملية تجميع البيانات الأصلية من مصادرها الأولية وإنما تتضمن أيضاً القيام بتسجيل هذه البيانات وإجراء عمليات رياضية معينة بهدف إنتاج بيانات جديدة لاستعمالها في وقت لاحق من قبل نظام المعلومات الإدارية. الشكل (5-1).

ويصنف المؤلفان مردرك وروز (Murdrick & Ross) الطرق الرئيسية لجمع البيانات كالآتي:

1. **البحث الروتيني:** وتقوم هذه الوسيلة على أساس البحث عن سجلات القرارات المهمة، الهياكل التنظيمية، التقارير ومخططات سير العمليات(Flow charts).

2. **الأسئلة الاستقصائية (Questionnaire):** ويعني جمع المعلومات من المـدراء والمـوظفين في المنشـأة عن طريق الأسئلة الاستقصائية.

3. **النماذج الإحصائية:** يتم جمع المعلومات عـن طريق الحصـول عـلى نمـاذج مـن التقـارير والسـجلات والاستمارات المستعملة في المنشأة.

4. **التقديرات:** وتقوم هذه الطريقة على أساس تقدير التوفير الحاصل في التكاليف أو الإيرادات المتحققة من تطوير نظام المعلومات الإدارية في المنشأة.

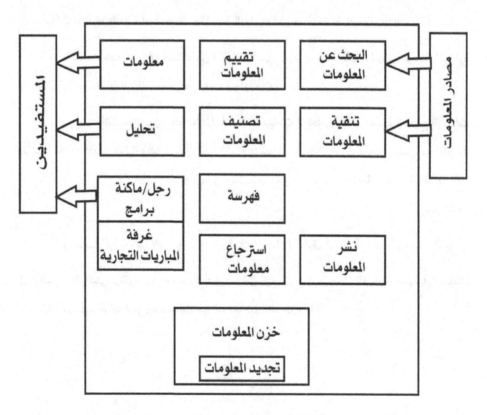

الشكل (1-5) يوضح نموذج لنظام جمع المعلومات

الطريقة الأوتوماتيكية:

تعتبر هذه الطريقة في جمع المعلومات من أحدث النظم المستخدمة في مجال إدخـال البيانـات ومعالجتها والتي توفر الكثير من الوقت والجهد على المهندسين والفنيين.

وحدات الإدخال الحديثة:

هي الأجهزة التي يتم عن طريقها إدخال البيانات والبرامج إلى وحدة المعالجـة المركزيـة (Cpu) أو هي الأجهزة المتخصصة بتفسير أو ترجمة المعلومات من الصورة التي يفهمها الإنسان إلى الصـورة التـي تفهمها أجهزة الإدخال في الحاسوب، تشمل أجهزة الإدخال ما يلي: **لاحظ الشكل(5-2)**

أ.   لوحة المفاتيح.

ب.   الفأرة Mouse.

ج.   القلم المضيء Light Pen.

د.   لوحة الرسم Graphics Tables.

ه.   عصا القلم Joystick.

و.   الماسح الضوئي Scanner.

أ) لوحة المفاتيح:

تشبه هذه اللوحة الآلة الكاتبة وذلك لأنها تحتـوي عـلى أزرار للحـروف أو الأرقـام بالإضافة إلى أزرار أخرى تتعلق بوظائف إضافية وتعتبر اللوحة من الأجزاء المهمة للحاسوب وذلـك لأنها أكثر الأجهـزة استخداماً- وتتكون اللوحة من المجموعات التالية:

- مفاتيح كتابة الحروف.

- مفاتيح كتابة الأرقام.

- مفاتيح الوظائف.

- مفاتيح تحريك المؤشر.

- مفاتيح تعديل الكتابة.

- مفاتيح التحكم.

- المصابيح الإشارية.

*** لوحة المفاتيح الصوتية Keyboard Virtual B**

تعتبر هذه اللوحة من الخدمات الفنية الرائدة التي توفر الكثير من الوقت والجهد على الفنيين ومستخدمي الحاسوب في المنشآت، كما أنها تعتبر من الخدمات الجديدة في مجال أنظمة الربط الإلكترونية التي ظهرت في كثير من الشركات الأوروبية خلال السنوات السابقة والتي تعتمد على تقنيات البصمة الصوتية.

	الجيل الأول	الجبل الثاني	الجيل الثالث	الجيل الرابع	الجيل الخامس
طرق وسائط الإدخال	-الاستمارات المثقبة -الشريط الورقي	الاستمارات المثقبة	أشرطة أقراص	-لوحة مفاتيح -إدخال البيانات -أجهزة التأشير -ماسحات ضوئية	-تمييز الصوت -أجهزة اللمس تمييز الكتابة

شكل (5-2) يوضح أنواع أجهزة الإدخال الحديثة

وبالمقارنة مع لوحة المفاتيح التقليدية تمتاز لوحة المفاتيح الصوتية(الاعتيادية أو الافتراضية) بالأمور التالية:

* استخدام الحاسوب دون لوحة مفاتيح، وإنما تستخدم بدلاً من ذلك الطرق أو النقر بالأصابع على سطح المكتب أو المنضدة الذي يسمعها الحاسوب ويميز الحرف أو الرقم المقصود دون وجود أي اتصال كهربائي أو الكتروني بين سطح المنضدة والحاسوب. يلتقط الحاسوب الأصوات بواسطة لاقطين لا يتجاوز حجم الواحدة منها حجم قطعة نقدية صغيرة.

* أن استخدام لوحات المفاتيح الافتراضية التي تستخدم تقنية البصمة الصوتية لا تتطلب أية وصلات أو أسلاك لذلك يسهل تنظيفها بعكس لوحات مفاتيح الأسلوب التقليدية التي تصبح مع الزمن بؤرة للغبار والجراثيم.

لوحة المفاتيح جينيوس 700

تعتبر أجهزة جينوس 700 من أجهزة الإدخال الجيدة والحديثة في الأسواق، يمكن وصف الجهاز بأنه لوحة مفاتيح ملتيميديا كاملة المواصفات. ويمكننا تحديد مميزات هذه اللوحة بالمقارنة مع أجهزة الإدخال الأخرى بالآتي:

* أنها خفيفة الحمل ونحيفة الشكل.

* أنها قابلة للتوصيل عبر منفذ الناقل التسلسلي العالمي (UBS) وتضم محولاً لمنفذ PS /2 وهو ما يؤمن مرونة كبيرة للتوصيل.

* أنها توفر خيارات فريدة من نوعها لتوصيل الأجهزة الصوتية بها، حيث يمكننا توصيل سماعة الرأس ولاقط الصوت بها مباشرة.

* أنها تتضمن اختصارات للمستندات الشخصية والتطبيقات المكتبية وتتضمن كذلك عجلة لتحريك الصفحات عمودياً.

* أنها تتضمن مجموعة كاملة من أزرار التحكم وأزرار التشغيل وبرامج المراسيل وكاميرات ويب ومتصفح انترنت وبرامج البريد الإلكترونية والآلة الحاسبة.

الماوس (الفأر)

جهاز إدخال للمعلومات مهم جداً وأساسي في الحاسوب وذلك لأن زر الفأر هو الأول الذي يضغط عليه بعد زر تشغيل الحاسوب، أن أهم أجهزة الفأر المستخدمة في الوقت الحاضر ما يلي:

1- الفأر الضوئي:

يمتاز هذا الجهاز بتصميمه البسيط والمتقن لكي يلاءم الأيدي من مختلف المقاسات ويمتلك زرين يغطيان كامل سطحه العلوي حيث يوفر درجة عالية من المرونة في الاستخدام، وكذلك يمتاز أيضاً بتصميم متناظر وذلك لعدم وجود مشكلة في استخدامه باليد اليمنى أو اليسرى.

2- الفأر الليزري:

جهاز يستخدم ضوء الليزر ويتمتع بمستويات عالية من الحساسية في الحركة ومتلائم مع مختلف أنواع السطوح. أن أهم ما يمتاز به الفأر الليزري بالمقارنة مع الماوس الضوئي ما يلي:

أ. السرعة الفائقة والتصميم الفريد.

ب. التصميم الملائم الذي يضمن له التكامل السلس مع راحة اليد.

ج. أنه مجهز ببرنامج يتيح إعادة ضبط الاتجاه.

د. أنه مجهز بعدد كبير من الأزرار التي تستهدف نيل رضا المستخدمين.

ومن الجدير بالذكر أن شركة مايكروسوفت ابتكرت في الآونة الأخيرة فارا به كرة دوارة يستخدم للتجول في الوظائف دون تحريك المؤشر وفأرا أخر يعمل بالتحكم عن بعد، تمتاز هذه الأنواع الليزرية بالدقة والتحريك على أي سطح تقريباً.

كما تمتاز بالاتصال الآمن بلوحة مفاتيح لاسلكية متقدمة تساعد المستخدم في الوصول إلى البريد الإلكتروني بضغطه واحدة فقط.

* القلم المضيء Light Pen

يعتبر القلم الضوئي من الأجهزة الرائدة في مجال إدخال المعلومات، ولعل أبرز ما يميز هذا الجهاز الدقة العالية والحساسية الكبيرة للضوء والضغط. أن القلم بشكله يشبه القلم العادي برأس حساس للضوء ويتمتع بحساسية للضغط ويكتب به على table plate، وتتغير اللوحة المرفقة بالقلم بحسب الاختيار.

الماسح الضوئي:

يعتبر هذا الجهاز من أكثر وحدات الإدخال استعمالاً وذلك بسبب النمو الكبير في مجال النشر الإلكتروني على اسطوانات الليزر وعلى صفحات الإنترنت، يمتاز الماسح الضوئي بدقته في مسح الصور أو تصديرها وتسجيلها داخل الحاسوب على شكل ملف، كما يمتاز هذا الجهاز بتقنية المسح وعمق البث ودقة الوضوح.

يحتوي الماسح الضوئي على أربعة أشكال هي:

أ. **الماسحات اليدوية (صغيرة الحجم)**: وتحمل باليد ويتم تحريكها على الورقة.

ب. **ماسحات الصفحات الافرادية الكبيرة**: تحتوي على مكائن يمكنها أن تتغذى بالورق أوتوماتيكياً.

ج. **الماسحة الضوئية المسطحة الكبيرة**: تشبه ماكنة التصوير بطريقة العمل حيث يتم وضع الوثيقة على سطح زجاجي يمر من تحته ضوء يقوم بمسح الصورة.

د. **ماسحات صورية**: وهي عبارة عن ماسحات صغيرة الحجم تقوم بعمل صور فوتوغرافية صغيرة الحجم للصفحة التي تريد القيام بمسحها ويتم تسجيل الصور داخل الحاسوب عن طريق تحويل الصورة إلى مجموعة نقاط صغيرة تقع في شبكة تغطي جميع أنحاء الصورة ويتم تسجيل لون ومواصفات كل نقطة باستخدام الإشارات الرقمية.

123

هناك أنواع مختلفة من الماسحات الضوئية متدرجة في الأهمية والتطور كالآتي:

1. Canon FS-4000 Scanner

تعتبر هذه الوحدة من الأجهزة المميزة في مجال صناعة الماسحات الضوئية التقليدية، حيث تجعل من عملية المسح أمراً سهلاً وممتعاً لا يحتاج لكثير من الخبرة والدراسة. تتميز هذه الوحدة بالآتي:

أ. أنها تستخرج الملفات بكفاءة عالية وبها نظام متقدم للاتصال بالأجهزة الإلكترونية الأخرى عن طريق الأشعة تحت الحمراء.

ب. أنها تستطيع أن تقوم بمسح صورة بدرجة كفاءة تصل إلى (4000) نقطة في البوصة المربعة، وهو ما يجعلها تصلح للطباعة على أي وسيلة وبأي حجم.

ج. أنها سهلة الاستخدام والصيانة وسريعة في عملية المسح الضوئي.

2. Minolta Damage Dual IV

تمتاز هذه الوحدة من الماسحات الضوئية بالآتي:

أ. استخدام تقنية عالية في الألوان بعمق 16 بيت.

ب. استخدام تقنية عالية في الطريقة المستخدمة لتحويل الصور من نظام الأنالوج إلى النظام الرقمي لكي يتم تخزينها على الحاسوب.

ج. يتميز الجهاز بسهولة التثبيت والاستخدام. يتم تعريف الحاسوب على هذا الجهاز بطريقة سهلة وسريعة عن طريق تثبيت برنامج المشغل Driver من الأسطوانة المدمجة، أن اختيار أنظمة الألوان المطلوب استخدامه يتم أثناء التثبيت.

د. يستخرج هذا الجهاز الصور المطلوبة بدرجة كفاءة تصل إلى (4000) نقطة في البوصة المربعة.

خصائص نظام جمع المعلومات الفاعل

يتصف نظام جمع المعلومات الفاعل بالخصائص التالية:

1. **استعمال المكائن الحديثة:** أن فاعلية نظام جمع المعلومات يعتمد أساساً على استعمال الممكننة الحديثة والحاسبات الإلكترونية التي تمتاز بالسرعة والدقة في إجراء عمليات التسجيل والحساب للبيانات المجمعة.

2. **تطبيق الوسائل الفنية للإدارة:** يمكننا القول بأن النظام الفاعل هو النظام الذي يستخدم الوسائل الفنية بهدف إنجاز العمليات الرياضية المطلوبة لجمع وتحليل ومعالجة البيانات المجمعة بشكل يجعل منها مواد مناسبة وصالحة للاستعمال القادم.

3. **استخدام أجهزة تصفية المعلومات:** أن استعمال أجهزة التصفية والتنقية(Filtration and Sensing Devices) يعتبر أهم مصدر لتنقية المعلومات المجمعة لكي تلاءم عملية اتخاذ القرارات.

4. **توافر الاختصاصيين:** تعتمد فاعلية نظام جمع المعلومات على توافر الأفراد الاختصاصيين الذي يتجلى دورهم في تشغيل وإدارة النظام بكفاءة، يستطيع هؤلاء الأفراد من القيام بعمليات جمع وفحص وتسجيل وحساب البيانات على أفضل شكل لأنهم على دراية عالية في موضوعات البحث والمقابلات والوسائل الفنية للنماذج الإحصائية.

كيفية تطوير نظام جمع المعلومات في المنشأة

يتم تطوير النظام عن طريق مراجعة الطرق المتبعة في جمع المعلومات في المنشأة وافتراض أن الطرق المستعملة حالياً ليست بالضرورة هي الأفضل ولذلك يجب على مصممي النظم أن يحاولوا تطويرها والإجابة على الأسئلة التالية:

* هل أن الطرق الحالية لتسجيل وحساب وفحص البيانات تفي باحتياجات نظام المعلومات الإدارية؟ هل من الأفضل تحسينها؟ هل هذا الوقت مناسب لمثل هذه التحسينات؟ هل من الممكن استخدام الحاسبة الإلكترونية لتحسين نظام جمع المعلومات الحالي؟

* هل من الممكن استخدام الوسائل الفنية للإدارة الحديثة لكي تنجز عمليات الجمع والتحليل والمعالجة للمعلومات بسرعة ودقة مع أقل جهد وأكبر اقتصاد في الوقت:

- هل أن جمع البيانات وتحليلها وإدارتها تنجز بسرعة وبدقة متناهية عن طريق قيام المنشأة باستخدام أحدث الأجهزة المتطورة ذات الإمكانيات الهائلة مثل الفاكس والبريد الإلكتروني ووثائق أوفيس وسجلات البيانات والهواتف النقالة وتبادل الأحاديث الإلكترونية.

- هل يتوفر لدى المنشأة الكوادر التي تتمتع بالمهارات التقنية المناسبة التي يستطيع جمع المعلومات التجارية باستخدام الانترنت وبصورة خاصة المعلومات الإنتاجية والتسويقية والمالية.

- هل توجد قوانين تنظم عملية جمع المعلومات لأغراض تجارية بحيث يمكن حماية خصوصية المستهلك والمستخدم على الانترنيت.

- هل يتوفر لدى المنشأة خبراء يمكنهم القيام بدراسة مفصلة للمراسلات الإلكترونية والمبادلات التجارية على الانترنت.

- هـل يتـوفر لـدى المنشـأة خبـراء يمكنهم القيـام بجمـع المعلومـات عـن الزبـائن والمقرضـين والمستثمرين والبنوك وخزنها على أقراص صلبة يعاد إرسالها لمركز المنشأة عبر خطوط الهاتف.

- هل يتوفر لدى المنشأة خبراء يمكنهم دراسة ومراقبة وتمحيص كل الاتصالات الهاتفية والفاكس والنصوص المرسلة عبر البريد الإلكتروني بشكل منهجي مطرد بهدف جمع المعلومات ذات الأهمية وإرسالها إلى قاعدة البيانات المركزية.

- هل تقوم المنشأة بتطوير حلول وبرمجيات متكاملة ومناهج إلكترونيـة تساعدها في عمليـة تعليم موظفيها طرق جمع المعلومات عن بعد سواء من خلال الانترنيت أو من خلال شبكات الكمبيوتر المؤسسية.

- هل تحتاج المنشأة إلى نظم أرشيف متطور لإدارة وفهرسة الوثائق والمسـتندات؟ وهـل تفتقر للعناصر المؤهلة القادرة على إنشاء مثل هذه النظام؟

- هل تحتاج المنشأة إلى فريق عمل لإدارة ومراقبة البيانات قبل خزنها في قاعدة البيانات؟ وهل تحتاج إلى خبراء لتدقيق البيانات وكل إجراءات العمل والملفات والمجلدات والحسابات.

- هل يتوفر لدى المنشأة فريق عمل متخصص يقوم بعمليـة فحص الرسائل الـواردة وفلـترة الملفات التي تصل عبر البريد الإلكتروني ليضمن خلوها من الفيروسات.

- هل تخضع كـل العمليـات التـي يقـوم بها الفريـق المتخصـص إلى تـدقيق البيانـات المجمعـة وتصفيتها(Filteration) قبل حفظها أو نقلها إلى الملفات الضخمة أو إلى قواعد البيانات المختلفة.

- هل تستخدم المنشأة الهاتف النقال لإنجاز التعاملات القصيرة وإرسال الرسائل النصية وتنفيـذ عمليات جمع والبحث السريعة. وهل تسـتخدم الهـاتف النقـال لتصفح شبكة الانترنيت والوصول إلى محتوياتها أو أنها تستخدم أجهزة الفاكس.

- هل تستخدم المنشأة إستراتيجية معينة مثل برامج جدران النار الذي يراقب جميع الاتصالات التي تتم بين شبكتك والانترنت مما ينشئ حاجزاً بينهما يمنع كشف المعلومات الحساسة.

- هل تستخدم المنشأة برامج خاصة مثل مليسا وفيروس الحب للحماية من الفيروسات التي تنتقل عبر البريد الإلكتروني وبذلك ستصبح المراسلات الإلكترونية والمبادلات التجارية على الانترنيت والملفات أمنة إلى أقصى حد.

- هل تقوم المنشأة بالأنفاق على الأبحاث والتطوير لترقية البنية التحتية لها في مجال أمن المعلومات بهدف التصدي لقرصنة البرمجيات ولاتخاذ إجراءات أمنة مهمة في مجال الانترنيت والشبكات وخاصة في مجال الحماية من الفيروسات.

الفصل السادس

نظام قاعدة البيانات

أهداف الفصل:

بعد دراسة هذا الفصل يجب أن تكون قادراً على معرفة:

1. المقصود بقاعدة البيانات التقليدية وقاعدة البيانات المتطورة وكيف يمكن التفريق ما بينهما.

2. الوسائل المهمة التي يمكن استخدامها للسيطرة على عمليات الخزن واستخراج المعلومات من قاعدة البيانات.

3. الأنواع المختلفة لقواعد البيانات في المنشآت التي تستخدم الحاسوب.

4. الأهداف التي تسعى المنشآت إلى تحقيقها عند استخدام قاعدة البيانات المحوسبة (المتطورة).

5. الطرق التي تستخدمها المنشآت لتطوير قواعد البيانات.

نظم قاعدة البيانات Data Base System

مقدمة:

في رأى ديفز Davis وكوك Cook أن قاعدة البيانات منقسمة إلى نوعين متميـزين هـما: قاعـدة البيانات اليدوية وقاعدة البيانات الآلية أو المتطورة. أن لكل منهما صفات مختلفة وفروق جوهرية.

1-6 قاعدة البيانات التقليدية (Manual Data Base System)

يشير هذا المصطلح إلى مجموعة الملفات اليدوية التي تحتـوي عـلى كـل المسـتندات والسـجلات المناسبة العائدة للأقسام المختلفة في المنشـأة. مـن هـذا التعريـف يتضـح أن السـمات الجوهريـة لقاعـدة البيانات التقليدية يمكن تلخيصها فيما يلي:

1. تحفظ الملفات والسجلات والمستندات لخدمة متطلبـات المـدراء والمـوظفين في المنشـأة وفـق طريقـة يدوية.
2. تنجز عملية البحث عن المعلومات المطلوبة الموجودة في قاعدة البيانات بطرق يدوية.
3. تتم فهرسة وتصنيف المعلومات ومن ثم استرجاعها بالطرق اليدوية.

يرى بعض الباحثين أمثال ديفز Davis وكوك Cook أن أهم العوامل التي تزيـد فاعليـة قاعـدة البيانات اليدوية ما يلي:

أ. السهولة والسرعة، تتميز قاعدة البيانات الفاعلة بأنها توفر المعلومات والمستندات المطلوبـة مـن قبـل المسـتفيدين بسـهولة وبصـورة سريعـة وهـذا يتطلـب وجـود طـرق جيـدة لفهرسـة وتصـنيف المعلومات.

ب. المرونة. أن قاعدة البيانات الفاعلة تتميز أيضاً بالمرونة إذ تستطيع من التكييف للمتغيرات التي تطـرأ في ظروف محيط عمل معين.

ج. يعمل النظام الفاعل لقاعدة البيانات على حفظ المستندات والملفات بطريقة اقتصادية وهذا يعتمد على وجود طرق جيدة لفهرسة وتصنيف وحفظ الأضابير.

د. يستطيع النظام الفاعل لقاعدة البيانات استرجاع المعلومات بسرعة وهذا يعتمد على وجود أجهزة مايكروفلم حديثة وأنظمة كفوءة لحفظ الأضابير.

ه. أن فاعلية وكفاءة نظام قاعدة البيانات اليدوي تعتمد على الكوادر العلمية والفنية المتخصصة في فهرسة وتصنيف وحفظ الأضابير وفي استخدام أجهزة المايكروفلم الحديثة.

كيفية تطوير نظام قاعدة البيانات اليدوية

أن مصممي الأنظمة إذا أرادوا تحسين نظام قاعدة البيانات في منشأتهم فإن عليهم أن يفكروا في إحداث تغييرات جديدة في عمليات الحفظ والفهرسة والتصنيف للمعلومات. أن إحداث مثل هذه التحسينات تتطلب الإجابة على أسئلة من هذا القبيل.

- هل تواجه الأقسام المعنية صعوبات في تصنيف وفهرسة المعلومات المحفوظة في قواعد البيانات مما يجعل عمليات الوصول للمعلومات (Access) واسترجاعها (Retrieval) معقدة؟

- هل من الأفضل إضافة ملفات جديدة (new files) إلى قواعد المعلومات الحالية لمواجهة احتياجات نظام المعلومات الإدارية؟

- هل من الضروري تطوير طرق استرجاع المعلومات باستخدام الوسائل الحديثة للحفظ والفهرسة والتصنيف؟

- هل تستعمل الأقسام المعنية مكائن استنساخ حديثة؟

- هل تستعمل الأقسام المعنية مكائن المايكروفلم (microfilm machines)؟

- هل من الضروري تدريب الموظفين على استخدام الوسائل الحديثة في حفظ وفهرسة وتصنيف المعلومات المجمعة؟

قاعدة البيانات المحوسبة

يمكننا تعريف قاعدة البيانات المصممة وفق التقنيـات الحديثـة بأنها مجموعـة متكاملـة مـن الملفات والجداول والقوائم وغيرها من البيانات المخزونة بأقل تكرارية ممكنة والمرتبطة منطقياً فيما بينها بشكل يسمح بالحصول على كافة احتياجات الأقسام المختلفة في المنشأة مـن المعلومـات بسـهولة وسرعـة. لاحظ الشكل(6-1)

ويتطلب إنشاء قاعدة البيانات المتطورة تشكيل فريق عمل يضم مجموعة متميزة من المـوظفين المختصين في البرمجة والتحليل ونظم المعلومات يتم اختيارهم بعناية بعـد الإطـلاع عـلى خبراتهم العلميـة والعملية تتولى المهمات التالية:

* بناء قاعدة بيانات شاملة لجميع فروع وأقسام المنشأة، لكي توفر معلومات حديثة ودقيقة ومتكاملة عن أصناف مختلف الأقسام تمكن المنشأة والإدارة من تنفيذ برامجها التطويرية.

* إعداد تصاميم النماذج وجمع البيانات المطلوبة وتحليها وإصدار التقارير من قاعدة البيانات.

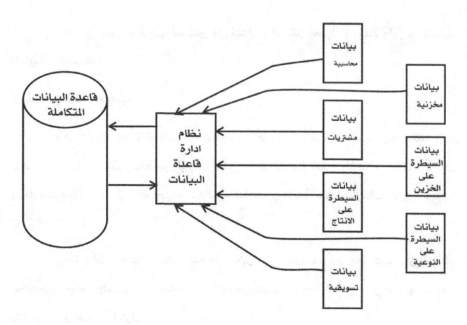

الشكل (6-1) يوضح نموذج لقاعدة البيانات المتكاملة

تخزن البيانات المتعلقة بالملفات الخاصة والمجلدات والتقارير والأبحاث وغيرها من المعلومات الهامة للمنشأة في وحدات التخزين الداخلية للحاسوب وكذلك في وحدات التخزين الثانوية تشمل وحدات التخزين الداخلية ذاكرة التخزين العشوائي(RAM) وذاكرة القراءة فقط (ROM). لقد حصلت تطورات كبيرة في مجال التخزين المساعدة (الثانوي) Auxiliary Storage بالمقارنة مع طرق التخزين في الذاكرة الرئيسية(التخزين الداخلي) Internal Storage، حيث أصبحت القدرات التخزينية أكثر مرونة وديناميكية.

لقد طرحت الشركات المتخصصة في أبحاث وخدمات تقنية المعلومات مجموعة من أجهزة التخزين المحسنة والمطورة التي تحتوي الكثير من التغييرات عن وسائط الخزن التقليدية من حيث الشكل والسرعة والثبات والإمكانيات.

وتتصف الذاكرة المساعدة أو التخزين الثانوي بالخصائص الأساسية التالية:

1. إمكانية تسجيل وتخزين البيانات بكميات كبيرة وبكفاءة وموثوقية عالية حيث يمكن خزن مجموعات كبيرة من البيانات على شكل ملفات متعددة ومنظمة في ذاكرة الشريط الممغنط والقرص والاسطوانات وغيرها من وحدات التخزين المتطورة وذلك بسبب السعة غير المحدودة للذاكرة الثانوية.

2. لا تتأثر محتويات الخزن الثانوي بانقطاع الطاقة الكهربائية عن الحاسوب.

3. تمتاز وحدات التخزين الثانوي بدقتها الفنية وسرعتها وسهولة نقل محتوياتها من جهاز إلى آخر مما يوفر الكثير من الوقت والجهد على المهندسين والفنيين والمستخدمين من المنشأة.

4. السرعة الكبيرة في تخزين البيانات المتنوعة، والقدرة على تسجيل البيانات بكثافة عالية.

مع العديد من هذه المزايا والقدرات التخزينية عالية الفعالية سهلة الاستخدام والسرعة والأداء العالي وبالأسعار المنخفضة كلها جعلت من وحدات التخزين الثانوية الخيار الأمثل للأداء الحالي والأقل ثمناً للمنشآت الصناعية التي تتطلع للنجاح.

سوف تتناول كل وحدة من أجهزة التخزين المطورة على حدة. الشكل(6-2).

القرص المرن(Floppy Disks)

يعتبر هذا النوع من الأقراص أحد وسائط تخزين البيانات الممغنطة الذي يتواجد منها في الوقت الحاضر بأحجام 12 بوصة و5 و25 بوصة وغيرها من الحجوم.

يعد القرص المرن من النوع(5) الأكثر استخداماً في الأسواق كنتيجة حتمية لمتانة الغلاف الحافظ للأسطوانة بالمقارنة بالأنواع الأخرى.

تتم القراءة والكتابة على الأقراص المرنة بواسطة استخدام سواقة الاسطوانات Disk Drive.

وعلى الرغم من كثرة الخصائص وتنوع الأحجام وتباين القدرة التخزينية التي يمتلكها، إلا أن هذا النوع من الأقراص يتميز بسهولة الاستخدام وسرعة الإتقان في العمل.

القرص الصلب (Hard Disk):

عبارة عن مجموعة من الأسطوانات المحفوظة داخل صندوق معدني والمثبتة محوريا ويتخللها عدد من رؤوس القراءة والكتابة.

يمتاز القرص الصلب بقدرته التخزينية الكبيرة ويحتوي على الكثير من السمات بالمقارنة مع الأقراص السابقة من حيث الشكل والسرعة والسعة التخزينية المتاحة.

ويختلف القرص الصلب عن القرص المرن بالأمور التالية:

أ. يمتلك القرص الصلب أقراص معدنية صلبة تدعى الأطباق موضوعة ضمن علبة مفرغة من الهواء.

ب. يمتلك القرص على عدد أكثر من المسارات والقطاعات.

ج. تحوي معظم الأقراص الصلبة على أربعة رؤوس مربوطة بذراع متحرك.

تعتبر شركة ويسترن ديجيتال من الشركات المميزة في مجال صناعة الأقراص.. أنتجت الشركة القرص الصلب (Western Digital Passport) بسرعة جيدة واستهلاك منخفض لقدرات المعالج وسعة تخزين بلغت 80 جيجابايت وتصل سرعة دورانه إلى 5400 دورة في الدقيقة.

يأتي القرص ضمن هيكل معدني فضي اللون مغلف من الأسفل والجانب بقاعدة مطاطية زرقاء تحميه من الارتجاجات والصدمات البسيطة.

الأقراص الضوئية (Optical Disks)

تتميز هذه الأقراص بالمزايا التالية:

1. سهولة الاستخدام والسلامة.

2. لا تحتاج إلى كثير من الوقت للتسجيل وذلك لأنها تمتلك مواصفات خاصة، يتم تسجيل البيانات عليها بواسطة أشعة الليزر.

3. قدراتها التخزينية عالية حيث يمكن للأسطوانة الواحدة على سبيل المثال تخزين نحو ستمائة مليون حرف في المرة الواحدة.

4. المتانة والموثوقية العالية. يتمتع هذا النوع من الأقراص بوجود حماية كاملة لها من الحرارة والصدمات وذلك لأنها مغطاة بغطاء بلاستيكي متين.

الأجهزة	وسائط	وظائف	ملاحظات
مشغل القرص الممغنط	قرص صلب كارتريدج	تخزين ثانوي (وصول مباشر) وإدخال- إخراج	سعة كبيرة، معدات تخزين للوصول السريع والمباشر، كلفة منخفضة- بايت
مشغل القرص المرن	قرص مرن ممغنط	تخزين ثانوي (وصول مباشر) وإدخال- إخراج	سعة صغيرة وملائمة ولكن بطيئة وأقل سعة مقارنة بمشغل القرص الصلب
مشغل الشريط الممغنط	كارتريدج شريط ممغنط	تخزين ثانوي (وصول تتابعي) إدخال- إخراج ونسخ احتياطية من الأقراص	سعة كبيرة رخيص الثمن مع معدل نقل سريع ولكن وصول تتابعي فقط
مشغل القرص الضوئي	قرص ضوئي قرص مضغوط قرص مدمج قرص رقمي فيديو DVD	خزن ثانوي (وصول مباشر) وخزن أرشيفي	سعة كبيرة وخزن للبيانات بنوعية عالية وبتكلفة قليلة ومتانة وموثوقية عالية- صور سمعية وفيديويه ووسائط قراءة فقط

الشكل (6-2) يبين خلاصة لطرق التخزين المهمة

قواعد البيانات والمخاطر الأمنية

تعتبر المخاطر الأمنية، وخاصة سرقة المعلومات، من الأمور المهمة التي يجب أن تشغل بال الإدارة بمختلف مستوياتها والتي يجب أن توليها العناية الفائقة. ومن المعروف أن بإمكان أي موظف لديه حق الوصول إلى المعلومات المخزونة في قواعد بيانات المنشأة أن ينسخ تلك المعلومات على قرص مدمج وأن يعمل على تسريبها لمنافسي المنشأة.

ولعلاج هذه المشكلة يستوجب القيام ما يلي لاحِظ الشكل (6-3):

1- توفر معمارية أمنية لكي تمنح حق الوصول للموظفين المخولين بذلك وتحدّد ما يمكن لكل منهم أن يراه.

2- بناء مخازن بيانات بمستويات الأمن يصعب تعريض البيانات المخزونة فيها لأي مخاطر.

3- توفر موظفون مختصون بأمن المعلومات يقومون بتهيئة شبكة المنشأة بما في ذلك الأمن العتادي(الجدران النارية وأجهزة المزودات) والأمن البرمجي (كلمات المرور وتخويلات الاستخدام).

4- الاستعانة بمقدمي خدمة التطبيقات(Application Service Providers) الذي يؤدون المهام الأمنية بطريقة أفضل مما تؤديها المنشأة ذاتها لأنهم ينفقون على الجانب الأمني مبالغ طائلة قد لا يمكن لمعظم المنشآت تحملها. يقدم مقدمو خدمة التطبيقات المهام الأمنية التالية:

أ. دراسة نظام تبادل المعلومات المستخدم في المنشأة.

ب. دراسة الأمن العتادي (الجدران النارية Firewall) والأمن البرمجي (كلمات المرور وتخويلات الاستخدام) بهدف إنجاز طريقة يمكن بها تطبيق حلاً من الحلول الأمنية لحماية جزء من بيانات المنشأة وكل نقطة من نقاط الوصول إليها.

ج. تهيئة بنية الشبكات التحتية الأمنية اللازمة للتعامل مع مسألة الفيروسات وهجمات حجب الخدمة(DOS).

د. إعداد دورات تدريبية لموظفي المنشأة لتدريبهم على ممارسة عادات أمنية جيدة(مثل عدم إفشاء كلمة المرور المعينة لهم، أو عدم إفشاء معلومات مهمة مثل البنية التحتية الأمنية للشبكة.

أساليب تطوير السياسة الأمنية المتعلقة بالمعلومات التجارية	المراجعة التحليلية.
تشخيص الأمور الأمنية	- هل تستخدم المنشأة سياسة أمنية لحماية معلوماتها من السرقة. - هل يمكن أن تتعرض البيانات المهمة لشركتك للخطر. - هل يمكن الدخول أو النفاذ إلى مواقع قواعد البيانات والانترنيت. - كم هو مقدار الخسارة الذي يمكن أن تتحملها المنشأة بسبب تعرض معلوماتها للخطر أو كشف معلوماتها الحساسة. - كم هو مقدار التكاليف التي يمكن أن تتحملها المنشأة على إنشاء شبكة أمنية وبرامج لكشف محاولات الاختراق.
تحليل المخاطر والتهديدات الأمنية	- يستوجب معرفة نوع المعلومات التي تستلزم الحماية. - يقتضي تقييم الوضع الحالي للشبكة الأمنية. - ضرورة تحديد المخاطر التي تهدد المعلومات وتطوير إستراتيجية لحمايتها. - ضرورة أن تغطي طرق الحماية المطورة كل احتياجات منشأتك من الحماية الأمنية للمعلومات

بناء طرق لحماية المواد الحساسة في شبكة المنشأة(تركيب الجدران النارية لتعطيل مخاطر الاختراق التي يتعرض لها مستخدمو الانترنيت)	- أختر تكنولوجيا الحماية المناسبة لجدران النار لمنع الدخول غير الشرعي من الانترنيت. - ضع خطط مدروسة لتطوير الشبكة الأمنية للمنشأة. - ضع إستراتيجية لحماية المعلومات الداخلية للمنشأة. - طور دورات تدريبية على أساليب الأمان. - قم بأعداد مجموعة برامج تعليمية لكل المستخدمين والمدراء في مجال الأمان والحماية على الانترنيت.
تدقيق تأثير تكنولوجيا الأمان وبرامج الحماية المطبقة.	- تأكد من أن برامج الحلول الأمنية المطورة في المنشأة تعمل بصورة جيدة. - أنشئ طريقة لتشخيص الانحراف عن المعايير الموضوعة للسياسة الأمنية وعالج هذه الانحرافات بأسرع وقت ممكن.
تقييم فاعلية المعمارية الحالية لبرامج الحماية المطبقة.	- اعتماداً على نتائج التدقيق السابقة يقتضي- العمل على تقييم فاعلية برامج الحماية المطبقة والقيام بما يلزم لمطابقة الأهداف الموضوعة مسبقاً.

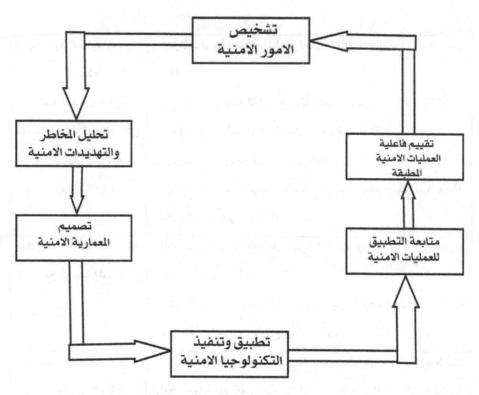

شكل (6-3) يوضح الدورة التطويرية للسياسة الأمنية

أنواع قواعد البيانات(Types of Databases)

ترتب على التطورات التي حدثت في التكنولوجيا المعلوماتية وتطبيقاتها التجارية منها ظهور أنواع مختلفة ورئيسية من قواعد البيانات. شكل (6-4) يوضح ستة أصناف مفاهيمية رئيسية لقواعد البيانات التي يمكن أن نجدها في المنشآت التي تستخدم الحاسوب.

1. قواعد البيانات التشغيلية(Operational Databases)

تخزن هذه القواعد البيانات المفصّلة المطلوبة لدعم وإسناد العمليات التشغيلية في المنشأة. ويطلق هذه القواعد أسماء مثل Subject area data bases قواعد البيانات للمعاملات Transaction DB قواعد البينات للإنتاج Production

Databases. مثال ذلك قاعدة بيانات للزبون، قاعدة بيانات للمخزون، وقواعد بيانات تحتوي على بيانات عن العمليات التجارية.

2. قاعدة البيانات التحليلية (Analytical Databases)

تخزن هذه القواعد البيانات والمعلومات المستخرجة من قواعد بيانات تشغيلية وخارجية مختارة وتتألف من مختصرة ومعلومات مطلوبة من قبل المدراء في المنشأة. ويطلق على هذه القواعد أحياناً بقواعد البيانات الإدارية أو قواعد البيانات المعلوماتية. يتم الوصول إلى هذا النوع من قواعد البيانات عن طريق نظم المعالجة التحليلية الفورية (online analytical processing system) ونظم دعم القرار(Decision support system) ونظم المعلومات التنفيذية(executive information system).

3. مستودعات البيانات Data warehouses

تخزن هذه المستودعات بيانات السنوات الحالية والسابقة المأخوذة من قواعد البيانات التشغيلية المختلفة للمنشأة، البيانات التي جمعت وصنفت وبوبت ونظمت وزينت وعوجلت، يمكن استعمالها من قبل المدراء لأغراض التحليل التجاري والبحوث التسويقية ولدعم القرارات.

أن مستودعات البيانات على نوعين: أحدهما data mining يتم فيه المعالجة للبيانات لتشخيص العوامل الرئيسية والاتجاهات في الفعاليات التجارية. تستعمل البيانات لمساعدة المدراء صنع القرارات من المتغيرات الإستراتيجية للحصول على فوائد تنافسية في الأسواق والنوع الثاني هـو(data marts) الذي يقوم بخزن بيانات ثانوية محددة من المستودع.

قواعد البيانات التوزيعية(Distributed databases)

تقوم كثير من المنشآت بتوزيع نسخ أو أجزاء من قواعد البيانات لخوادم الشبكة في مواقع مختلفة وتستقر هذه في خوادم الشبكة العالمية في الانترانيت والاكسترانيت في شبكات الشركة. يتم إعداد نسخ من هذه القواعد وتوزيعها بهدف تحقيق الانجاز والأمان لهذه القواعد، أن تحديث البيانات في قواعد البيانات التوزيعية عمل مهم وحيوي للمنشأة.

قواعد بيانات المستخدمين End user databases

تتكون هذه القواعد من عدد متنوع من الملفات التي تـم تطويرهـا مـن قبـل المستخدمين في مواقع عملهم، فمثلاً تتوفر لدى المستخدمين نسخ من الوثائق قاموا بتحميلها مـن شبكة الويـب العالميـة إعدادها مع حزمة معالجة النصوص (word processing packages) أو استلامها عـن طريـق البريـد الإلكتروني.

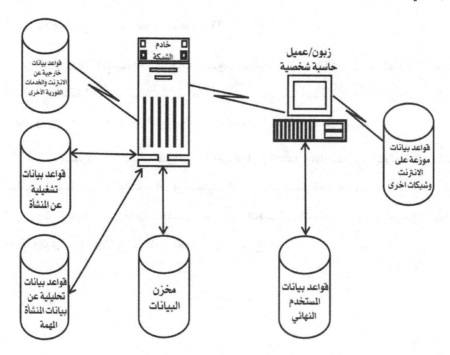

شكل (6-7) يوضح أنواع قواعد البيانات

السيطرة على عمليات الخزن

هنالك عدداً من الوسائل المهمة التي يمكن استخدامها للسيطرة على عمليات الخزن والمعالجة واستخراج المعلومات من قاعدة البيانات، بالنظر إلى الرسم رقم (6-8) يمكننا تحديد هذه الوسائل بالآتي:

1- منظومة إدارة قاعدة البيانات(Data Management Systems):

يقصد بهذه المنظومة البرمجيات أو البرامج الجاهزة(Software) التي تستخدم للرقابة على تنظيم المعلومات المخزونة في قاعدة البيانات وتأمين إيصال البيانات إلى الحاسبة الإلكترونية لمعالجتها وتحويلها إلى معلومات مفيدة لمتخذي القرارات من المدراء ورؤساء الأقسام في المنشأة. إضافة إلى ما تقدم تلعب منظومة إدارة قاعدة البيانات دوراً كبيراً في تأمين وسائل الاتصال المباشر بين قاعدة البيانات والبرامج التطبيقية بغية تحقيق هدف مهم هو تنسيق البيانات المخزونة في قاعدة البيانات.

2- النماذج(Models):

من المزايا التي يتمتع بها النموذج هو القدرة على خزن معلومات تتعلق بمسألة معينة وذلك بغية القيام بدراسة المتغيرات السائدة فيها وتحليل العلاقات الجوهرية بينها. وبالإمكان تقسيم هذه النماذج إلى ثلاثة أنواع رئيسية كالآتي:

- نماذج احتمالية(Probabilistic):

تشتمل على المعلومات المتعلقة بتحليل المخاطر والاستنتاجات الاحتمالية.

- نماذج تفاؤلية(Optimistic Models):

تتضمن حسابات رياضية لمسائل تفاؤلية

- نماذج تنبئيه (Predictive Models):

تتضمن هذه النماذج معلومات عن معدلات التضخم والنمو في حجم السوق. يستطيع النموذج التنبؤ بوضع التدفق النقدي للمنشأة للستة أشهر القادمة.

3- البرامجيات التطبيقية (Application Software):

يمكن القول أن هذا النوع من البرمجيات يستطيع استجواب قاعدة البيانات عند الحاجة بهدف استخراج تقارير لأغراض الرقابة وصنع القرارات الإدارية وكما هو معروف أن هناك مصدرين لتجهيز هذا النوع من البرمجيات.

يعتمد المصدر الأول بالأساس على المستخدم أو المستفيد نفسه (User Programs) ومثال ذلك برامج رواتب الموظفين للمنشأة، برامج السيطرة على المواد الأولية المستخدمة في الإنتاج، وبرامج الخطط الإنتاجية المستقبلية في المنشأة.

أما المصدر الثاني لهذا النوع من البرامج فيجهز من خارج حدود المنشأة حيث ترسل هذه البرمجيات إلى المستفيد على شكل برامج جاهزة (Package Program) لها صفة العمومة لأنها تشبع احتياجات عدد كبير من المستخدمين، مثال ذلك النظام المحاسبي الموحد.

مميزات قاعدة البيانات المتطورة (المحوسبة)

حاول ليبرمن (Lieberman) وستيلاند (Statland) تحديد معنى قاعدة البيانات المتطورة بأنها مجموعة ملفات الحاسبة الإلكترونية التي تضم بيانات الأقسام المختلفة في المنشأة وفي رأي هؤلاء الكتاب أن قاعدة البيانات المتطورة تتميز بالصفات الآتية.

1. الشمولية (Comprehensiveness):

تختلف قاعدة البيانات المتطورة عن اليدوية من حيث القدرة الهائلة على استيعاب المعلومات ومعالجتها. أن سعة نطاق ذاكرة الحاسبة الإلكترونية يؤدي إلى

146

إمكانية الاحتفاظ بآلاف الوحدات من المعلومات التي يمكن استخدامها لمرات عديدة لاستخراج نتائج معينة ومن ثم خزنها للإفادة منها في أغراض أخرى.

تعد القدرة على معالجة برامج كاملة لصانعي القرارات من السمات الأساسية لقاعدة البيانات المتطورة، ومرد ذلك يرجع إلى أن قاعدة البيانات تحتوي على مجموعة برامج مرتبطة جاهزة للاستعمال من قبل المدراء في المنشأة. وتستطيع هذه البرامج تزويد مدراء الأقسام بمعلومات آنية من خلال المحطة الطرفية(Terminal) لجهاز الحاسبة الإلكترونية في المنشأة. ومن الجدير بالذكر أننا نشاهد في الحياة العملية نوعين من المحطات الطرفية، يتكون النوع الأول من وحدات عرض مرئية(Cathode Ray Tube) تعرض المعلومات المطلوبة بشاشة تلفزيونية والنوع الثاني يتكون من طابعات سطرية تقوم بطبع المعلومات التي يحتاجها المدراء على أوراق خاصة. ومن الجدير بالإشارة هنا " أن خزن المعلومات التي تتعلق بأنشطة الأقسام المختلفة في المنشأة في ملف واحد تمكن المدراء من الوصول لها بسهولة وبسرعة، أن خزن المعلومات في ملف واحد يعطي نتائج مثمرة منها تقليص الملفات المزدوجة duplicate files وتقليل الجهود اليدوية وتقديم خدمات فورية إلى طلبات صانعي القرارات" .

لاحظ الشكل (6-5) الذي يوضح لنا كيفية خزن المعلومات التاريخية والمعلومات الحالية في ملف واحد شامل يخزن الملف معلومات عن جميع الأفراد في المنشأة وبما يتعلق بإنجازهم ورواتبهم وتدريبهم وغيرها من المعلومات المهمة. أن النظام الشامل لقاعدة البيانات لقادر على أن يحل معظم المشاكل الإدارية وكذلك يؤدي إلى تحسين نوعية المعلومات التي تحتاجها الإدارة. ويتضح من النظام الشامل المبين في الشكل (6-5) أن الرقابة الإدارية تتضمن ثلاثة وظائف جوهرية هي التخطيط والتنظيم والتقويم. كما يبدو أن المعلومات تنتقل بين المناطق الوظيفية الثلاث فحسبنا أن نقول أن كل منطقة تحتاج إلى بيانات جديدة تساعدها على الرد بسرعة على أية طلبات قد تلزم التنبؤات والخطط التشغيلية والكشوفات المالية.

2. السهولة والسرعة:

من الصفات الأساسية لقاعدة المعلومات المتطورة هي القدرة على معالجة واسترجاع وتجديد المعلومات بسهولة وسرعة فائقة. أن من التطورات المهمة الجديرة بالاهتمام هو استخدام خاصية التخاطب المباشر لمجموعة كبيرة من الملفات المخزونة التي تجعل عملية تجديد المعلومات واجباً سهلاً. ومن التطورات المهمة الجديرة بالاهتمام أيضاً هو استخدام أجهزة التخزين المباشر(Direct Access Storage devices) أي بمعنى أنه يمكن تخزين المعلومات على اختلاف أنواعها في شكل قلب ممغنط (Magnetic Core) أو أقراص ممغنطة(Magnetic Disc). تمتاز هذه الأدوات الممغنطة بسهولة الحصول على المعلومات المخزونة بها وبإمكانية إضافة أو تعديل المعلومات المخزونة بها لتعبر عن الموقف النهائي ومن ثم فهي تلعب دوراً إيجابياً حيال توفير الجو المناسب لاتخاذ القرارات الإدارية المناسبة. وضماناً لتحقيق الفاعلية المرجوة من أجهزة خزن المعلومات يجب ربطها بنظام سليم للتقارير الإدارية على درجة كبيرة من الكفاءة لتكون أكثر ملائمة على تبسيط عملية تبادل المعلومات وتطوير وسائل الرقابة الداخلية.

3. المرونة(Flexibility):

أن قاعدة البيانات المرنة قادرة على قبول أو إضافة بيانات جديدة وحذف (deleting) بيانات قديمة بسرعة كبيرة. فباستخدام أجهزة التخزين المباشر يمكن لقاعدة البيانات المرنة في الإجابة على استفسارات المدراء بصورة فورية. كما تسهل للموظف الوصول إلى المعلومات المخزونة فيها بسرعة فائقة.

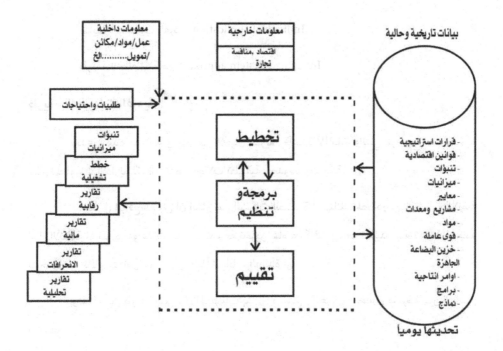

معلومات داخلية
عمل/مواد/مكائن
/تمويل..........الخ

معلومات خارجية
اقتصاد ,منافسة
تجارة

بيانات تاريخية وحالية

طلبيات واحتياجات

تنبؤات
ميزانيات

خطط
تشغيلية

تقارير
رقابية

تقارير
مالية

تقارير
الانحرافات

تقارير
تحليلية

تخطيط

برمجة و
تنظيم

تقييم

- قرارات استراتيجية
- قوانين اقتصادية
- تنبؤات
- ميزانيات
- معايير
- مشاريع ومعدات
- مواد
- قوى عاملة
- خزين البضاعة
الجاهزة
- اوامر انتاجية
- برامج
- نماذج

تحديثها يومياً

شكل (6-5) يوضح العلاقة بين قاعدة البيانات ونظام التقارير

طرق تطوير قواعد البيانات

على الرغم من الانتشار الملحوظ في مجال تقنيـة المعلومـات والتقـدم الهائـل في وسـائل تخـزين البيانات في العالم الغربي والذي أدى بدوره إلى تطوير نظم المعلومات الإدارية فيها نجد أن هذه النظم مـا زالت في منشأتنا الصناعية تعاني من الضعف والجمود بشكل يجعلها غير قادرة على مواكبة التقدم المذهل في شتى صنوف العلم والمعرفة.

تقسيم قواعد البيانات إلى نظم تقليدية ونظم حديثة

يلاحظ أنه يوجد نوعين من الطرق الأساسية والتي تستخدم مـن قبـل المنشآت الصناعية في الوقت الحاضر التي يستلزم الأمر التعرف عليها بالتفصيل وعلى النحو الآتي:

- طريقة التطبيقات الفردية Individual application.

- طريقة النظام المتكامل Integrated System approach.

طريقة التطبيقات الفردية

وتدعى هذه الطريقة في كثير من الأحيان بطريقة قاعدة الملفات والتي بموجبها يتم تصميم نظام المعلومات الإدارية لغرض خدمة مجالات تطبيقية محدودة ومنفصلة.

يلاحظ في الواقع العملي أن الكثير من الشركات الصغيرة لا تمتلك المصادر ولا الخبرات اللازمة لبناء الأنظمة المتطورة لقواعد البيانات ذات سعة تخزين شاملة وكافية بهدف تشييد بنية تحتية ضخمة تتيح لها بناء نظام متكامل لتخزين وتحليل البيانات العائدة لها.

وفقاً لهذه الطريقة يتم خزن المعلومات بشكل مقسم ومبعثر في مخازن متفرقة بين الأقسام المختلفة.

لذلك يتضح مما سبق بأن هذه الطريقة لا تعتمد على مخزن مركزي واحد للبيانات يقوم على قاعدة بيانات مركزية متطورة كما هي الحال في طريقة النظام المتكامل التي سنأتي على شرحها بالتفصيل لاحقاً.

تتميز طريقة التطبيقات الفردية بالخصال التالية: (لاحظ الشكل(6-6).

أ) أنها طرق سهلة في التحليل والتصميم والتنفيذ وذلك بسبب كونها تطبيقات صغيرة وغير معقدة نسبياً فأنها تستطيع تلبية كل متطلبات الأعمال الصغيرة بما في ذلك تطبيقات تتعلق بتقديم حلول عملية تلبي الاحتياجات الخاصة لمدراء الأقسام على اختلاف مستوياتهم الوظيفية.

أن كل قسم في المنشأة قادر على تنظيم الملفات العائدة له وحمايتها والوصول إلى المعلومات المخزونة فيها بسهولة وبتكلفة معقولة.

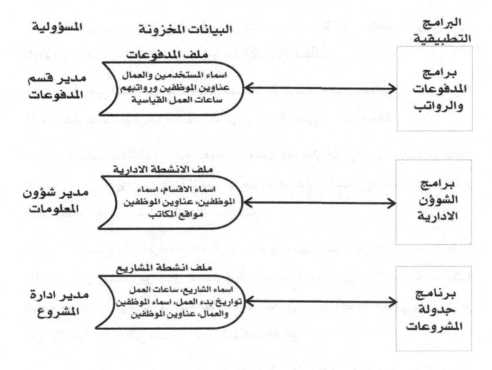

شكل (6-6) يبين طريقة التطبيقات الفردية

فعندما يقوم قسم المدفوعات مثلاً بخزن الجداول والإحصائيات والقوائم المتعلقة بشؤون رواتب العاملين يخزن البرنامج معه كافة البيانات التابعة له كأسماء وعناوين وساعات العمل القياسية. ومن الجدير بالملاحظة بأن المستخدم يستطيع تغيير البيانات وتحديث المعلومات عند الحاجة كما يتمكن من عرض البيانات المطلوبة أو أجزاء منها وبالشكل الذي يريده ومسح بعض البيانات أو الإضافة إليها. لاحظ الشكل(6-6).

وبالنظر إلى الشكل (6-6) نجد أن المنشأة تحتفظ بمجموعة أخرى من البرامج لتلبية احتياجات الأقسام الأخرى فمثلاً يتوفر لدى المنشأة برنامج الشؤون الإدارية، أن الوظيفة الأساسية لهذا البرنامج هو تأمين الوصول إلى البيانات المخزونة بسرعة وسهولة عن طريق الاستفادة من الخبرات الموجودة في القسم، ويلاحظ أن هذا

البرنامج يحتوي على مجموعة من الملفات التي تتضمن جداول وتقارير واستعلامات توضح أسماء الموظفين وعناوينهم ومواقع العمل المختلفة وأسماء الأقسام في المنشأة.

وتستطيع المنشأة من خلال البرنامج حفظ وتداول مراسلات الصادر والوارد بما يحقق السرعة والدقة ويقلل التكلفة ويوفر اليد العاملة والأماكن المستخدمة لتخزين الملفات الورقية.

تستخدم المنشأة أيضاً برنامج لجدولة المشروعات يوفر معلومات تفيد في تبيان أسماء وعناوين الموظفين في هذه المشروعات، ووظيفة المدير هنا هو حفظ وترتيب الوثائق والاستطلاعات والتقارير العائدة للقسم وإدارة نشاطات الموظفين في هذه المشاريع.

ب) تسمح هذه الطريقة للمنشأة أن تتحرك نحو التطوير بصورة تدريجية وبخطوات بطيئة وذلك عن طريق الاستفادة من التطور الحاصل في حقل تقنية المعلومات وفي مجال التقنية المعلوماتية وتوجيه جهودها لتعزيز انتشار استخدام الحاسبة الإلكترونية على مراحل متعددة. فيما يلي بعض المشاكل التي تعاني فيها المنشآت التي تستخدم طريقة التطبيقات الفردية:

1. يحصل في كثير من الأحيان تكرار في خزن البيانات المتماثلة في ملفات مختلفة. فمثلاً يحدث أحياناً أن نسجل معلومات عن عناوين الموظفين في أكثر من ملف واحد.

2. من الممكن حصول بعض الأخطاء عندما يتم الاحتفاظ بمعلومات متشابهة وذلك لأنها قد تخزن تحت أسماء مختلفة. مثال ذلك أسماء المستخدمين وأسماء الموظفين التي تحفظ في الملف بعناوين متباينة إلا أنها في الواقع بيانات متشابهة.

3. يؤدي إضافة معلومات إلى الملفات في كثير من الأحيان إلى حفظها بشكل غير منسق. مثال ذلك: إذا حدث تغيير في عناوين موظفي الشركة فإنه يستوجب أخبار الأشخاص المسئولين عن الخزن في جميع هذه الملفات عن التغيير وفي حالة تعذر ذلك يتم توسيع هذه المعلومات أو تحديثها بصورة اعتيادية.

4. صعوبة استرجاع المعلومات المطلوبة لأغرض البرامج التطبيقية الجديدة. لو فرضنا أنه يستوجب تطوير برنامج لتوزيع التكاليف على المشروعات Allocates cost against projects لإغراض التسعير أو توزيع التكاليف على الأقسام .Allocates costs against depts لأغراض الميزانيات والمحاسبة الإدارية. في مثل هذه الحالة يتم توزيع هذه البيانات على الملفات الثلاث المبينة في الشكل (6-6) أن الصعوبة البالغة التي يجدها المستخدم هي عند استرجاع المعلومات المطلوبة حيث لا يكون بالإمكان الحصول على هكذا معلومات بسهولة والسبب الرئيسي لهذه الصعوبة هو الخزن الاعتباطي للمعلومات التي تتعلق بالبرامج التطبيقية الجديدة. أن المشكلة الأساسية في نظام قاعدة الملفات هي أن المعلومات المخزونة في الملفات مرتبطة بالبرامج التطبيقية وليس بالموضوعات الأصلية كالمستخدمين والأقسام والمشاريع التي بدورها تتضمن ارتباطات وعلاقات فيما بينها لا يمكن مراعاتها باستخدام طريقة قاعدة الملفات.

5. وهناك ناحية أخرى تستحق أن نلقي عليها نظرة مركزة وهي عندما تتعرض الحاسبة الإلكترونية لحالات متكررة من الجمود أو حدوث ضرر أو عطل فيها فإن ذلك سيجعلها تعاني من بطء شديد في الأداء وبالتالي سيؤثر سلباً على سير العمل وعملية اتخاذ القرارات داخل المنشأة.

6. على الرغم من محاولات بعض المنشآت لتحقيق نوع من التكامل بين الملفات المختلفة كملف المدفوعات وملف إدارة الشؤون الإدارية وملف إدارة شؤون المشاريع، إلا انتقال المعلومات بين هذه الملفات الثلاث لا يتمتع بالسلاسة التي يتوق إليها كل مستخدم. ومعنى ذلك أنه بالرغم من أن استخدام هذه الطريقة تسمح للمستخدم بتنفيذ أي عمل تقريباً بشكل جيد لكن لا يكون تنفيذ جميع هذه الأعمال سهلاً أو فعالاً بالضرورة وهنا يجب لفت الانتباه إلى معاناة عدد كبير من الموظفين بسبب تعرضهم

لاستبدال نسخ من الملفات بأخرى غير متطابقة أو نسخ قديمة عندما تنتقل المعلومات بين الملفات المختلفة في المنشأة.

الطريقة المتطورة:

تسمى الطريقة المتطورة بطريقة النظام المتكامل والتي تمتاز عن الطريقة التقليدية بقدرتها على خزن أو سحب جميع البيانات المتعلقة بأقسام الشركة المختلفة بشكل متكامل ومنسق بحيث يمكن لكل مستخدم من الوصول إلى الملف المطلوب بصورة سريعة ومباشرة، لاحظ الشكل (6-7).

أن تطبيق طريقة النظام المتكامل أصبح ممكناً بفضل استخدام نظام إدارة قاعدة البيانات(Data Base Management) الذي هو مجموعة من البرمجيات (Software) المناسبة التي بالإمكان استخدامها من قبل المستفيدين للدخول أو الوصول إلى قاعدة البيانات بسرعة وبكفاءة عالية. ويمكن القول أن القرارات الإدارية التكتيكية والتشغيلية التي تحتاج إلى معلومات دقيقة ومفصلة وسريعة يمكن إشباعها عن طريق استخدام قاعدة المعلومات المتطورة التي تعتمد على البرامج المخزونة في وسائل خزن ذات سعة عالية من الاسطوانات والأقراص الممغنطة.

تتجلى قدرة هذه النظم المتطورة في مقدار ما تقدمه للمستفيدين من معلومات سريعة وفورية ودقيقة. نلاحظ في الشكل (6-8) بأن قاعدة المعلومات تتألف من ملفات تتعلق بشؤون الموظفين والمستخدمين وبتفاصيل المشاريع التي تنجزها الشركة بصورة مرتبة ومصنفة بحيث يمكن لكل برنامج تطبيقي كبرنامج المدفوعات Payroll Program وبرنامج جدولة المشروعات وبرنامج تحديث أسماء وعناوين الموظفين وبرنامج تخصيص التكاليف Cost allocation program من الوصول إلى الملف المخزون في القاعدة وسحب المعلومات المطلوبة منه بفاعلية وكفاءة عالية.

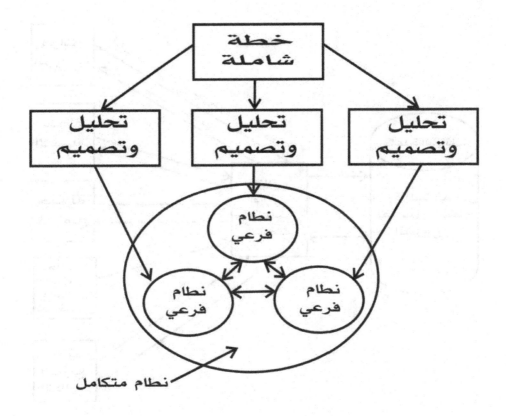

الشكل(6-7) يوضح طريقة النظام المتكامل

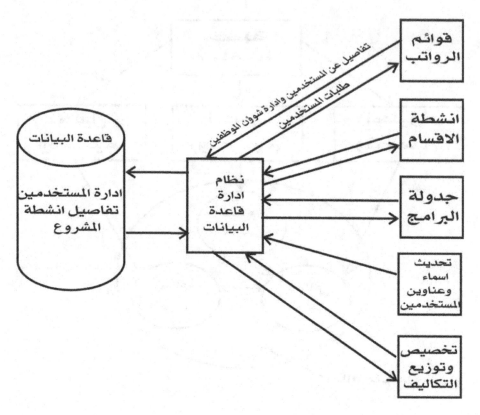

شكل (6-8) يوضح الارتباط بين أداة قاعدة البيانات وقاعدة المعلومات وبرامج المستخدمين

مزايا طريقة النظام المتكامل:

تتمتع هذه الطريقة بالمزايا الآتية:

1. إمكانية تخزين كميات كبيرة من البيانات بسب استخدام تقنيـات التخـزين المتطـورة، وتسـمح هـذه السعة الكبيرة للمنشأة أن تسجل المعلومات على ملفات متطورة لتحصل عـلى جـودة عالية جداً وهو أمر لم يكن ممكناً عملياً عندما تكون المساحة المتوفرة صغيرة.

2. توفر قاعدة البيانات المركزية بأشراف نظام إدارة قاعدة البيانات (Data base management System) أداءً متطوراً وسريعاً في الاستجابة إلى المعلومات وقدرة فائقة على تلبية الطلبات.

3. تقوم باختصار الكثير من الوقت المستغرق لنقل البيانات والأوامر ما بين الأقسام المختلفة في المنشأة وذلك لسهولة وسرعة الوصول إلى ذاكرة الوصول العشوائي(Memory Random Access) التي تلعب دور الجسر الواصل ما بين هذه الأقسام.

4. تتضمن هذه الطريقة عدة تطبيقات لخدمة كافة الموظفين في المنشأة كل على حسب عمله، فهو يوفر تطبيق معالج الكلمات وتطبيقات للعروض التقديمية والرسوم وغيرها من التطبيقات المهمة. ومعنى ذلك أن النظام سينتج لمستخدميه طرقاً أكثر وأفضل لبناء التطبيقات والبيانات المرتكزة على القاعدة، وبفضل هذه الطريقة فإنه سيغدو بإمكان المستخدمين الارتباط مباشرة مع قواعد البيانات والحصول على التقارير والجداول بصورة سريعة.

5. إمكانية النظام المتكامل لإشباع الاحتياجات الشاملة للمنشأة من المعلومات وذلك للأسباب الآتية:

أ. كبر حجم كمية المعلومات المنجزة في قاعدة البيانات.

ب. سرعة وقت الاستجابة إلى المعلومات.

ج. قدرة أفضل للمعالجة المتعددة.

د. انتقال البيانات بين كافة البرامج بسهولة وبأسلوب أفضل.

ه. سرعة عالية جداً للحفظ والاسترجاع.

ويمكننا القول بصورة عامة بأنه لقد ثبت بطريقة قاطعة بأن إنشاء نظام متكامل للمعلومات في أية منشأة صناعية لا يستلزم المال وحده فقط إذ يحتاج الأمر كذلك إلى اختصاصيين أكفاء متمرسين في تكنولوجيا الحاسبات الإلكترونية.

يجب أن يتوفر لدى المنشأة مركز للاستشاريين الخبراء ذوي الكفاءات العالية في شتى المجالات الصناعية والتقنية كي يستطيع استغلال أحدث التطورات في سبيل تقديم حلول عملية تلبي الاحتياجات الخاصة بالمنشأة.

6. تمتلك طريقة النظام المتكامل القدرة على حماية الملفات العائدة للأقسام المختلفة من الاستبدال أو الحذف. أن أي محاولة هدفها استبدال نسخة من الملفات بأخرى قديمة أو تعرض أحد هذه الملفات إلى الحذف سوف يكون مصيرها الفشل. تتحكم طريقة النظام المتكامل بالملفات المحمية عن طريق قاعدة بيانات خاصة لها تحتوي على كافة ملفات الأقسام في المنشأة، فإذا تعرض أحد هذه الملفات إلى الحذف أو الاستبدال يقوم برنامج حماية الملفات بنسخ الملف المتضرر وإرجاعه إلى مكانه وحالته الأصلية.

من الواضح أن تصميم نظام متكامل هو واجب معقد يتطلب تشخيص دقيق للاحتياجات من المعلومات وتنميط واضح للإجراءات. كما يتطلب دعم وأشراف مباشر من قبل الإدارة العليا.

أن تطوير النظم المتكاملة يمكننا إنجازها بالطرق التي تبدأ من القاعدة إلى القمة bottom- up أو من القمة إلى القاعدة top- down. وعادة تستخدم بعض المنشآت الطريقتين سوية:

طريقة القاعدة إلى القمة:

استناداً على هذه الطريقة يكون التركيز على معالجة المعاملات وتحديث الملفات على المستوى التشغيلي في المنشأة، وفي المراحل اللاحقة يكون الاهتمام بالأنشطة الإدارية كالتخطيط والرقابة ونماذج القرار.

الحقيقة الأولى التي يجب التركيز عليها في هذا المجال هو صعوبة تقدير احتياجات الإدارة من المعلومات. كعلاج لهذه المشكلة يقوم مصممي الأنظمة بتجهيز

كميات كبيرة من المعلومات لكي تكون جاهزة لإشباع الاحتياجات الفورية لمتخذي القرارات.

الحقيقة الثانية هو خزن معلومات غير دقيقة وفائضة عن الحاجة، على ضوء ما تقدم نستطيع أن نقول أن واجب مصمم الأنظمة يصبح التصفية والتدقيق ومن ثم التخلص من المعلومات الفائضة.

هناك مجالات واسعة لتطبيقات طريقة القاعدة إلى القمة تبدأ من المرحلة الأولى من معالجة البيانات التي تتعلق بالأنشطة التشغيلية وتنتهي بإنشاء ملفات متكاملة لها في قاعدة البيانات بصورة توفر تسهيلات كبيرة لاسترجاع المعلومات المطلوبة وتأمين وصولها إلى المستفيدين.

وفي المرحلة الثانية يجري تطوير وتحديث الملفات التي تتضمن معلومات عن أنشطة التخطيط والرقابة الإدارية. وتتضمن المرحلة الثالثة تطوير وتحديث الملفات التي تتضمن نماذج إستراتيجية للتخطيط الشامل.

طريقة القمة إلى القاعدة(Top- down approach):

فيما يلي بعض الاعتبارات التي يجب مراعاتها عند القيام بتصميم نظام المعلومات باستخدام هذه الطريقة.

1. تحديد احتياجات المنشأة من المعلومات وتصميم النظم الفرعية على ضوء هذه الاحتياجات.

2. وضع خطة مدروسة هدفها تحقيق تكامل شامل للنظم الفرعية. يتم بموجب هذه الخطة تحديد أهداف المنشأة وتبيان الواجبات التي تخدم هذه الأهداف والتعريف بالقرارات الأساسية التي تتخذها الإدارة بمختلف مستوياتها وتوضح المعلومات التي تحتاجها مثل هذه القرارات.

3. تحديد العمليات التي يقوم بها رؤساء العمل والمشرفين والمدراء وتحليل القرارات المتعلقة بهذه العمليات وتبيان البيانات اللازمة لإشباع احتياجات هذه القرارات.

4. يجب أن يكون جمع وتخزين البيانات ذات العلاقة بالعمليات والقرارات التي تتخذها الإدارة محددة ضمن هذه القرارات.

من الجدير بالذكر أن طريقة النظام المتكامل المتطورة قد شاع استعمالها على نطاق واسع منذ السبعينات والثمانينات ومنذ ذلك الحين لا تزال في تطور مستمر حتى يومنا هذا. على كل حال، هناك تحديدات كثيرة تواجه الشركات التي ترغب استخدام هذه الطريقة أهمها:

1. تكاليف تصميم هياكل قاعدة البيانات باهضة.

2. يقضي أخذ تكاليف البرمجيات وتكاليف المكونات الإلكترونية والميكانيكية لقاعدة البيانات بالحسبان، أن نظام إدارة قاعدة البيانات للحاسبة هو جزء معقد من البرمجيات الذي يستلزم تكاليف عالية. على سبيل المثال تستخدم الشركات حزمة من البرامج القياسية مثل IDMS أو DRACLE ذات التكاليف الباهظة وفضلاً عن ذلك كله يمكننا القول بأنه بسبب كون جميع قواعد البيانات يجب أن تكون في الأنظمة الآنية أو المتصلة On-Line Systems فأنه يكون من الضروري شراء كميات كبيرة من خزين الأقراص المغنطة Disc storage المرتفعة الثمن.

تطوير نظام قاعدة البيانات الحالية

أن ظهور وتطور الأنظمة الحديثة لقواعد البيانات والتي تتبع أحدث الأساليب العلمية والتكنولوجية في التصميم والتحديث للملفات من حيث التنظيم والتصنيف والتوزيع والحماية سيؤثر بصورة مباشرة وفعالة على النظم الحالية المعمول بها في منشأتنا الصناعية.

أن التحدي الأكبر والأكثر أهمية الذي يواجه قطاع الصناعة في الوقت الحاضر يتمثل بوجوب العمل على تطوير الأنظمة الحالية لقواعد البيانات في منشاتنا

الصناعية والوسائل الكفيلة بضمان تحقيق هذا الهدف. ويمكن أجمال الإجراءات التي بها يتم تطوير قواعد البيانات في منشأتنا بما يأتي:

1. ضرورة اعتماد البيانات في منشأتنا كسجلات المخازن والإنتاج والتكاليف والمشتريات والمبيعات على أنظمة رقمية بدلاً من اليدوية وخاصة في مجال الأرشفة وحفظ الملفات. أي يقتضي ـ أن تنطلق مبادرات حكومية مباشرة لتعزيز استخدام الملفات الرقمية وقواعد البيانات المؤتمتة كمبيوترياً بحيث تتحول البيانات للمنشأة إلى ملفات رقمية في بطون أجهزة الكمبيوتر لتسبح في غياب الشبكات والانترنيت.

2. يجب أن تبذل جهود كبيرة من قبل الإدارة لتحويل جميع ملفات المنشأة إلى النظام الرقمي الحديث والأخذ بتقنية الحاسوب في معالجة نظم المعلومات بحيث تصبح ملفاتها وبيانات أقسامها ومصانعها مرتبطة بالإنترنيت وبذلك يستطيع موظفيها النفاذ إلى تلك المعلومات والتحكم بها عن بعد.

3. يجب أن تبذل جهود كبيرة من قبل الإدارة لمسح جميع ملفات المنشأة ضوئياً وتحويلها إلى ملفات رقمية على الشبكة. أن هذا يستدعي المسح الضوئي لكل الأوراق والمستندات التي تدخل مكاتب المنشأة. أن اعتماد المنشأة التخزين الرقمي للملفات يساعدها في تحويل أرشيفها الورقي إلى مكتبات إلكترونية وذلك باستخدام الماسحات الضوئية وتقنيات التصوير المشابهة كـالتعريف البصري على الحروف.

ومن المعلوم أن جهاز المرسل الرقمي(Digital Sender) يقوم بتصوير ورق المستندات ضوئياً ومن ثم يرسل إلى عنوان البريد الإلكتروني أو إلى الكومبيوتر.

والذي يهمنا من هذا الموضوع هو أنه يقتضي على كل المنشأة التفكير بضرورة تحويل مستنداتها وملفاتها الورقية إلى الصيغة الرقمية عن طريق استخدام جهاز يقوم بـالتحري عـن المستندات الممسوحة والإلكترونية والمصادقة على البيانات المستخلصة وفهرستها وإرسالها إلى قاعدة البيانات.

أسئلة لتطوير قواعد البيانات

قبل أن تبدأ منشآتك في البحث عن الوسائل التي تساعد في تطوير فاعلية نظم قواعد البيانات الحالية يجب أن تسأل الإدارة نفسها الأسئلة التالية:

1. هل تحتاج المنشأة الاستعانة بخدمة شخص متخصص بمعمارية قواعد البيانات الذي يساعدها في إجراء الاستعلامات المناسبة من قواعد البيانات.
2. هل تحتاج المنشأة إلى الاستعانة بخدمة شخص متخصص بهندسة البنى التحتية لتكنولوجيا المعلومات المرتكز على وندوز.
3. هل أن ملفات قواعد البيانات مخزونة محلياً فقط، أو أنها مخزونة عن بعد أيضاً.
4. هل يتوفر لدى المنشأة نسخ احتياطية مؤتمت للوثائق.
5. هل يمكن للموظفين عن بعد الوصول إلى أحدث البيانات الحقيقية المخزونة في القواعد من خلال طلب اتصال سريع من المواقع البعيدة وباستخدام شبكة الانترنيت.
6. هل يحق لكل المستخدمين الوصول إلى البيانات والملفات المخزونة في قواعد البيانات بغض النظر عن موقعه الفعلي أو الجهاز الذي يستخدمه؟
7. هل يجد بعض الموظفين الذي ينتشرون للعمل في أماكن متفرقة صعوبة للوصول إلى الملفات والبيانات المخزونة عن بعد.
8. هل يسمح للمستخدمين بالاحتفاظ بنسخ محلية من التطبيقات التي يستخدمونها كما يسمح لهم باستخدام البرمجيات الفورية وغير الفورية بشكل متبادل.
9. هل تستأجر منشأتك البرمجيات التي تعمل على شبكة الانترنيت من مقدمي خدمة التطبيقات بدلاً من شرائها كبرامج التطبيقات المالية والمحاسبية وتطبيقات تخطيط موارد المؤسسات وتطبيقات إدارة علاقات العملاء؟
10. هل تمتلك منشأتك المصادر المالية الكافية والخبرات اللازمة لبناء مخازن بيانات آمنة وكافية باستخدام الأنظمة المتطورة مثل نظام (Storage Provider SAP) أو قواعد بيانات أو راكل.

11. هل تستخدم المنشأة مخزن مركزي لإيداع جميع الملفات فيه بحيث يمكن للمستخدم من أي محطة عمل تصفحه بسهولة والوصول إلى المعلومات المطلوبة خلال ثوان بدون أن تتوفر لديه أدنى معرفة بنظم الملفات؟

12. هل تستخدم المنشأة حلول تخزين شبكية(Networked Storage Solutions) لكي تتيح لها تخزين وإدارة الكميات الهائلة من البيانات المتعلقة بالعمل والعملاء مما سيضع حداً لمشاكل التخزين التي كانوا يعانون منها منذ زمن بعيد.

13. هل تستخدم المنشأة الحاسبات الإلكترونية في جميع الأقسام والمكاتب بسبب قيامها بأتمتة أعمالها وتحويلها إلى هيئات رقمية؟ فهل تستخدم السكرتيرة الحاسبة الإلكترونية لمتابعة جدول أعمال المدير العام ويستخدمه قسم المبيعات لإدخال معلومات الزبائن من قواعد البيانات أو يستخدمه المحاسب لتدقيق الفواتير.

14. هل يتوفر لدى المنشأة برمجيات مايكروسوفت التطبيقية التي تزودها بمجموعة من الحلول المثالية بالنسبة للأعمال التي تتطلب حلاً قياسياً والتي يمكن الحصول عليها بالاستئجار دون الحاجة إلى تكبد تكلفة باهظة. هل تخطط المنشأة أن تستأجر البرمجيات المذكورة أدناه التي تعمل على شبكة ويب من مقدمي خدمة التطبيقات بدلاً من شراءها لتجنب مشاكل التركيب ومسائل الصيانة المستمرة.

- برامج التطبيقات المالية والمحاسبية عبر الانترنيت.

- برامج إدارة الموارد البشرية.

- برامج إدارة علاقات الزبائن وتخطيط المنشآت.

15. هل تستخدم المنشأة الأقراص الآتية لوسائط البيانات.

- أقراص مدمجة(Compact Disk) تؤمن سعة تخزين تبلغ(680) ميجابايت.

- أقراص متنوعة رقمية (Digital Versatile Disk) تتسع إلى (16) ميجابايت.

- نكهات أقراص تخزن البيانات على أربع طبقات من القرص الواحد حيث يحتوي كل وجه على طبقتين من البيانات كحد أقصى.

16. هل ترتبط قاعدة البيانات في المنشأة مع قواعد بيانات في منشآت أخرى وهل تتميـز بقـدرتها الكبيـرة عـلى التوسـع اعتمـاداً عـلى التقنيـات المتطـورة مثل برنامج المراقب الفـوري (Real Time Monitor) الذي يسمح للمنشأة إضافة عناوين مواقع لمخزن البيانات وتحديثه عند الحاجة.

17. هل تستخدم المنشأة قواعد البيانات ذات المعالجة التحليلية الآنية (On-Line Analytical Process) الذي تسمح للمستخدم في معالجة الاستعلامات وإنشـاء مشاهـد متعـددة الأبعـاد عـن مخـازن البيانات الضخمة.

18. هل تستخدم قواعد البيانات ذات المعالجة العلائقية التي تمكن المستخدم من التعامـل مـع الجـداول المحورية والمخططات.

19. هل تتوفر لدى المنشأة مجموعة برامج تدريبيـة لتلبيـة احتياجاتها في أمور خـزن المعلومـات والتـي تشمل الموضوعات التالية:

- تطبيقات مايكروسوفت وقواعد البيانات مثل أوراكل.

- استخدام برامج مايكروسوفت مثل ويندوز وأوفيس.

- برمجيـات إدارة المعلومـات وقواعـد البيانـات في بيئـة الحوسـبة الشـبكية (Network Computing).

الفصل السابع

نظام الاتصالات

أهداف الفصل:

بعد دراسة هذا الفصل يجب أن تكون قادراً على معرفة:

1. المقصود بمفهوم الاتصالات.

2. المعايير التي يجب توفرها في إستراتيجية تطوير نظام الاتصالات في المنشأة.

3. المقصود بمصطلح مؤتمرات الزمن الحقيقي.

4. المقصود بمفهوم نظم الاجتماعات الإلكترونية.

نظام الاتصالات (Communication System):

مقدمة

يمكن تعريف الاتصالات بأنها القنوات أو الشبكات (Networks) التي عـن طريقهـا يـتم نقـل وتوصيل الأفكار والحقائق والتفسيرات إلى مدراء الأقسام المختلفة في المنشأة لتسهيل عملية صنع القرار.

أن كلمة الاتصالات تحمل بين طياتها معان متعددة، فالبعض يشـير إليهـا بالاتصـالات الشـفهية، والبعض الآخر يعرفها بالاتصالات المكتوبة وبالنسبة لبعض الكتاب فأنها تعني الاتصالات الفورية.

تعتمد الاتصالات الشفهية على المناقشات التي تتم بواسطة التلفون أو في غرفة الاجتماعات. أما الاتصالات المكتوبة فإنها تنجز بواسطة التقارير والرسائل الرسمية وإذا انتقلنا إلى الاتصالات الفورية، فإننا نجدها تنجز عن طريق المحطات الطرفية (Terminals) أو الانترنيت. تتصف المحطات الطرفية بالخصائص التالية:

1. القدرة الكبيرة على نقل المعلومات من قواعد البيانات إلى المستفيدين من المعلومات بسرعة فائقة.

2. السرعة والكفاءة العالية في تنفيذ البرامج وذلك لأن المحطات الطرفية هي حلقة الوصـل الفاعلـة بـين المبرمج والحاسبة الإلكترونية.

3. القدرة الكبيرة على توصيل المعلومات والتقارير بين أقسام المنشأة المختلفة وذلك اعتماداً على الهاتف الذي يسهل هذه المهمة.

4. القدرة على تقليل الوقت والجهد اللازم لوضع المعلومات في نظام معالجة البيانات.

5. بواسطة المحطات الطرفية يمكن استغلال الحاسبة الإلكترونية للقيام بتشغيل عدة برامج في آن واحـد. حيث تتمكن الحاسبة الإلكترونية بإيعاز من

المستفيدين من تقديم معلومات لبرنامج معين بينما تقوم في الوقت نفسه بتحليل معلومات برنامج آخر.

لعلنا نتساءل عن الكيفية التي يتم فيها الاتصال بين المستفيدين ومركز الحاسبة الإلكترونية. للإجابة على هذا يمكننا القول بأن الهاتف هو الذي يوفر وسيلة الارتباط هذه. واستناداً على هذه الحقيقة يمكننا القول بأنه ليس ضرورياً أن تكون المحطات الطرفية واقعة في بناية المنشأة نفسها وإنما قد تتواجد هذه المحطات خارج حدود المنشأة طالما يوفر الخط التلفوني وسيلة الارتباط النهائي بهذه المحطات وبذلك يستطيع المدراء الوصول إلى المعلومات المتواجدة في المنشأة

الاتصالات – الجانب التنظيمي (Organizational Aspect of Communication)

تعتبر اللجان (Committees) الدعائم الأساسية التي تستند عليها إجراءات السيطرة على فعاليات المنشأة والينابيع الفياضة التي تغذي عمليات صنع القرارات الإدارية. وتجدر الإشارة إلى أنه يوجد في كل منشأة عدد من اللجان المتعددة الأغراض التي تمارس النشاطات المالية والتجارية والفنية. وهذا يعني أن كل لجنة تقدم خدمة مستقلة وتملك حق اتخاذ القرارات بهدف حل المشاكل المعقدة كل حسب اختصاصه. أن اللجان ذات الأغراض المختلفة تلعب دوراً هاماً في تقوية الانجاز الفردي وزيادة الدقة في التحكيم وهي أدوات تقدم حلولاً مثالية للمشاكل الإدارية المختلفة. وفي ضوء ما تقدم يمكن القول أن اللجان المتخصصة لها تأثير كبير في تقوية الاتصالات بين الأقسام المختلفة للمنشأة، ووفقاً لمقاييس وتعدد نشاطاتها وحريتها النسبية في رسم وصنع القرارات الإدارية الهامة، فإن دورها في التأثير على عوامل نجاح المنشأة لا يمكن تجاهله. فيما يلي بعض المقترحات لتمكين اللجان من أن تلعب دوراً أكبر في تلبية حاجات المنشأة.

1. المناخ الملائم الذي يوفر لكل عضو في اللجنة قدر معقول من الحرية والقدرة على الإفصاح عن مطالبه وحاجاته ورغباته، أن العضو الحائز على القدرات الملائمة له يفسح المجال أمامه لكي يقوم بأعباء، صلاحياته ومسؤولياته لتحقيق حاجات منشأته أو مطالب قسمه بكفاءة وفاعلية.

2. يجب أن يكون كل عضو في اللجنة أهلاً لمسؤوليتها كفئاً لصلاحياتها ولتحقيق ذلك يقتضى اختبار كل عضو بصورة دقيقة لمعرفة مدى صلاحيته العلمية والعملية للجنة، وفي ضوء ذلك يتم اختيار الأكفأ من الموظفين والأقدر على تحمل مسؤولية اللجنة.

3. يستلزم وضع برامج محددة لاجتماعات كل لجنة بهدف مساعدة الأعضاء للقيام بتخطيط أوقاتهم المتاحة ولغرض خفض نسبة الغيابات.

4. من الضروري أعطاء أهمية كبيرة للتوصيات والمقترحات التي تقدمها اللجنة إلى الإدارة العليا ووضعها موضوع التنفيذ، أن المسألة الجوهرية جداً في هذا الشأن هي أن رفض تنفيذ بعض التوصيات دون أسباب مقنعة أو صرف النظر عن المقترحات الإيجابية سيضفى على اللجان غطاء من الجمود والنمطية الخانقة وتكون المنشأة وأهدافها هي المتضررة من ذلك.

كيفية تطوير نظام الاتصالات في المنشأة

أن الزيادة المستمرة في حجم المنشآت وبصورة خاصة في حجم أقسامها الإنتاجية كانت سبباً مباشراً في التفكير بطرق أو وسائل لتطوير نظم الاتصالات فيما بينها وكذلك فيما بينها وبين المنشآت المختلفة. وهنا يظهر أهمية دور محللي ومصممي الأنظمة في معالجة مشاكل نظم الاتصالات الحالية في المنشأة تحذف يتطلب التطوير الإجابة على الأسئلة التالية:

- هل توجد مشاكل أو صعوبات كبيرة في نقل المعلومات بين الأقسام المختلفة للمنشأة؟ بين المنشأة ومصانعها المختلفة؟ وبين المنشأة والمنشآت الأخرى؟

- هـل تسـتعمل المنشـأة الـتلكس(Telex transmission Systems) أو الانترنـت في اتصالاتها بالعالم الخارجي؟

- حدد الوسائل الفنية اللازمة لتطوير نظم الاتصالات في المنشأة؟

- حدد التغييرات المتوقعة في نظم الاتصالات عند استعمال الحاسب الإلكتروني؟

- هل يوجد لجان متخصصة في المنشأة؟ ما هـي صلاحيات هـذه اللجان في اتخاذ القرارات المهمة؟ ما هو رأيك بكفاءة هذه اللجان؟

- ما هي مقترحات لجعل اللجان الحالية مفيدة للمنشأة؟

مؤتمرات الزمن الحقيقي (الفورية) Real- Time Conferencing

لقد صيغ مصطلح مؤتمرات الزمن الحقيقي في أعقاب التطورات التي حصلت في عالم تكنولوجيا المعلومات وأنظمة الاتصالات. ويمكننا تحديد هذا المصطلح بالمؤتمرات التي تستخدم فيها خدمات البريد الإلكتروني والدعم الصوتي والفاكس الرقمية السمعية والمرئية والشاشات التي تعمل بـاللمس والتحكم الإلكتروني بهدف تسهيل الاتصال والتواصل مع المشاركين بغض النظر عن بعد الأماكن الذي يعملـون فيهـا عن المكان المركزي لعقد هذه المؤتمرات.

إذن يجب أن تحدث هذه المؤتمرات نقله نوعية تتضمن زيادة الاعتماد على إنجازات وتطبيقات التكنولوجيا الحديثة بحيث تضمن وتحقق:

- زيادة الكفاءة الإنتاجية للأجهزة الخادمة السمعية والفديوية وأجهزة الاتصالات اللاسلكية.

- تشـغيل وصيانة الأجهـزة الخادمـة عاليـة الأداء مثـل البريد الإلكتروني وشبكات وبرمجيات الحاسب الإلكتروني.

- المحافظة على شبكات الانترنيت والانطلاق إلى تطويرها وتحديثها.

ويمكن للأجهزة الخادمة أن تساعد المشاركين في المؤتمرات على العمل معاً بشكل وثيق سواءً كانوا في موقع المؤتمرات أو خارجه، أو كانوا في مصانع متباعدة أم مشاركين في منشآت أجنبية.

ويعد البريد الإلكتروني من أكثر الأمثلة وضوحاً لتطبيقات التكنولوجيا الحديثة. ويجدر بنا التنبيه بأن هذا النوع من المؤتمرات يعتمد كثيراً على حركة البريد الإلكتروني بصورة أكبر كثيراً من المكالمات الهاتفية والرسائل الصوتية المسجلة.

وتحديداً يمكننا التمييز هنا بصفتين رئيسيين للمؤتمرات الفورية.

1. مؤتمرات البيانات (Data conferencing).

2. مؤتمرات سمعية وفديوية (Audio and Video conferencing). لاحظ الشكل (7-1)

مؤتمرات البيانات Data conferencing

تعني المحيط الحيوي الذي يربط الأفراد المشاركين في هذه المؤتمرات بعضهم بالبعض الآخر بغض النظر عن بعد موقع الاجتماعات وذلك عن طريق استخدام الألواح البيضاء الإلكترونية (Electronic whitebards) وأسلوب الحوار الإلكتروني (Chatting).

مؤتمرات البيانات ★الالواح البيضاءالالكترونية ★اسلوب الحوار الالكتروني ★التعليقات الصوتية	**ادوات** ★كاميرات ويب ★سلايدات ★ملفات المؤتمرات
مؤتمرات فورية ★مؤتمرات سمعية ★مؤتمرات فيديوية ★مؤتمرات سلكية ولا سلكية	**خدمات** ★بريد صوتي ★بريد الكتروني ★فاكس ★شاشات

★الانترنت
★الانترانت
★اكسترانت
★شبكات أخرى

شكل (7-1) يوضح أهم الأساليب الحديثة المستخدمة في الاتصالات

وهذه المؤتمرات يمكن تجسيدها في مزايا عديدة والتي منها ما يمكن إيجازه بالنقاط الآتية:

- تسهيل عملية المشاركة بين الأفراد بصورة تفاعلية وتضامنية ليس فقط الأفراد العاملين في المكان المركزي لعقد المؤتمرات بل أيضاً الأفراد العاملين في أماكن بعيدة. ومعنى ذلك أن المؤتمر يتيح لكل مشارك قريباً أو بعيداً عن الموقع إمكانية الحوار والمناقشة والمشاركة المباشرة في المؤتمر, إذ صار بإمكان جميع المشاركين الوصول إلى بيانات المؤتمر بمجرد الارتباط بشبكة الانترنيت.

- يوفر استخدام الألواح البيضاء الإلكترونية (Whiteboard) إمكانية مناقشة فقرات المؤتمر بسرعة وبتكاليف قليلة فمثلاً أن الألواح البيضاء الإلكترونية تقدم خدمات فورية للمشاركين هي تؤمن اتصالاً مباشراً في كافة أنحاء العالم.

172

وبالإمكان مناقشة الرسوم والمخططات البيانية Diagram والوثائق Documents من خلالها. هذا بالإضافة إلى أنها تتيح لجميع المشاركين كتابة ملاحظات المؤتمر وتدقيق الاقتراحات والاستفسارات ونقل الكلمات أو الصورة الوصفية Written image إلى المشاركين بغض النظر عن مواقع عملهم الفعلية.

- يوفر استخدام أنواع البرمجيات المتوفرة للمؤتمر والتي تبدأ من أبسط أنواع البرمجيات مثل برامج البريد الإلكتروني حتى قواعد البيانات المتطورة التي تتمكن من تتبع المناقشات والحوارات اليومية ونقل تلك المعلومات لأي حاسوب محمول يرتبط بالشبكة لاسلكياً موجود في أي مكان يعمل فيه الأفراد الذين يشتركون في المؤتمر.

- يمتاز هذا النوع من المؤتمرات بموثوقيتها والتكلفة الزهيدة للأجهزة الخادمة المستخدمة في الاتصالات وكما تمتاز بسهولة نصب وصيانة هذه الأجهزة عالية الأداء.

- أن استخدام البرمجيات جنباً إلى جنب مع الألواح البيضاء الإلكترونية يزود المشاركين بمرونة كبيرة وفرص اختيار متعددة لنشر العروض التقديمية (Presentation). أما أن كان المشارك يرغب في استخدام الألواح البيضاء الإلكترونية في العروض التقديمية عن طريق السلايدات فإنه يحتاج إلى الاستفادة من خدمات الحاسبة.

- يوفر التكامل بين البرمجيات والألواح البيضاء الإلكترونية (Whiteboards) للمشاركين إمكانية إنجاز أعمال مهمة كالتدقيق (Editing) والاستنتاج والطبع وواجبات أخرى مشابهة كقراءة البيانات التي تصدر من المؤتمر وأجراء الحوارات عن بعد.

المؤتمرات السمعية والفديوية (Audio and Video conferences)

تعتبر هذه المؤتمرات واحدة من أهم الأساليب المستخدمة في الاتصالات بين الأفراد في مواقع مختلفة من العالم، حيث تتميز بالمقدرة على تسهيل عملية الارتباط الوثيق بين المشاركين في المؤتمرات من جميع أنحاء العالم عن طريق استخدام أحدث التقنيات في مجال الأجهزة (Hardware) والبرمجيات (Software). إذ يستطيع المشاركين العاملين في أماكن بعيدة عن مكان المؤتمر التواصل مع بعضهم عن طريق الأجهزة السمعية والفديوية تخبرهم مما يدور في المؤتمر وتمكنهم من أجراء معظم الحوارات عبر هذه الوسائل والتحدث والتفاعل مع بعض بغض النظر عن بعد المكان المركزي لعقد المؤتمرات.

كما يستطيع المشاركين المرتبطين بالشبكة الوصول إلى أحدث البيانات الحقيقية من خلال طلب اتصال سريع مع المواقع البعيدة بحيث تتوفر لديهم أحدث المعلومات.

يلاحظ مما تقدم أن المؤتمرات السمعية والفديوية تتسم بعدة خصائص أهمها:

1. أنها تتمتع بنظام ممتاز لتطوير التعاون والتفاعل الحي بين المشاركين فقد تعاظمت أهمية الأجهزة الخادمة لعمليات تبادل المعلومات ولطرق الاتصالات والارتباط المباشر بين الأفراد بشكل يؤدي إلى تقليل الارتباك والتذمر (Confusion and Frustration).

2. تتيح هذه المؤتمرات الفرصة للأفراد عن طريق استخدام وسائل سمعية وفديوية النفاذ إلى فصول المؤتمر عن طريق مواقع الانترنيت التي تبث الفيديو والصوت. تستطيع شبكة الانترنيت اليوم تزويد المشاركين في المؤتمرات بكافة ما يحتاجون إليه من معلومات كما تتيح لهم النفاذ عبر البريد الإلكتروني إلى مؤتمرات النقاش المتواجدة في جميع أنحاء العالم وهذا يعني أن شبكات الكومبيوتر والبرمجيات السمعية والصوتية تساعد على تسهيل عمليات إنشاء وعرض الحوارات ومشاركة النقاشات مع الآخرين.

3. أن أهم فوائد المؤتمرات الفيديوية هي نقل بيانات المؤتمر إلى المشاركين في أماكن مختلفة ومهـما كانت المسافة بينهما.

وحالياً تعتبر شبكات الكومبيوتر والبرمجيات السـمعية والصـوتية (Audio/ Video Software) أفضل الوسائط المتعددة المتوفرة للأشخاص عن بعد الذين يرغبون في الحصول على المعلومات عن طريق المشاركة والتواصل مـع الأفـراد الموجودين في موقع المـؤتمرات. مـما تقـدم يتبـين بـأن الشبكات والبرمجيات تتيح لمستخدميها مرونة كبيرة في زمان ومكان انعقاد المؤتمرات. إذ يمكن للمشارك عـن بعد أن يحصل من خلال مؤتمرات النقاش والمحاضرات عـلى إجابات آنيـة لتسـاؤلاته وذلك لأنـه يستطيع أن يرى ويستمع للأمور المهمة التي تناقش في موقع المؤتمرات.

4. تعتبر معمارية الشبكات التقليديـة (Typical network architecture) كـما موضح في الشـكل (7-2) أسـهل وأسرع طريقـة للإتصـال والتواصـل مـع المشـاركين في المـؤتمرات السـمعية والفيديويـة عـبر الخطوط التـي تـربط أجهـزة الحاسبات الإلكترونيـة بالإنترنيـت (Integrated services digital network) وعن طريق استعمال الشبكات الواسـعة النطاق (Wide Area Network) بالصـوت والصورة.

تعتبر هذه الشبكات أهم رابطة بين المشاركين عن بعد وبـين مكان انعقـاد المـؤتمر الـذي يشـكل المصـدر الأساسي للمعلومات وذلك لأنها تتيح ارتباطية فورية مع جميع المشاركين في هذه المؤتمرات.

نظم الاجتماعات الإلكترونية Electronic Meeting Systems

يمكننا القول بأنه باستخدام هذه النظم أصبح بوسـع الشبكات الحصول عـلى مجموعـة مـن الخدمات المهمة بسرعة ومرونة فائقتين بفضل توفر وسائل الاتصالات اللاسلكية التي تعمل بتقنيـة عاليـة. ويمكن لخدمات الاتصالات اللاسلكية أن توفر وصولاً فورياً للمشاركين إلى غـرف الاجتماعـات ممـا يحقـق سهولة في انسياب المعلومات وتوفير في الوقت وبسرعة في إنجاز العمل.

وسنقتصي هنا الفوائد الأساسية للاجتماعات الإلكترونية:

1. **المشاركة الكاملة:** أن هذه الاجتماعات توفر للمشاركين ارتباطات فورية وثيقة وذلك لأنها تساعدهم في الاتصال عبر الانترنيت ومن أي موقع. إذ يستطيع كل مشارك القيام بحوارات ومناقشات من مواقع مختلفة فلا عناء سفر ولا طول انتظار.

2. **اقتصاد في التكاليف:** أن تكلفة استخدام التقنيات اللاسلكية تبقى أقل كثيراً من تكلفة الاتصالات الهاتفية التقليدية. تعطي التقنيات اللاسلكية القدرة للأفراد المشاركة في الاجتماعات الإلكترونية وتبادل الأفكار عن بعد وبتكاليف زهيدة.

3. **دقة المعلومات المتوفرة:** تمتاز مناقشات وحوارات المشاركين بالمصداقية والموثوقية طالما أنه يتم مراجعة وتدقيق ودراسة جميع البيانات والتعليقات المخزونة في وثائق المؤتمر. وتعتبر حزم برامجيات معاجلة الكلمات (Word processing package) في مايكروسوفت (Microsoft) أداة مفيدة لمراجعة الوثائق إلكترونياً. أن جميع الحلول والنتائج التي توضع بعناية من قبل اللجنة المنسقة وكذلك جميع الاتصالات الهاتفية والفاكس والنصوص المرسلة عبر البريد الإلكتروني إلى موقع الاجتماعات يخضع للمراقبة والدراسة بشكل منهجي مطرد.

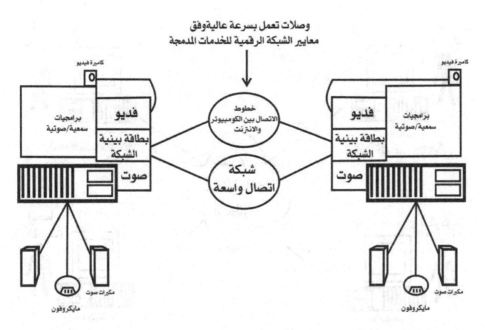

وصلات تعمل بسرعة عاليةوفق
معايير الشبكة الرقمية للخدمات المدمجة
كاميرة فيديو
برامجيات
سمعية/صوتية
فديو
بطاقة بينية
الشبكة
صوت
خطوط
الاتصال بين الكومبيوتر
والانترنت
شبكة
اتصال واسعة
كاميرة فيديو
برامجيات
سمعية/صوتية
فديو
بطاقة بينية
الشبكة
صوت
مكبرات صوت
مايكروفون
مكبرات صوت
مايكروفون

شكل (7-2) يوضح التركيب الهيكلي لمؤتمر سمعي/ صوتي تقليدي

4. **حسن التنظيم:** أن التخطيط المسبق والتحكم في طرق عرض البيانات أدوات مفيدة في متابعة وتنسيق وتنظيم أعمال المؤتمر. يمكن للمنشآت أن تحقق هذا الهدف بالإستعانة بمنسق مدرب لكي يتولى القيام بهذه الواجبات إذ يمكنه أن يدير وينسق ويراقب جميع إجراءات العمل.

5. **سرعة تسجيل النتائج:** تكمن قوة الاجتماعات الإلكترونية بقدرتها على زيادة سرعة تسجيل جميع فقرات العمل والبيانات المتعلقة بالمناقشات والحوارات. يتمكن المشاركين العاملين في أماكن بعيدة من الإطلاع والتعرف إلى النتائج الموضوعية وإلى تقييمات الأداء التي تقدمها اللجنة المنسقة وذلك لتوفير اتصال سريع بانترنيت المنشآت في جميع أرجاء العالم. (لاحظ الشكل (7-3)).

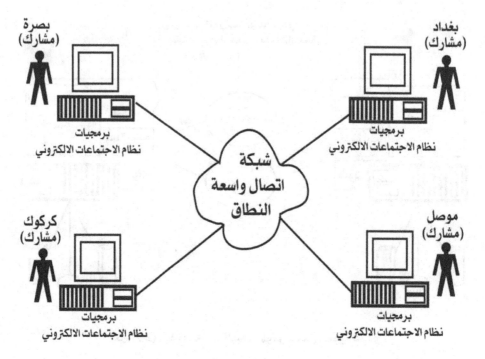

شكل (7-3) يوضح نظام الاجتماعات الإلكتروني

تمثل ثورة المعلومات وما تفعله تكنولوجيا الاتصال من تدفق هائل للمعلومات الحل في العديد من مفاصل وجوانب المؤتمرات الفورية الذي يعتمد بالدرجة الأساس على سرعة العمل ودقة الإنجاز. لذا يتطلب الأمر السعي الدائب لأحداث التغيرات الضرورية واللازمة بشأن استخدام أنظمة وبرامج الحاسوب وشبكات الانترنيت في مختلف أعمال هذه المؤتمرات. ومن أجل زيادة فاعلية عمل المؤتمرات في منشأتنا الصناعية. يوصي الكتاب والمعنيون بشؤون الاتصالات ما يلي:

1. استخدام المنشأة الصناعية برامج(Microsoft Net Meeting) لكي تضع الموظفين وجهاً لوجه مع الزبائن عن طريق استخدام كاميرا ويب تكون مرتبطة بالحاسوب.

178

2. أن تستخدم المنشأة الصناعية خدمات المؤتمرات التي تتضمن مشاركة التطبيقات والتصفح المشترك لشبكة ويب والدردشة النصية والألواح البيضاء (White board) والتعليقات الصوتية.

3. أن تستخدم المنشأة كاميرات ويب المرتبطة بالحاسوب في قاعة المؤتمرات بحيث ستمكن لمن يستخدم انترنيت أن يصل إلى قاعة المؤتمرات عبر عنوان انترنيت الخاص بها ويتابع أعمال المؤتمر عن بعد. كما يقتضي أن تستخدم المنشأة نظم هاتفية خلوية محمولة لكي تؤمن تسهيلات عمل هذه المؤتمرات.

4. أن تقوم المنشأة بخزن ملفات المؤتمرات من أجل إعادة تشغيله ومراجعته فيما بعد وأن تقوم أيضاً بخزن جميع السلايدات ونصوص الدردشة والتعليقات الصوتية.

الفصل الخامس

نظام التقارير

أهداف الفصل:

بعد دراسة هذا الفصل يجب أن تكون قادراً على معرفة:

1. المقصود بمفهوم التقارير الإدارية.

2. الفوائد التي تحققها التقارير الاستثنائية.

3. استخدامات أجهزة عرض المعلومات الحديثة.

4. كيف يمكن تطوير نظام التقارير في المنشأة.

نظام التقارير (Reporting System)

مقدمة

أن شكل التقارير والتفاصيل التي تحتويها تتباين مع بعضها حسب احتياجات المستويات المختلفة لصانعي القرارات الإدارية. وهذا يعني أن شكل التقارير Format يجب أن يعتمد على احتياجات القائد الإداري في المنشأة. وعلى هذا الأساس يمكن إدراك جملة من الحقائق التالية:

1.يستطيع المدراء الذين يستلمون تقارير تحتوي على معلومات إحصائية ملخصة صنع قرارات إدارية أفضل من هؤلاء الذين يستلمون نفس المعلومات بشكل آخر.

2. أن المدراء الذين يستلمون تقارير تظهر فيها المعلومات على شكل مخططات وخرائط ورسوم بيانية توضيحية قادرون على صنع قرارات إدارية أفضل من زملائهم الذين تصلهم المعلومات بشكل آخر.

تساعد الخرائط والرسوم البيانية صانعي القرارات على فهم العلاقات والمقارنات الإحصائية بصورة سريعة وهذا بدوره يمكنهم من اتخاذ قرارات آنية وصائبة.

أذن يمكننا القول أن الشكل التي تعرض فيها المعلومات في التقارير هي الأداة المباشرة والفاعلة لعمل المدير. هي قوته وضعفه، لذى نرى كثيراً من المدراء، بالرغم مما يحملونه من ثقافة ومهارات لا يستطيعون أن يكونوا متميزين بصناعة القرارات بسبب عدم ملائمة التقارير لاحتياجاتهم.

التقارير قوة هائلة يعتمد النجاح في الاستفادة منها على قدرة المصممين لمعرفة احتياجات المستويات المختلفة لصانعي القرارات في المنشأة وهذا يمكن أن يتحقق بالتعاون الفاعل بينهم وبين المستفيدين من المدراء، أذن أن الأمر يتطلب أن يتم إعداد التقارير وتحدد أشكالها ومحتوياتها على يد فريق متكامل، تنسق فيه الجهود بين

183

الفنيين والمتخصصين في مجال التصميم من جهة، وبين صانعي القرار الإداري والمدراء من جهة أخرى، بحيث يتم تصميم التقارير في المنشأة في ضوء احتياجات الإدارة بمختلف المستويات. أن السؤال الذي يطرح نفسه الآن هو لماذا نحتاج إلى استعمال مبدأ الإدارة بالاستثناء في التقارير التي ترفع للإدارة؟ هناك بلا شك أسباب كثيرة ومن أهمها في اعتقادنا هو أن تطبيق مبدأ الإدارة بالاستثناء.

التقارير الاستثنائية: تسعى الرقابة الإدارية باستخدام التقارير الاستثنائية

(Management Control by Exception) لتحقيق الفوائد التالية:

أ) أن المعلومات التي توفرها التقارير الاستثنائية تكون ملخصة بصورة تخفف العبء على كاهل الإدارة في قراءة التفاصيل غير الضرورية. أن التقارير الاستثنائية تضم المعلومات الأكثر أهمية فقط والتي تحتاج إلى الانتباه والدراسة السريعة ومعنى ذلك أن فائدة التقارير الاستثنائية ليست فقط باعتبارها أداة تسعف صانعي القرارات من العمل المضني المصروف في التفتيش عن المعلومات الملائمة التي توفر الكثير من جهدهم ووقتهم الثمين وإنما لأنها تلعب دوراً مهماً في تقليل كمية التفاصيل غير المهمة وبذلك يستطيع صانع القرار من التركيز على المشاكل المعقدة..

ب) أن توفير المعلومات على أساس مبدأ الاستثناء يسمح لصانعي القرار من تصحيح الانحرافات(Variances) غير المرغوب فيها بصورة سريعة وذلك لأن التقارير تبين الظروف الاستثنائية فقط.

تلقى الانحرافات الأضواء على الحالات التي تكون فيها النتائج الفعلية غير مطابقة للنتائج التقديرية. أنها تمثل الفروقات بين المعيار والفعلي لكل عنصر من عناصر الكلفة. تكون الانحرافات ملائمة إذا كانت النتائج الفعلية أفضل من النتائج المقدرة وتكون الانحرافات سالبة (لاحظ الشكل(8-1) إذا كانت النتائج الفعلية أسوأ من النتائج المقدرة.

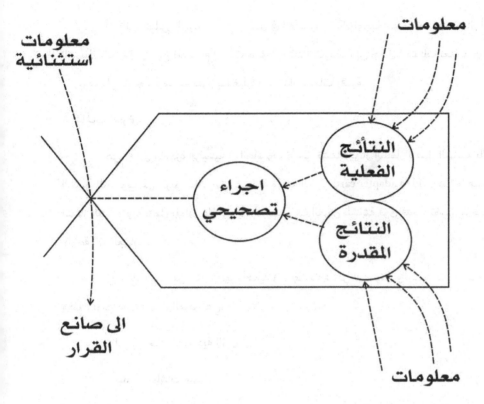

شكل(8-1) يوضح نموذج لعملية تصحيح الانحرافات

أجهزة عرض المعلومات الحديثة

تتكون أجهزة عرض المعلومات من المجموعات الآتية لاحظ الشكل (8-2) والشكل (8-3).

1. شاشات العرض.

2. الطابعات.

3. الراسمات (Plotters).

أن تأثير التطور السريع الذي حصل في الحاسوب وتكنولوجيا المعلومات وفي مجال أنظمة الشريط الإلكتروني وشيوع استخدام الصوت محل الأسلاك الكهربائية إلى جعل المنشآت تعتمد في عرض تقاريرها على برامج معلوماتية تقوم بتشغيلها باستخدام شبكات رقمية.

1. شاشات العرض.

هي إحدى الأجهزة الرئيسية في الحاسوب والتي تشبه جهاز التلفاز تتصل الشاشة بالجهاز الرئيسي للحاسوب عن طريق سلك متصل ببطاقة موائمة الغرض video adapter card وهذا ما يميزها عن التلفاز الذي بدوره يتصل بهوائي خارجي. يتم تثبيت كارت العرض للشاشة فوق فتحة توسع موجودة في اللوحة الأم للجهاز.

تعتبر الشاشات من أكثر الأجهزة أهمية في مجالات عرض النصوص والرسومات للمستخدمين، وهناك نوعين من شاشات العرض هي:

أ.   شاشات أحادية اللون.

ب.   شاشات ملونة.

تتميز شاشات العرض بشدة التحمل والسهولة في التركيب والاستخدام.

الطابعات (Printers):

تستخدم في عرض مخرجات الحاسب الآلي على ورق يمكن قراءته، وتجدر الإشارة إلى أن الطابعة ليست بنفس أهمية الشاشة لمستخدم الحاسب الآلي، كما أن الورق هو الأداة الأساسية للطباعة سواء كان ذلك الورق في صورة أحادية اللون أو متعددة الألوان.

تتصل الطابعة بجهاز الحاسب الآلي بنفس أسلوب الاتصال لباقي المكونات مثل الشاشة والسكانر. وذلك عن طريق سلك يربط الطابعة بكارت يتصل باللوحة الأم الذي يتصل بدوره بوحدة المعالجة المركزية وهناك عدة أنواع من الطابعات نذكر منها:

1. الطوابع النقطية أو الإبرية(Dot matrix Printers).

2. الطابعات التي تعمل بأشعة الليزر(Laser printers).

3. الطابعات نفاثة الحبر(Ink jet printes).

وقد تم تطوير أجهزة عديدة وأنواع مختلفة من الطابعات في السنوات القليلة الماضية ولعل أبرز هذه الأجهزة هي طابعات بيكسما التي أنتجتها شركة كانون والتي استطاعت خلال فترة قياسية لا تزيد عن عامين إثبات إمكانياته العالمية والتأكيد على قدراته الفنية والتقنية المتميزة. الطابعتان هما أي أكس 5000 وأي اكس 4000 وكلاهما يتميزان بدقة الصورة وسرعة الطباعة، حيث تتم الطباعة بدقة 1200× 4800 دي بي أي تقوم الطابعة بطبع الصورة 10× 15 سم بدون هوامش في زمن قدرته 51 ثانية، كما أنها تقوم بطبع 18 ورقة أبيض وأسود و14 ورقة ألوان في الدقيقة.

كما انتجت شركة كانون طابعة الصور المدمجة Selphy D5700 التي بالإمكان توصيلها مباشرة بجهاز التلفزيون وعرض الصور على الشاشة بوضوح ودقة عالية.

ولمشاهدة واختيار الصور المطلوبة يتم إدخال بطاقة الذاكرة الخاصة بالكاميرا في الطابعة واستخدام جهاز التحكم عن بعد كما يمكن باستخدام هذه الطابعة الحصول على صور مطبوعة بصورة مباشرة وفورية ومشابهة لتلك التي ينتجها مختبر الصور.

الطابعات الليزرية:

تتميز الطابعات الليزرية التي أنتجت من قبل شركة (ريكس روتاري) بما يلي:

- مصممة لكي تتحمل ضغوط العمل الشاقة- أن هذه الطابعات يمكن أن تعمل على مدار الساعة طوال أيام الأسبوع من دون توقف تصل دورة عملها الشهرية إلى (150000) صفحة في الشهر.

- مصممة لكي تلاءم مختلف بيئات العمل، وتتمثل في دعمها لعدد كبير من أنظمة التشغيل مثل ويندوز وماكنتوش ونوفل ويونكس صن.

- مصممة لكي تكون خياراً مالياً في الشركات متوسطة الحجم وذلك لأنها مرفقة بمجموعة ممتازة من البرامج المفيدة التي تقوم بوظائف مثل إدارة جميع المستندات على الحاسوب، وإرسال واستقبال رسائل الفاكس والمسح الرقمي للصور وتحويل المستندات إلى صور، وتحويل المستندات إلى ملفات.

- مصممة لكي تدعم الطباعة الملونة والطباعة وحيدة اللون وأخيراً يمكننا القول بأن الطابعات الليزرية هذه قادرة على تقديم أداء ممتاز في بيئات العمل الشاقة كما وأنها سهلة التثبيت والإعداد.

الراسمات:

اعتادت الغالبية من المستخدمين كالمهندسين ورجال الأعمال على استخدام راسمات القلم(pen plotter) بهدف إظهار الخرائط والصور والمخططات البيانية لاستخدامها بأشغالهم الإنتاجية العلمية المختلفة فإذا أراد المستخدم الحصول على صورة بيانية على سبيل المثال فإنه يلجأ إلى استخدام الراسمات التي تقوم بدورها بإظهار الصورة المطلوبة عن طريق حركة الأقلام على سطح الورقة.

	الجيل الأول	**الجيل الثاني**	**الجيل الثالث**	**الجيل الرابع**	**الجيل الخامس**
أجهزة الإخراج	الاستمارات المثقبة تقارير مطبوعة ووثائق	الاستمارات المثقبة تقارير مطبوعة ووثائق	شاشات عرض فديوية شاشات العرض الفديوية	شاشات عرض فديوية Audio Responses شاشات العرض الفديوية	شاشات عرض فديوية Video Responses Hyperlinked Multimedia وثائق

الشكل (8-2)

أجهزة طرفية	الوسائط	وظائف رئيسية	ملاحظات
شاشات عرض الفديوية Video Display Termnals	لا يوجد	- مدخلات لوحة المفاتيح - مخرجات فديوية	- تقليدية رخيصة الثمن وقدرة عرض محدودة ولا يوجد نسخ مطبوعة.
طابعات Printers	ورق	- تقارير ورقية مطبوعة -ووثائق	- نسخ مطبوعة، الطابعات بطيئة نسبياً.
أجهزة التأشير Pointing devices	لا يوجد	إدخال عن طريق الفأرة وكرة المسار وعصا التأشير واللمس	- تمتاز أجهزة الإدخال بالسهولة وأنها ليست غالية الثمن ولكن استخدامها محدود.
أجهزة الإدخال (الإخراج الصوتي voice input output devices)	لا يوجد	- إدخال وإخراج صوتي.	- سهلة وبطيئة وتواجه مشاكل في دقة العمل بالرغم من أنها تستخدم بشكل واسع.
ماسحات ضوئية optical scanners	وثائق ورقية	- إدخال مباشر من الوثائق المكتوبة والمطبوعة.	- إدخال مباشر من الوثائق المكتوبة أو المطبوعة.
قارئات الرموز الممغنطة	وثائق ورقية للرموز الممغنطة	- إدخال مباشر لوثائق الرموز الممغنطة	- قراءة سريعة وموثوقة.

الشكل (3-8)

كيفية تطوير نظام التقارير في المنشأة

إذا أريد للمعلومات أن تكون ذات قيمة ونافعة يجب أن تكون التقارير التي تحوي هذه المعلومات واضحة ودقيقة وتصل إلى الإدارة في الوقت المناسب، أن الاختصاصيين المعنيين بشؤون المعلومات بمقدورهم أن يسهموا بخبراتهم ومهاراتهم لتقييم نظام التقارير الحالي في المنشأة بهدف تحسين التقارير الصادرة من ناحية المحتويات ووقت التقديم وكيفية التداول. لذلك يجب على اختصاصي المعلومات فحص نظام التقارير الحالي من الجوانب التالية:

* هل أن التقارير الحالية مصممة بشكل ملائم لاحتياجات رؤوساء الأقسام في المنشأة؟

* هل أن مضمون وتفاصيل التقارير الحالية مناسبة لاحتياجات المستويات الإدارية؟

* هل أن وقت تقديم التقارير مناسب لاحتياجات الإدارة؟ ما هي الأوقات المناسبة لتقديم التقارير؟

* هل تعتمد الإدارة على التقارير التي تستلمها في اتخاذ القرارات المهمة؟

* هل أن المعلومات التي تحتويها التقارير دقيقة؟

* هل أن القسم الكبير من المعلومات التي يحتاجها القادة الإداريين لصنع قراراتهم المهمة لا توجد في التقارير؟

* ما هي المعلومات التي يحتاجها القادة الإداريين لصنع قراراتهم المهمة ولا توجد في التقارير؟

* هل أن التقارير الواردة إلى صانعي القرارات تحتوي على مخططات ورسوم بيانية وجداول إحصائية؟

* هل أن التقارير الواردة إلى صانعي القرارات تحتوي على نسب مالية؟

أن معرفة اختصاصي المعلومات ومصممي الأنظمة لهذه الحقائق سوف ييسر الكثير مـن الجهـد والخطط التي تخدم القادة الإداريين وتسهم في إيصال التقارير الصادرة بـأسرع مـا يمكـن وعلـى المسـتوى المطلوب.

أنه بدون شك يوجد العديد من التقارير الصادرة في المنشأة التـي لا تفيـد القـادة الإداريـين ولا يعتمد عليها في اتخاذ القرارات وذلك لا لتقصير في جهد مصممي الأنظمـة ونشـاطها وإنمـا لقصرـ في وعـي الإدارة بمختلف مستوياتها. لذلك يقتضي على المدراء مسـاندة مصممي الأنظمـة ومشـاركتهم في مسـؤولية تطوير التقارير الحالي عن طريق التعاون والرعاية والتوجيه.

أسئلة لتقييم فاعلية نظام التقارير

تستطيع المنشأة التي تتوفر لها الإجابات على مثل الأسئلة التالية تقييم فاعلية وكفاءة النظام الحالي للتقارير.

- هل تفتقر منشأتك للعناصر المؤهلة والكوادر البشرية المتخصصة والمدربة ذات طاقة تقنية عالية في أعداد وتنظيم التقارير وهل تحتاج نتيجة لذلك لمزيد من الموظفين للقيام بهذه المهمة.

- هل تستخدم المنشأة مجموعة من البرامج المتطورة التي تستفيد من الدعم الرسومي في ويندوز في إعداد تقارير مختلفة تتضمن رسومات بيانية عمودية وقرصية ثلاثية الأبعاد تضفي مظهراً متطوراً على هذه التقارير.

- هل تستخدم المنشأة مجموعة من البرامج مثل(Web Inspector) القادرة على إعداد التقارير التي يمكن تفصيلها حسب الطلب من الأقسام أو الشعب الإنتاجية أو المستخدمين والتحكم في طريقة عرض البيانات فيها.

- هل تستخدم المنشأة برامج متطورة تتيح لها أعداد مجموعة من التقارير التحليلية المنظمة والتي يستطيع المركز الرئيسي للمنشأة بعرضها على الخط مباشرة   (On- Line Presentation) حتى يتسنى لكل موظف ضمن الشبكة مشاهدته من أجهزة الحاسوب المنتشرة في الأقسام والمصانع المتعددة للمنشأة.لاحظ الشكل(8-5).

- هل تستخدم المنشأة مجموعة برامج أوفيس أكس بي OFFICE XP التي تزودها بتقارير وإحصاءات تتعلق بالمخزون والإنتاج والعرض وتحليل عمليات الشحن.

- هل تستخدم المنشأة مجموعة برامج مثل أكسل 2000 تتيح لها إنشاء المخططات والجداول المحورية Pivot Tables ولعرض الجداول الممتدة الديناميكية.

- هل تستخدم المنشأة برامج مثل أكسس 2000 الذي يمكن المستخدمين من إرسال مكونات قواعد البيانات كالجداول والتقارير إلى صفحات ويب التي تقدم دوماً أحدث البيانات.

- هل تستخدم منشأتكم البرامج التجارية التي تتمتع بالحماية والموثوقية مثل:

- حزمة برامج اقتصادية Economy Package.

- حزمة برامج تجارية Business Package.

- حزمة برامج مشتركة Corporate Package.

وتستخدم هذه البرامج لتزويد الإدارة بمختلف أنواع التقارير والإحصاءات وتتضمن مجموعة واسعة من الخيارات حيث يمكن تفصيل التقارير حسب الطلب بخيار الاستعلام عن المستخدمين أو الأقسام أو الفئات.

- هل تخطط منشأتكم لاستئجار برامج تطبيقات المالية والمحاسبية والمشتريات والإنتاج والمخزون المرتكزة بشبكة الإنترنيت والتي تستخدم لتزويد الإدارة بمختلف أنواع التقارير والإحصاءات والاستفادة منها دون الحاجة إلى تكبد تكلفة الصيانة المستمرة وتدريب الموظفين لاحظ شكل (4-8).

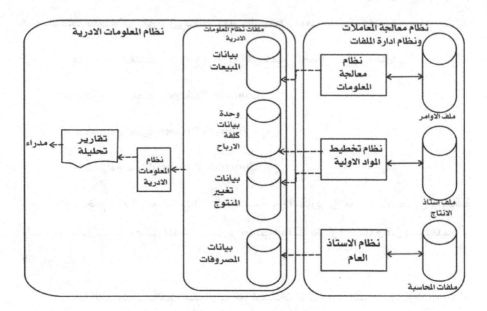

الشكل (8-4) يوضح كيفية حصول نظم المعلومات الإدارية على بيانات من نظام معالجة

المعاملات تتيح لها أعداد مجموعة من التقارير التحليلية المنظمة.

الباب الثالث

تكنولوجيا المعلومات وشبكات الاتصالات

الفصل التاسع: الأنترنت والانترانت والإكسترانت

الفصل العاشر: الشبكات

مقدمة

يتضمن هذا الباب توضيح بعض الجوانب المهمة المتعلقة بتكنولوجيا المعلومات وشبكات الاتصال بالشرح والتفصيل، حيث أن المؤلف في هذا الباب أنطلق من نقطة الشمولية والأتساع لهذا فإن التركيز سيكون على البنية التحتية لهذه الجوانب من جهة وعلى الاستعانة بالرسوم التوضيحية والمخططات البيانية من جهة ثانية.

ونظراً لأهمية معالجة هذه الجوانب في هذا الجزء من الكتاب على هذا المنوال فقد تم تقسيم الباب الثالث إلى فصلين منفصلين عن بعضهما، خصص الفصل التاسع لدراسة شبكة الاتصالات العالمية(الانترنت) والانترانت والاكسترانت.

وخصص الفصل العاشر لدراسة أنواع شبكات الاتصال من حيث التغطية الجغرافية ومن حيث الشكل.

يتناول الفصل التاسع عرضاً نظرياً وتطبيقياً لمجموعة من المفاهيم التي تتعلق بالإنترنت والانترانت والاكسترانت وذلك بغية رسم معالمها ورصد العلاقات والارتباطات بينهما من ناحية التطبيق العملي والاستخدامات.

أن هذه المفاهيم مترابطة ترابطاً وثيقاً ويؤثر الواحد منها على الآخر، وبالرغم من هذا الترابط الوثيق بين هذه المفاهيم فإنه من المفيد من حيث التمييز ومن حيث الغرض من الاستخدام، أن نحدد هذه المفاهيم وأن نفصل بينها، فمن خلال هذا التقسيم يمكننا إجراء تمييز أوضح لكل مفهوم وتحديد وتحليل أكثر دقة.

واستناداً إل ذلك فيتطرق الفصل التاسع لفوائد واستخدامات شبكة الانترنت ويستعرض هذا الفصل لمقومات نجاح تطبيق مشروع الانترنت ويتعرض أيضاً إلى المعوقات والصعوبات التي تواجه استخدام الشبكة العالمية.

وبعد هذا يتناول هذا الفصل لمفهوم وفوائد الانترنت كما ويحدد مفهوم الاكسترانت ويشير إلى العلاقة بين الشبكات الثلاث في التطبيق العملي وتحت عنوان الشبكات يتناول المؤلف في الفصل العاشر من هذا الباب أنواع شبكات الاتصال من

حيث التغطية الجغرافية ومبررات استخدامها، كما ويتطرق إلى تحديد أنواع الشبكات مـن حيـث الشـكل وتصنيفها إلى النجمية والدائرية والناقل مستعيناً بالرسـوم التوضيحية لـكي تكون الفائـدة للقـارئ كبـيرة وإيجابية.

إضافة إلى كل ما ورد فقد تضمن هـذا الفصـل مجموعـة مـن الأسـئلة التـي تهـدف إلى تطوير وتحسين فاعلية شبكات الاتصال في المنشآت الصناعية.

الفصل التاسع

الانترنت – الانترانت

الاكسترانت

أهداف الفصل:

بعد دراسة هذا الفصل يجب أن تكون قادراً على معرفة:

1. استخدامات وفوائد شبكة الإنترنت.

2. الخدمات الأساسية لشبكة الانترنت.

3. أهم الاستخدامات لشبكة الانترانت داخل المنشأة.

4. أهمية استخدام جدار النار.

5. فوائد استخدام شبكة الاكسترانت.

الانترنت (شبكة المعلومات الدولية)

مقدمة..

الانترنت (Internet) تعني العمود الفقري الـذي مـن شـأنه توصيل كافـة الشـبكات الخاصـة والحكومية والأكاديمية بعضها ببعض بهدف تسهيل مهمة المستخدمين في الحصول على المعلومات المطلوبة بأسرع وقت ممكن، ويمكن القول بأنها الشريان الحيوي والرئيسي- لـربط المنشـآت بعضها بـالبعض الآخر ولتحقيق التواصل فيما بينهم والتعاون بإنجاز المهام المشتركة (شكل (9-1)).

يعتمد (الانترنت) على وسائط نقل متعـددة بـدءاً مـن الحاسبات الإلكترونيـة ومـروراً بالكوابـل الهاتفية ثم وصولاً إلى الارتباط المباشر بالأقمار الصناعية. ولعل نجاح تطبيق مشروع الانترنت قد بلـور العديد من الفوائد ومنها:

1. أن استخدام شبكة الانترنت وتطوير خـدماتها في المنشـآت يتيـح لهـا الحصـول عـلى مجموعـة مـن الخدمات بسرعة ومرونة فـائقتين، إذ أن شبكة الأقمار الصناعية تـوفر اتصـال سريـع الانترنت للمنشآت في جميع أنحاء العالم.

2. يعتبر الانترنت حلقة ربط فوريـة بـين المنشـآت وبين الشركاء والمـوردين والزبائن باستخدام أجهزة الهاتف النقال والبريد الإلكتروني بحيـث تتيـح لهـم إنجاز سريـع للمعـاملات وسهولة كبيرة في انسياب المعلومات. لقد أصبح الانترنت أفضل مكان يمكن أن يلجئ إليه العـاملون في المنشـآت للحصول على حلول سريعة ودقيقة لمعالجة مختلف المشـاكل الماليـة والإنتاجيـة التـي يمكـن أن تواجههم.

3. يتيح للشركات القدرة عـلى الحفاظ عـلى اتصـالات وروابـط دائـمة مـع العمـلاء والشركاء والمـوردين والموظفين مما يسمح بالإطلاع الدائم والسريع على احتياجاتهم ومتطلباتهم.

4. يتيح للمنشآت إدارة الكميات الهائلة من البيانات المتعلقة بالعمل والعملاء مما يساعد تنظيم أعمالها وتسيرها بانسياب مستخدمة أفضل أساليب العمل.

5. لأن الشركات تحتاج إلى حلول جديرة بالثقة للمهمات الحساسة فإن الانترنت يتيح لها أعلى مستويات استمرارية العمل وقابلية التدرج والأداء والأمن.

6. تدعم الانترنت الكثير من أنشطة العمل في المنشآت بدءاً من إدارة المعلومات ووصولاً إلى تطبيقات تخطيط موارد المنشآت إذ يمكن للمنشآت الاستفادة من شبكة الانترنت لوضع خطط الأعمال والتسويق والإنتاج لجذب المستثمرين المناسبين والتمكن من تحقيق الأرباح. كما تساعد الشبكة على تقديم خدمات أفضل لعملائها وعلى البحث عن أسواق جديدة.

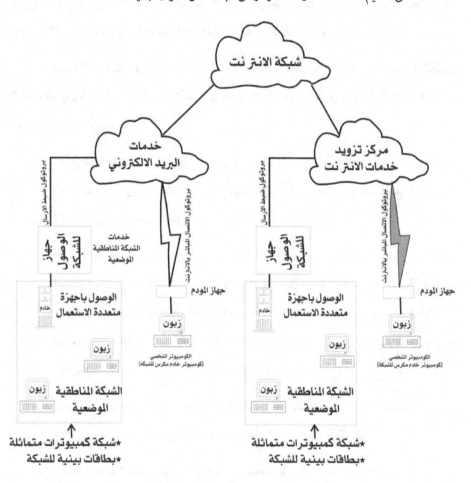

الشكل (9-1) يوضح هيكل البنية التحتية لشبكة الانترنت

يتضح من خلال الشكل (9-1) ما يلي:

* يتطلب نجاح تطبيق الاتصالات عبر الانترنت إنشاء وصيانة وتحسين الاتصالات متعددة الوسائط عبر الشبكات والأجهزة وجودة الخدمة التي تقدمها هذه الشبكات والأجهزة وبهذا الخصوص يتطلب الأمر إنشاء هيكل فعال للبنية التحتية بشبكة الانترنت لتحقيق هذا النجاح.

* ينطوي إنشاء هيكل البنية التحتية لشبكة الانترنت على قدر عال جداً من التعقيد ومن ثم فهو يحتاج إلى قدر عال من كفاءة الإدارة والمهندسين والاستشاريين والمتخصصين بعلم الحاسوب.

* لن يتحقق المستوى المطلوب من كفاءة الإدارة والاستشاريين والمهندسين إلا بتمكن المنشأة من التحكم في الخدمات التي تقدمها الشبكات المستخدمة من قبل هذه المنشأة وذلك بهدف تطويرها وتفعيل استمرار انتقال المعلومات.

* تعتمد نظرية عمل نظام الاتصالات هذا على وجود أجهزة مساعدة كما هو موضح بالشكل رقم (9-1) كجهاز المودم الذي يستخدمه في إرسال واستقبال البيانات عبر خطوط الهاتف وبطاقة الشبكة التي يستخدم في ربط كل محطة عمل مع محطة العمل الأخرى في الشبكة.

* تعتبر شبكة الانترنت مصدراً هائلاً من مصادر الخدمات المقدمة للمستخدمين وخاصة في مجال البريد الإلكتروني والانترنت حيث تحتوي الشبكة على العديد من المواقع التي تقدم الخدمات التالية:

أ) **خدمات البريد الإلكتروني:** يساعد هذا البرنامج الذي يتكون من عدة مكونات هي برنامج المراسلة البريدية والتقويم ودفتر العناوين على تنظيم المواعيد، ويتميز بالسرعة والمرونة والأمان ويمكن إضافة أي أدوات أخرى بسهولة. يساعد أيضاً على كتابة وتحديد الرسائل والتدقيق الإملائي وأسلوب المحادثة.

ب) خدمات الانترنت: يتيح الوصول إلى الملفات والطابعات من خلال البروتوكول المستخدم في هذه المنشأة يسعى هذا الموقع إلى تغطية المشاكل التي تعترض مستخدمي الحاسوب وشبكة الانترنت.

الخدمات المهمة لشبكة الانترنت

1. خدمات البريد الإلكتروني (e.mail).

2. الوصول إلى المعلومات (Access information).

3. التسلية (Find entertainment).

4. المحادثة والمشاركة في النقاشات (Participation in discussions).

5. التجارة الإلكترونية (e. commerce).

6. الخدمات الحكومية.

7. البرامج.

لاحظ الشكل (9-2)

وفيما يلي فتعرض لهذه الخدمات بإيجاز

1. خدمة البريد الإلكتروني (e.mail).

عبارة عن خدمة في الانترنت تقوم بنقل البريد من شبكة إلى أخرى وإيصاله إلى الجهة المطلوبة في مدة زمنية قصيرة جداً قد لا تتجاوز بضع دقائق. تتضمن هذه الخدمة نقل الملفات والبرامج المحوسبة والرسائل والصور والنصوص إلى الأشخاص الذين يطلبونها في جميع أنحاء العام.

تحتاج عناوين البريد الإلكتروني إلى دقة كبيرة في الكتابة خلال التعامل مع خدمة البريد وذلك بسبب حصول خطأ في كتابة بعض الأحرف في العنوان الإلكتروني.

يعتبر البريد الإلكتروني متعدد الأغراض وكثير الاستخدامات ويلبي مختلف احتياجات وتطلعات المستخدمين في إرسال الرسائل إلى المكان المطلوب في وقت قصير جداً. لاحظ الشكل (9-4).

وعلى وجه العموم فإن للبريد الإلكتروني في أذهان المستخدمين المزايا التالية:

- السرعة: يتم إيصال الرسالة إلى الملتقى في زمن لا يتجاوز دقائق قليلة جداً ومهما ابتعدت المسافة بين المرسل والمستلم.

- التكاليف: لا يوجد رسوم أو كلفة مقابل إرسال أو استلام الرسائل عن طريق استخدام البريد الإلكتروني.

- الوقت: لا يوجد وقت محدد لإرسال أو استلام الرسائل عن طريق البريد الإلكتروني.

لقد طرأت على خدمات البريد الإلكتروني تحسينات كبيرة خلال السنوات القليلة الماضية، ويمكننا تلخيص هذه التحسينات لاحقاً:

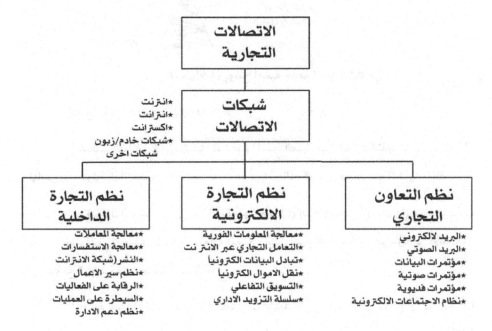

شكل (9-2) الخدمات المهمة التي تقدمها شبكة الانترنت وكذلك بعض التطبيقات التجارية للاتصالات عن بعد.

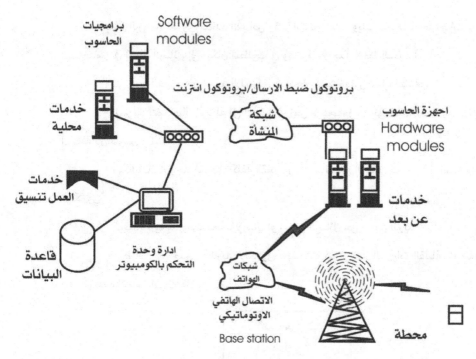

برامجيات الحاسوب — Software modules

بروتوكول ضبط الإرسال/بروتوكول انترنت

خدمات محلية

شبكة المنشأة

اجهزة الحاسوب — Hardware modules

خدمات العمل تنسيق

قاعدة البيانات

ادارة وحدة التحكم بالكومبيوتر

خدمات عن بعد

شبكات الهواتف

الاتصال الهاتفي الاوتوماتيكي

Base station

محطة

الشكل(9-3) يوضح أهمية خدمة البريد الإلكتروني

يتضح لنا من خلال الشكل(9-3) ما يلي:

* شبكات الهواتف الأوتوماتيكية: تستخدم المنشأة العديد من التطبيقات يومياً مثل الاتصال الهاتفي عبر بروتوكول انترنت والاتصال من ند إلى ند وبرامج التحكم عن بعد وبرامج التشارك بالملفات.

* بروتوكول الانترنت: يعتبر هذا البروتوكول جيداً في إدارة وضبط الإرسال وفي إدارة إيصالات متعددة مع مقدمي الخدمة. يقدم الخدمات الممتازة التي تتيح للمستخدم إجراء وتلقي الاتصالات الهاتفية مع الهواتف من مختلف أنحاء العالم.

* قاعدة البيانات تضم العديد من المعلومات المهمة التي يستطيع زائر الموقع أن يستعين بها وقتما يشاء فقاعدة البيانات تحتوي على عناوين ملايين المواقع على شبكة الانترنت التي تغطي كافة الموضوعات.

* خدمات تنسيق العمل: أن تنسيق عمل شبكة الانترنت تحت هيكل تنظيمي موحد يهدف لتعزيز القدرات التي تتمتع بها المنشأة ولتقديم حزم خدمات متكاملة ذات قيمة أفضل للمستخدمين.

يوفر هذا الموقع كمية كبيرة من المعلومات المرتبطة بتنسيق الأعمال ويساعد المستخدم على إيجاد الحلول البديلة من خلال عرضة لمجالات واسعة من الحلول والتطبيقات التجارية والخدمات المتطورة والمتخصصة.

* خدمات محلية وخدمات عن بعد: تعتبر هذه من المهام المهمة التي يستفيد منها مستخدمو الانترنت حيث يستفيد منها المستخدم عن طريق مساعدته في الوصول إلى عناوين المواقع. تحتوي على المعلومات التي يحتاجها بسرعة وسهولة. تستعين مراكز الخدمات ببرامج خاصة تكون وظيفتها متابعة ورصد كل التغييرات التي تحدث على مواقع الشبكات المسجلة في قواعد بيانات الموقع وتقوم أوتوماتيكيا بتحديث وتعديل الفهارس طبقاً لهذه المتغيرات.

التحسينات التي طرأت على خدمات البريد الإلكتروني.

- سهولة تحرير وكتابة الرسائل.

- التدقيق الإملائي.

- فحص الرسائل من الفيروسات(مسح الفيروسات ومكافحتها).

- فرز البريد التطفلي والخدمات الأمنية(ترشيح البريد التطفلي).

تعتبر خدمة البريد الإلكتروني جيميل(G- mail) الذي قدمته شركة جوجل من الخدمات المهمة الأكثر استخداماً وانتشاراً في عالم البريد الإلكتروني المجاني والسبب في ذلك يرجع إلى طرحه تقنية جديدة هي أسلوب المحادثة في الرسائل إلى جانب أقدامه في مضاعفة مساحة التخزين وتطوير إجراءات مكافحة الفيروسات ومكافحة البريد التطفلي.

البريد الإلكتروني الفوري (Push email)

منذ أن أطلقت موبايلكم خدمة البريد الإلكتروني الفوري ومعدلات استخدامها في ازدياد مستمر، وتتيح خدمة البريد الإلكتروني الفوري استعراض وإرسال البريد الإلكتروني المكتبي والملفات المرفقة من خلال الهاتف الخلوي دون الحاجة لوجود الشخص في المكتب أو حتى عند التجوال الدولي. إذ تعمل الخدمة على ربط البريد الإلكتروني بالجهاز الخلوي مباشرة من خلال تفعيل خدمة GPRS/EDGE وتتميز بتوفير أعلى السرعات لمرور المعلومات والبيانات بالإضافة لمرونتها التي تسمح للمستخدم من خلال هاتفه الخلوي أن يتحكم في بريده تحكماً كاملاً بكافة ملحقاته إلى الجهاز الخلوي. لاحظ الشكل (9-4).

أن خدمة البريد الفوري تعتبر من الخدمات الآمنة والتي يستطيع المشترك التعامل معها بمرونة، بالإضافة إلى كونها تلاءم معظم الأجهزة الخلوية المتوفرة حالياً في السوق.

جدران الحماية النارية Firewall

تستخدم جميع البلدان في العالم حالياً أحدث تقنيات أنظمة مكافحة البريد الإلكتروني التطفلي المتكاملة وآليات وبرامج الحاسوب التي تعمل كمرشح لمنع تسلل الرسائل الإلكترونية غير المرغوب بها إلى الحواسيب.

إذ يحتاج كل حاسوب متصل بالشبكة العنكبوتية إلى حماية المعلومات من الفيروسات الذكية والبرامج التطفلية.

وتعتبر جدران الحماية النارية firewall الدرع الأمني المهم الذي يحمي الحاسوب من محاولات الاختراق والسيطرة عن بعد.

لقد طوّرت شركات البرمجة المتخصصة بموضوعات الأمن والحماية العديد من البرامج المساعدة منها ما يتخذ كلمات السر طريقاً للحماية ومنها ما يلجأ إلى التشفير ومنها ما يجمع بينهما معاً. وتمتاز هذه البرامج والحلول وفعاليتها الكبيرة في

رصد ومنع الرسائل الإلكترونية غير المرغوب بها من خلال تبني حزمة متنوعة من التقنيات الجيدة وعلى الرغم من كثرة الخصائص وتنوع الوظائف والتأثيرات الفاعلة التي تزخر بها معظم البرامج والحلول المستخدمة في الوقت الحاضر إلا أن نظام سوزي لينكس بروفيشنال 93 Suse Linux Proffessional يمتاز بالآتي:

1. دعم أساليب التشفير القياسية.
2. حماية شاملة للشبكة من أي اختراقات خارجية.
3. مقاومة الفيروسات وحماية الحاسوب منها، يقوم البرنامج بفحص كل عمليات البيانات ويسمح بالبحث اليدوي لفحص كل ملف على حدة أو أقسام كاملة من القرص الصلب.
4. حماية فعالة ضد البريد العشوائي من التهديدات الإلكترونية والرقمية.

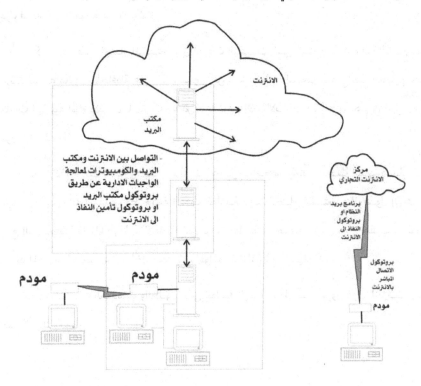

شكل(9-4) يوضح التواصل بين المدراء على اختلاف مستوياتهم في المنشآت باستخدام مكاتب البريد الإلكتروني

يتضح لنا من خلال الشكل (9-4) ما يلي:

* استخدام مكتب البريد وبالتواصل بين الانترنت والحواسيب تتمكن المنشأة من معالجة الواجبات الإدارية وتغطية احتياجات المستخدم الأساسية. للوصول بالتعامل لمعالجة الواجبات الإدارية إلى مقدار كبير من المرونة والسهولة والسرعة يتعين النجاح في تحقيق التواصل السلس بين الشبكات والأجهزة والخدمات عبر برتوكول مكتب البريد.

* باستخدام بروتوكول مكتب البريد أو بروتوكول تأمين النفاذ إلى الانترنت يمكن الاستفادة من برامجياته التي تحتاجها بيئات العمل التجارية والتصنيعية.

* يقوم المودم بجميع مهام تحويل الإشارة التناظرية إلى رقمية والعكس ويقوم جهاز المودم أيضاً بإجراء المحادثات الصوتية عبر الانترنت.

كما يوفر هذا الجهاز للمستخدمين أحدث التقنيات التي تسمح بإجراء المكالمات وتصفح الانترنت بسرعة عالية. والمحافظة على هذا المستوى من السرعة أثناء التشغيل يسمح هذا الجهاز باستقبال المكالمات الهاتفية أثناء الاتصال بالانترنت وعرض كافة أرقام الاتصالات الواردة كما يساهم في تسريع إرسال الصور الرقمية والملفات.

* مركز الانترنت التجاري: يعتبر هذا المركز من مواقع محركات البحث الشهيرة على شبكة الانترنت وما يميزه أنه لا يقدم فقط خدمة البحث العادية حيث يحتاج المستخدم للوصول إلى عناوين المواقع التي تحتوي على المعلومات التجارية التي يريدها بل يقدم خدمة أخرى هي تعقب المعلومات التجارية المطلوبة والبحث عنها داخل محتويات المواقع المختلفة ثم عرضها.

تعتمد هذه الخدمات والحلول على أنظمة الوسائط المتعددة بروتوكول الانترنت لإعداد الاتصالات والتحكم فيها.

2. الوصول إلى المعلومات

يتمكن المستخدم للشبكة العنكبوتية من البحث على الوثائق المطلوبة وقراءة البحوث الإلكترونية والكتب والإعلانات، والإطلاع على المجلات والجرائد والموسوعات والقواميس والمستندات الحكومية. كما يمكن عن طريق استخدام الانترنت الإطلاع على المعلومات وإسرارها عن جميع المواضيع التي يوفرها الجميع.

3. التسلية:

يتيح الانترنت لمستخدميه الاستمتاع بالألعاب المسلية والترفيهية المختلفة مثل الألعاب الإلكترونية والأفلام والموسيقى. يتمكن المستخدم مثلاً أن يستمتع بالألعاب الأولمبية كالسباحة والرماية والركض وكرة القدم ويتمكن أيضاً من أن يلعب الشطرنج عبر الشبكة أو مع الحاسوب.

4. المحادثة والمشاركة في النقاشات

يستطيع المستخدم للشبكة أن يتحدث مع الأشخاص الآخرين عبر لوحة المفاتيح وبامتلاك كاميرا أو ميكروفون وتوصيلهما إلى الحاسوب. ستكون مع هذه الأجهزة قادراً على استخدام حاسوبك الشخصي في جعل الأشخاص الآخرين من رؤيتك وسماع صوتك على مستوى عالي من الوضوح. وباختصار يمكننا محادثة الأشخاص بالأساليب التالية: المحادثة بالنصوص، المحادثة بالصوت والمحادثة بالوسائط المتعددة (كجهاز التصوير والميكروفون) الدردشة وإنشاء منتديات النقاش.

5. التجارة الإلكترونية e.Business لاحظ الشكل (9-5).

يعتبر الانترنت أداة مفيدة لأي شخص يرغب بالتسوق يومياً في عدد من الشركات والمحلات التجارية التي تتيح لزبائنها شراء البضائع عبر مواقعها المختلفة. وأياً كان المتصفح الذي تستخدمه للتجول عبر الانترنت وسواء كنت تستخدم حاسوباً مكتبياً محمولاً وسواء كنت تستعمله بمفردك أم مع عائلتك بأكملها فإنكم جميعاً تستطيعون شراء منتجات وأجهزة كهربائية وملابس وكتب وأي شيء تفكرون به من

المحلات التجارية الكبيرة بطاقة مالية مثل visa American express master card .

6. الخدمات الحكومية (الحكومة الإلكترونية)

من بين أشهر الخدمات التي يمكن أن يحصل عليها المستخدم هي الاستفادة من الانترنيت في تنفيذ الإجراءات الحكومية المهمة. هناك موقع متميز على شبكة الانترنت يقدم خدمة الحكومة الإلكترونية. وفي هذا الموقع يمكن للشخص على سبيل المثال تجديد رخص السيارات ورخص قيادتها ومتابعة المعاملات الحكومية على اختلاف أنواعها.

يتمتع نظام الترخيص الإلكتروني هذا بمزايا السرعة والسهولة وانخفاض الكلفة وذلك لأن بإمكان الشخص الذي يرغب بتجديد رخص سيارته على سبيل المثال إنهاء معاملته بوقت أسرع وعبر إجراءات أسهل.

7. البرامج

تعتبر شبكة الانترنت مصدراً هائلاً من مصادر البرامج المهمة التي يمكن استخدامها في الوقت المطلوب. حيث تحتوي الشبكة على العديد من المواقع التي تقدم هذه الخدمات بصورة مجانية، بالإضافة إلى بعض البرامج التي يقتضى دفع ثمنها لمؤلف البرنامج أو الشركة الصانعة ومثال ذلك برامج الرسم والألعاب وتصميم المواقع.

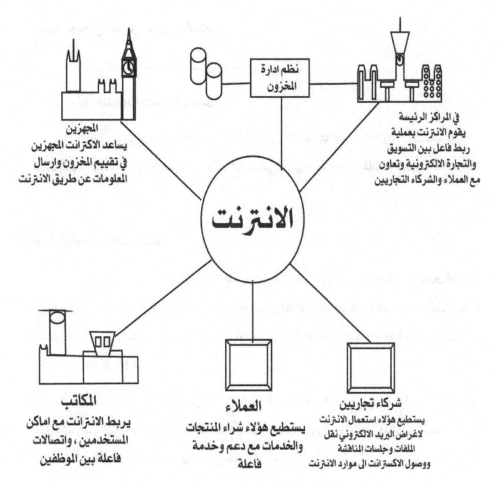

في المراكز الرئيسة
يقوم الانترنت بعملية
ربط فاعل بين التسويق
والتجارة الالكترونية وتعاون
مع العملاء والشركاء التجاريين

المجهزين
يساعد الاكترانت المجهزين
في تقييم المخزون وارسال
المعلومات عن طريق الانترنت

نظم ادارة
المخزون

الانترنت

المكاتب
يربط الانترنت مع اماكن
المستخدمين ، واتصالات
فاعلة بين الموظفين

العملاء
يستطيع هؤلاء شراء المنتجات
والخدمات مع دعم وخدمة
فاعلة

شركاء تجاريين
يستطيع هؤلاء استعمال الانترنت
لاغراض البريد الالكتروني نقل
الملفات وجلسات المناقشة
ووصول الاكسترانت الى موارد الانترنت

يوجد شكل (9-5) يوضح فائدة الانترنت في التجارة والأعمال.

مقومات نجاح تطبيق مشروع الانترنت

ويمكن تقسيم هذه المقومات إلى قسمين:

أولاً: المقومات الأساسية وتشمل:

- الإطار القانوني: وجود لجنة متخصصة لكي تتولى توفير المتطلبات القانونية والتنظيمية التي تحدد أسلوب العمل في جميع قضايا الانترنت. كما يقتضي تطوير التشريعات القانونية لتلاءم عالم الانترنت.

ثانياً: المقومات الفنية تشمل:

-توفير البنية التحتية للاتصالات الملائمة من خلال التركيز على أحدث التقنيات في مجال الأجهزة والبرامج وتوفير شبكات اتصال عصرية سريعة تتيح تدفق المعلومات. وهذا يتطلب نظام تقني جديد يسعى لترقية بنية تقنية المعلومات في المنشآت ويتميز بالكفاءة العالية والمرونة وسهولة التطبيق والاستخدام. الشكل (9-6)

-أن تتوفر لدى كل منشأة مركز للاستشاريين الخبراء ذوي الكفاءات العالية في مجال خدمات الانترنيت. يجب أن لا تدخر المنشآت الصناعية أي جهد ممكن لتعزيز قدرتها على المنافسة في مجال تأهيل خبراء شبكات الانترنت والاتصالات عن طريق فتح مراكز عديدة.

ستعزز هذه المراكز التعاون مع الجامعات بحيث تقدم مقررات دراسية ومناهج متطورة. كما تقوم بأعداد دراسات وبحوث تتعلق بواقع وسبل تطوير خدمات الانترنت لتحقيق الإفادة المثلى منها.

-معالجة مشاكل الخطوط الهاتفية الرئيسية عن طريق تغيير البدالات وإدخال نظام الألياف الضوئية وذلك بهدف تقليل الإنقطاعات في الاتصال والتشوشات الصوتية وهذا سيؤدي إلى تشجيع استخدام الانترنت وتطوير خدماتها.

-ضرورة توفير العمالة الماهرة في مجالات التشبيك وتصميم المعدات والبرمجة. وفي مجال البرمجة، يقتضي تأمين العناصر ذات المهارات والكفاءات العالية في مجال برمجة قواعد البيانات ومصممي مواقع الانترنت.

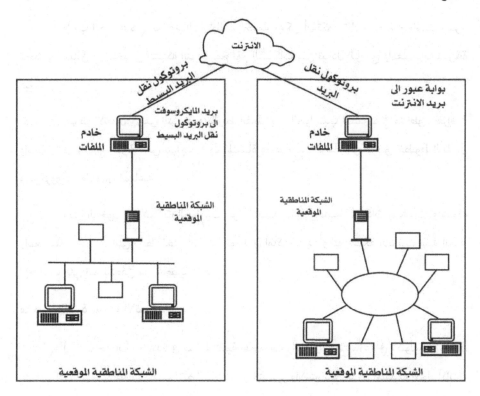

شكل (9-6) يوضح تواصل الشبكة الموقعية مع الانترنت

يتضح لنا من خلال الشكل (9-6) ما يلي:

بدأت الشركات في تبني تكنولوجية استخدام شبكات الخوادم والزبائن التي تسمح باستخدام حواسيب متطورة بهدف تقديم خدمات شبكية إلى حواسيب الزبائن والحصول على تطبيقات وأعمال عالية الكفاءة والذكاء مثل خزن البيانات والبرمجيات التطبيقية والشكل(9-6) يبين الأدوات المستخدمة من قبل المنشأة لتبادل البيانات والبرامج بين المستخدمين في الداخل والخارج.

لاحظ في الشكل ما يلي:

الخوادم: هي الوسائل التي تقدم الخدمة الشبكية إلى الزبائن ويمكن أن تكون تلك الوسائل حاسوباً كبيراً أو محطة عمل مميزة. تقوم الخوادم بخدمة الزبائن عن طريق تخزين بياناتها المهمة وبرمجياتها التطبيقية الضرورية.

طالب الخدمة: هي العناصر التي تطلب الخدمة ويمكن أن تكون تلك العناصر حواسيب أخرى تعود إلى الزبائن ومستخدمي الشبكة التي تسمح لهم الشبكات من تبادل البرامج والمعلومات بسرعة كبيرة.

قنوات الاتصال: وهي التي تقوم بالربط الفعلي بين الحواسيب المنتشرة في مناطق جغرافية واسعة داخل وخارج الدولة التي تتواجد فيها المنشأة ويتم هذا الربط عن طريق خطوط التلفون والمايكروويف والأقمار الصناعية.

ويتم الدخول على شبكات الحواسيب سواء كانت شبكة محلية كشبكات المنشآت أو شبكة واسعة مثل الشبكات التي تربط الحاسبات التي توجد في أماكن بعيدة ومنها شبكة الانترنت بعد إنجاز الإجراءات التي تتم للتحقق من شخصية المستخدم.

ما هي ظاهرة عالمية الاتصال:

أن المستحدثات الجديدة في صناعة تقنية المعلومات والتطورات المتسارعة في تكنولوجيا الاتصال التجاري أدت إلى بروز ظاهرة عالمية الاتصال بين مراكز التصدير والاستيراد في الدول المتقدمة سواء أكانت حكومية أم شركات خاصة.

أن موضوع عالمية الاتصال يجب أن يحظى باهتمام كبير من قبل المسئولين في منشاتنا الصناعية نظراً لماله علاقة مباشرة في زيادة الإنتاج والإنتاجية. والإدارة بمختلف مستوياتها يجب أن تبدي اهتماماً متزايداً بالموضوعات التالية لما ينطوي عليه من نتائج ودلالات إيجابية.

* أن يتوفر في منشأتنا نظام شراء وتسليم يعتمد على تقنيات الهاتف والفاكس والبريد الإلكتروني.

* أن تستخدم منشأتنا الفاكس والهاتف والبريد الإلكتروني كأدوات اتصال في المبيعات والتسويق.

* الاهتمام الشديد بتصميم نظام شراء وتسليم جديد يرتكز على أحدث تقنيات الانترنت بشكل يمكن منشاتنا من الاتصال السريع بمراكز التصنيع والتوزيع في الدول المتقدمة.

* أن تتولى الإدارة في منشأتنا إنشاء موقعاً لها على الانترنت بهدف عرض منتجاتها وخدماتها محلياً وعالمياً.

* أن يتوفر في منشأتنا برنامجاً يراقب جميع الاتصالات التي تتم من وإلى أجهزة الأقسام ويوقف جميع الاتصالات التي لا يرغب المدراء أن تمر. يقتضي- أن تستخدم منشأتنا نظاماً خاصاً للحماية من الفيروسات التي تنتقل عبر البريد الإلكتروني مثل مليسا وفيروس الحب.

* أن يتوفر لدى منشأتنا أجهزة تتضمن إمكانات الاتصال اللاسلكي لتوفير تواصل المدراء فيما بينهم ومع رؤساء المؤسسات ومع مصادر المعلومات في الشبكة المحلية أو شبكة الانترنت.

* أن تخطط منشاتنا في إدخال التكنولوجيات الخاصة بشبكات الانترنت والانترانت في صلب إستراتيجيتها المستقبلية وتخطط أيضاً في دراسة انعكاسات تطبيقات الانترنت على استراتيجيات البيع والتسويق.

الشكل (6-9) يبين كيفية تحكم البروتوكولات في تحقيق التواصل بين شبكة الانترنت والشبكة المحلية. لاحظ في هذا الشكل ما يلي لكي يستفيد المستخدم بصورة كاملة من شبكة منشأته فيجب أن تكون حواسيب المنشأة مرتبطة ارتباطاً وثيقاً بالشبكة عن طريق:

أ) بروتوكول نقل البريد: يساعد هذا البروتوكول على تنظيم عمليات نقل البريد و يعتبر البروتوكول الرئيسي المستخدم في إرسال رسائل البريد الإلكتروني على شبكة الانترنت.

ب) خادم الملفات: يتيح للمستخدمين إمكانية الدخول على المعلومات المتوفرة على شبكة الانترنت لإرسال بريد إلكتروني أو البحث عن طريق النصوص واسترجاعها والوصول إلى قواعد البيانات.

ت) بريد الانترنت: يتيح للمستخدمين إمكانية الدخول إلى المعلومات المتوفرة على شبكة الانترنت لإرسال بريد إلكتروني أو البحث عن طريق النصوص واسترجاعها والوصول إلى قواعد البيانات.

ث) بريد مايكروسوفت: يعمل البرنامج ضمن بروتوكول نقل البريد البسيط ويرسل لصندوق المستخدم البريد الآمن بعد أن يرشح البريد التطفلي مما يوفر على الصندوق تنزيل رسائل البريد التطفلي ومن ثم العمل على ترشيحها.

ج) تتيح الشبكة اللاسلكية المعمول بها في المنشأة بانتقال البيانات بين مجموعة من الحواسيب الموصولة مع بعضها. يدعم جهاز النفاذ اللاسلكي المستخدم عدة منافذ انترنت يمكن المستخدم من وصل الحواسيب التي تعتمد الأسلاك بالشبكة اللاسلكية.

المعوقات والصعوبات التي تواجه استخدام شبكة الانترنت في منشآتنا

1. تعتمد الشبكة على اللغة الإنكليزية ونظراً لعدم وجود برامج لترجمة مواقع الانترنت لذلك يصعب التعامل مع الشبكة والاستفادة منها بدون إتقان اللغة الإنكليزية فعلى سبيل المثال كثيراً ما يعاني المستخدمين من البطء الشديد في عملية الاتصال بسبب اللغة.

2. قلة خدمات التجارة الإلكترونية نظراً لضعف خدمات الانترنت. فعلى سبيل المثال عدم تمثيل المنشآت الصناعية عبر مواقع الانترنت مما يستوجب استغلال أحدث التطورات في عالم الانترنت في سبيل تقديم خدمات مفيدة تلبي الاحتياجات الخاصة للقطاع الصناعي.

3. يعاني قطاع الانترنت من نقص حاد في الخبرات اللازمة لضمان استمرار نموه البطيء مما يستوجب إعادة النظر في السياسات التوظيفية وبرامج الأجور التي تدفعها المنشآت للعاملين فيها.

4. التحديات والعقبات التي ترتبط بكلفة البنية التحتية المطلوبة لنجاح تطبيق الاتصالات عبر شبكة الانترنت، وتشمل هذه كلفة تقنيات الاتصالات عبر الأقمار الصناعية لنقل وبث المحتوى من بيانات ووسائط متعددة وكذلك كلفة وصيانة الشبكات.

5. وجود صعوبات إدارية كثيرة تقف عائقاً أمام تقدم استخدام شبكة الانترنت ومثال ذلك طريقة التعامل مع المشتركين في الشبكة من حيث تحديد أجور الخدمات المقدمة كخدمة الاتصال بواسطة الشبكات وكذلك المشاكل التي تعاني منها الخطوط الهاتفية الرئيسية كافتقارها إلى التجهيزات الفنية المطلوبة وكوجود التشوشات الصوتية وانقطاع الاتصال في كثير من الأحيان.

6. يعتمد استخدام شبكة الانترنيت على توفير أجهزة الحاسبات الإلكترونية. ونظراً لعدم قدرة كثير من منشآتنا على تملك هذه الأجهزة لأسعارها المرتفعة فإن ذلك

يسبب عائقاً في التعامل مع الشبكة والاستفادة منها في كثير من الأحيان. ولوحظ أن كثير من العاملين وخصوصاً المدراء والموظفين في المنشآت الصناعية لا يستطيعون استخدام الحاسبات الإلكترونية بسبب ضعف التعليم في مجال الحاسبات ولعدم وجود التوعية الكافية بهذا النوع من التعليم. نقترح استحداث مراكز تدريبية لرفع مستوى الثقافة والمعرفة فيما يتعلق بالحاسبات والإنترنت وتقنية المعلومات وتطبيقاتها المختلفة. في خضم انتشار شبكات الانترنت في المؤسسات الحكومية والشركات التجارية، فأن الانترنت لازالت بعيدة المنال بالنسبة لمن يحتاجها من العاملين في المنشآت الصناعية، حيث لوحظ أن هذه المنشآت تصطدم بحاجز الجهل بأساسيات بناء العمل الصناعي على الشبكة واحتياجاته. وانطلاقاً من الرغبة في تذليل الصعوبات أمام المنشآت الصناعية فأننا نجد في غمره ما نحن فيه من حركة علمية في تقنية المعلومات أن يتطلب من المسئولين في هذه المنشآت ونحن في القرن الحادي والعشرين ما يلي:

متطلبات نجاح استخدام الانترنت

* الدعم لتعزيز وتنمية الجهود المبذولة لإقامة الانترنت في المنشآت الصناعية لكي تكون منتشرة فيها ومتاحة لمن يحتاجها من المستخدمين والموظفين في أي مكان وأي وقت وذلك لأنه بعد أن توسعت المنشآت الصناعية وأصبحت مصانعها ومعاملها تشغل مساحة كبيرة، أصبح الاتصال مع الموظفين مباشرة وتنسيق جداول عملهم عملية أصعب من ذي قبل، سيساعد وجود شبكات الانترنت كثيراً بهذا الشأن.

* وفي منشأتنا الصناعية يجب أن تنطلق مبادرة حكومية لإنشاء وتطوير خدمات شبكة الانترنت وتعزيز استخدامه، لكن هذه الانطلاقة تحتاج إلى المزيد من الدراسة العميقة والتريث قبل وضع الفكرة لإنشاء الشبكة في منشآتنا موضع التطبيق العملي. يقتضي أن لا تقوم الإدارة بنقل نماذج الشبكات التي لاقت نجاحاً في إحدى الدول الصناعية المتقدمة واستخدامها على علاتها في منشآتنا بدون بحث مفصل لطبيعة وخصائص الثقافات المحلية السائدة والمشكلة ليست النموذج ذاته بل مدى انسجامه مع

الثقافة المحلية. إذ يتطلب الأمر هنا جعل الفكرة ملائمة للبيئة المحلية التي نريد أن نطبق الفكرة فيها.

* أن تحقيق نجاح فكرة إنشاء شبكة الانترنت في منشآتنا الصناعية يعتمد في جانب مهم منه على العوامل الثقافية والاقتصادية التي تلعب دوراً رئيسياً في هذا الجانب.

* أن استخدام تقنيات طورتها شركات الانترنت الحديثة في منشآتنا تحتاج إلى إنجاز مراحل تطوير طويلة ومكلفة وتهيئة المواهب وتأمين العناصر ذات المهارات العالية في مجال خدمات الانترنت لسد الوظائف الشاغرة وتركيز الجهود للتغلب على القيود الإدارية والقانونية والهيكلية التي تعيق إنشاء وتطوير هذه الخدمات. ويلاحظ أن المنشآت الصناعية تحتاج لعاملين مثل مدراء شبكات الانترنت إضافة إلى مصممي مواقع الانترنت.

* ونظراً لاستخدام البريد الإلكتروني الحيوي وإلهام، فأن المطلوب من المسئولين أن يأخذوا بعين الاعتبار متطلبات العاملين في المنشآت الصناعية ويوفروا خدمة بريد إلكترونية كاملة باعتبارها وسيلة حيوية للاتصال السريع مع المؤسسات والمنشآت في العالم الخارجي ووسيلة ضرورية لقضاء العديد من الحاجات بالنسبة للعاملين في هذه المنشآت وأداة لتزويد الزبائن بالحلول التي تناسب احتياجاتهم واحتياجات الأسواق التي يعملون فيها.

الانترنت Intranet

مع تطور المنشآت الصناعية والمؤسسات الخدمية بسبب تطور الاتصالات الحديثة والنظرة العالمية للتجارة والصناعة تطورت شبكات الانترنت والانترانت وتطور مفهومها من الاهتمام العالمي إلى الاهتمام المحلي لما لذلك من تأثير على الجوانب الاقتصادية والصناعية لهذه المنشآت. وإذا ما نظرنا إلى شبكة الانترنت في التطبيق العملي فإن البعض يرى في الانترانت شبكة مستقلة عن باقي الشبكات لا يجوز

لمستخدموا الانترنت العاديين استعمالها وإنما يقتصر استخدامها من قبل العاملين في المنشأة فقط.

ويرى البعض الآخر أن الانترانت هي شبكة معلومات تختلف عـن الانترنت في قدرتـه علـى أن يكون متاحاً لعدد محدد من الموظفين داخل الشركة الواحدة حيـث يتمكنـوا الـدخول إلى قواعد البيانـات التي تخزن فيها المعلومات المهمة وبالتالي استخدام الملفات والمعلومات وتبادلها فيما بينهم فقط. بعد هذا التحديد لمفهوم الانترانت يمكننا تبيان الطرق التي تسـتخدمها المنشـأة للوصـول إلى اسـتقلالية اسـتخدام للشبكة.

1. حماية المعلومات المخزنة عن طريق استخدام جدران النار، يضمن هذا البرنامج للشبكة حمايـة قويـة من أي اختراقات خارجية ويعمل تلقائياً عقب التثبيت مباشرة مـما يضـمن أن ملفـات الشركة وأصولها الرقمية دائماً سرية تماماً. الشكل(9-7).

2. تستخدم تكنولوجيا البرمجيات المستخدمة في الوب والتعامل مـع الحواسـيب المختلفـة المتـوفرة لـدى المنشأة أو الشركة.

3. تستخدم لغة HTML لبرمجة وإعداد صفحات الوب.

4. إمكانية الربط مع النصوص والصفحات فائقة النص Hypertext page.

فوائد الإنترانت

إذا سعينا إلى التعمق في متابعة فوائد استخدام الانترانت وحاولنا الإطلاع على ماهيتـه ومكوناتـه فإننا نلحظ جملة من الحقائق التالية:

1. يشكل البريد الإلكتروني والمؤتمرات الفديويـة ونظام الاجتماعـات الإلكترونيـة العمـود الفقري لشبكة الانترانت. أن شبكة الانترانت المطبقة في المنشأة توفر لزبائنها خـدمات اتصـالات سلسة ومتطورة ويضمن تلبية احتياجاتهم من المعلومات بصورة سريعة وبشكل كفء.

2. أن هدف شبكة الانترانت تكمن في تطوير إمكانات الموظفين في المنشأة لـدعم وتشجيع طرق اتصال الأعمال مع بعضها في الأقسام المختلفة للمنشأة وذلك لخدمة الزبائن..

3. يستطيع مدراء الأقسام وموظفي الشركات الاستفادة من تكنولوجيا الانترانت وذلك عـن طريـق استخدام البريد الإلكتروني والمؤتمرات الفديوية وجماعـات التنـاقش الإلكترونيـة للتعـاون على تناقل المعلومات التسويقية والمالية والإنتاجية والبشرية والتدريبية وتـوفير الـترابط عـلى مستوى المنشأة. بهدف خدمة الزبائن التي تتعامل معهم المنشأة.

الاكسترانت (Extranet):

بمـا أن أتاحـة استخدام قواعـد البيانـات يـتم فقـط للعـاملين في المؤسسـة فقـط فإنـه بموجب الاكسترانت يمكن للأفراد أو الهيئات والجهات من خارج المؤسسة من استخدام شبكتها الداخلية والوصول إلى المعلومات التي يحتاجها هؤلاء الأفراد.

ويبقى الاكسترانت طريقة رائعة لبناء نموذج جيد لأي تطبيق من تطبيقات شبكة الانترنت، فهو يقوم بعمل جيد عبر سماحة لأي شخص مخول(بائع، زبون، موزع، authorized user) الدخول إلى شبكة الانترانت الداخلية من خلال استعمال كلمات مـرور سريـة ومـن ثـم تبـادل المعلومـات والملفـات بينهما، وبموجب نظام التخويل هذا يتم التحقق باستمرار من هوية المستخدمين من خارج المؤسسة بمقارنتهم مع قائمة المستخدمين المعروفين لديها.

تحتل شبكة الاكسترانت موقعها المهم في منظمة الشبكات في المنشأة مـا بـين الانترنت وشبكة الانترانت. وكما هو موضح في الشكل (9-7) وتهدف إلى ربط الشبكة مع الشركاء التجاريين للمنشأة ومـع عملائها والمجهزين والشركات الأخرى.

وليلاحظ أنه بسبب السماح إلى الأفراد من الخارج للدخول إل شبكة المنشأة، فإنها غالباً ما تكون معرضة للمخاطر الأفقية الشبكية وذلك لأنها مفتوحة على الانترنت ولأنها متصلة بروابط فائقة السرعة مع الشبكة العنكبوتية، أن المنشأة تحتوي على مئات من أجهزة الحاسب التي غالباً ما يشرف على حمايتها وصيانتها عدد غير كاف من المختصين، إذ أنه من الصعب جداً مراقبة ما يحدث على كل مزود وجهاز حاسوب متصل بنظام المنشأة. إذ تتطلع الإدارة عادة إلى الحفاظ على حرية تناقل المعلومات بين المنشأة والموظفين في داخل الشركة ومن المنشأة إلى منشأة أخرى، وفي الوقت ذاته يصعب على المنشأة حماية معلوماتها بوضعها خلف جدار ناري كما هو موضح في الشكل (9-7) من هنا يبرز التحدي الكبير المتمثل في الحفاظ على أمن شبكات الانترانت والاكسترانت.

نقل المعلومات بالإنترنت:

تتضمن شبكات الاتصال المرتبطة بالإنترنت عدداً من أنظمة التوجيه والبروتوكولات التي تشكل في مجموعها أدوات مفيدة لنقل المعلومات بسرعة كبيرة وتلبي احتياجات المستخدم في كافة المجالات. تعمل أنظمة التوجيه Routers طبقاً لقواعد اتصال تعرف ببروتوكول التحكم بالاتصال وبروتوكول الانترنت TCP/ IP.

ومن الجدير بالذكر أن أنظمة التوجيه هذه تتحكم باختبار الطريق المناسب لانتقال المعلومات بين أطراف الانترنت المختلفة والتي تكون على شكل رزم من المعلومات Packets. الشكل (9-8)

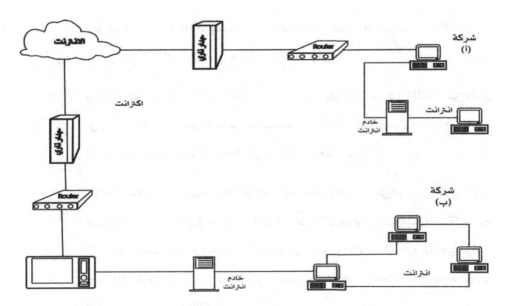

شكل (9-7) يوضح شبكات الانترانت والاكسترانت في التطبيق العلمي

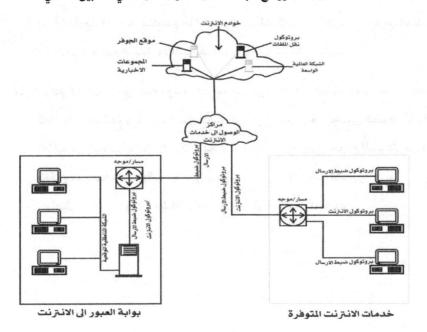

شكل (9-8) يوضح عملية نقل المعلومات بالإنترنت وأهمية استخدام البروتوكولات

يبين الشكل (9-8) الأنواع المختلفة من البروتوكولات التي تتحكم في عمليات تراسل البيانات بين الحواسيب الموجودة في الشبكات. نلاحظ في هذا الشكل ما يلي وهي:

أ) بروتوكول نقل الملفات(File Transfer) تساعد هذه البروتوكولات على نقل الملفات مـن مكان إلى آخر عن طريق شبكات الحواسيب ويسـمح هـذا البروتوكول بالاتصال والارتبـاط بالمواقع المحددة في الشبكة وكذلك يسمح بالتنقل بين الأدلة في هذه المواقع.

ب) بروتوكول الانترنت (Transportation Control Protocol/ IP): على الرغم من ازدياد فعالية البروتوكولات التي تتحكم في عمليات تراسل البيانات إلا أن بروتوكول الانترنـت TCP/IP أصبح أكثر قدرة وأهمية على فرز الرسائل الإلكترونية التي ترسل عبر الشبكة إلى حزم إلكترونية مرفقـة بعنوان المرسل وعنوان المرسل إليه ثم يقوم بروتوكول (IP) بقدرته الفعالة علـى تحديـد الجهاز المناسب بتسليم الرسالة الإلكترونية.

ت) المسار/ الموجه Router: يستخدم هذا الجهاز لربط الشبكات التي تختلف في بعض العمليات مثل العنونة وحجم الرسائل وذلك بهدف الحصول على أداء مثالي مناسب.

ث) خوادم الانترنت: تتعلق هذه الوسائل بخدمة مـن يريـد تشغيل الانترنت وبرمجياتـه المختلفـة كاملاً على حاسباتهم وهذه الفئة مـن الأفـراد تتركـز بالأسـاس في مسـتخدمي خطـوط الشبكات العالمية من أصحاب الأعمال والشركات بمختلف الأحجام. تتيح هذه الخوادم للمسـتخدمين قـدر ممكـن مـن التطبيقـات والبـرامج التـي بإمكانهـا تغطيـة احتياجاتـه الأساسـية بسـهولة وسرعـة والاتصال بالانترنت دون أي مشكلات عن طريق خطوط الاتصال المختلفة.

الفصل العاشر

الشبكات (NETORKS)

أهداف الفصل:

بعد دراسة هذا الفصل يجب أن تكون قادراً على معرفة:

1. الأنواع الرئيسية من الشبكات من ناحية التغطية الجغرافية.

2. الأنواع المختلفة من الشبكات المناطقية الموقعية.

3. المقومات الأساسية لنجاح تطبيق مشروع الانترنت.

الفصل العاشر

الشبكات (NETORKS)

مقدمة

يعتبر موضوع الشبكات من المواضيع الحيوية والمهمة ومما يزيـد مـن أهميتـه التقـدم العلمـي والتكنولوجي الكبير الذي تحقق مع نهاية النصف الثاني مـن القرن العشرين وبدايات القرن الحـادي والعشرين في ميادين الانترنت والتكنولوجيا الرقمية. ولم يحدث هذا التقدم في مجال الشبكات وتكنولوجيا المعلومات فجأة، أو خلال فترة زمنية قصيرة، بل أخذت وقتاً طـويلاً نسـبياً تـم خلالـه إدخـال التحسـينات والتطوير في مجال تقنية المعلومات والاتصالات.

ولكي نعطي موضوع الشبكات حقه من الأهمية التي يستحقها، فإنه لا بد من تحديد المقصود بأنواع الشبكات من ناحية التغطية الجغرافية ومـن ثـم التعـرض إلى عـدد مـن الموضـوعات الفرعيـة ذات العلاقة به مثل الشبكات النجمية والدائرية.

وحتى يتم توضيح هذه الموضوعات بشكل أفضل فسوف يتم طرح أشكال مختلفة تبـين أنـواع الشبكات المناطقية الموقعية والارتباط بين الشبكات الداخلية والواسعة والخدمات التي تقـدمها الشـبكات الواسعة النطاق.

أنواع الشبكات:

هذا وسوف نبدأ في هذا الفصل بالتركيز على الأنواع المختلفة من الشبكات التي تتمثل في الآتي:

1. الشبكة المناطقية الموقعية (Local Area Network).

2. الشبكة المناطقية الواسعة (Wide Area Network).

ويمكن استعراض هذه الأنواع من الشبكات بصورة تفصيلية على صفحات هذا الفصل على النحو الآتي:

الشبكة المناطقية الموقعية:

أن التطور الذي حصل في كل ما يتعلق بتكنولوجيا المعلومات والاتصالات من أجهزة حاسوب وبرامج ومواد رقمية أدى إلى حصول تحسينات ملموسة في الشبكات التي تستخدم في المنشآت والجامعات والمستشفيات والمناطق المحدودة داخل مبنى واحد أو عدة مبان متجاورة الشكل(10-1) أن استخدام الشبكة الموقعية بكفاءة يستلزم وجود أجهزة متطورة ذات تقنيات وجودة عالية وأهم هذه الأجهزة ما يلي:

- حواسيب متصلة مع بعضها عبر أسلاك أو ألياف ضوئية.

- وحدات المواجهة.

ومن المكونات المهمة أيضاً هي الأقراص وطابعات الحروف والتي يجب أن تكون من النوعيات المتميزة، حيث يؤدي استخدام بعض الأنواع من الماركات غير المشهورة إلى توقف النظام عن العمل أثناء انتقال البيانات وتبادل البرامج بين المستخدمين.

أشكال الشبكات المناطقية الموقعية

هنالك ثلاثة أنواع من الشبكات الموقعية وفيما يلي نلقي الضوء عليها:

1. الشبكة النجمية (Star Network).

2. شبكة الحلقة (الدائرية Ring Network).

3. شبكة الناقل(الباص Bus Network).

الشبكة النجمية (Star Network)

عبارة عن نظام يتوسط فيه الحاسوب المركزي الموجود في مركز المؤسسة ويتيح هذا النوع من الشبكات المزايا التالية: الشكل (10-2)

- أن الحاسوب المركزي هو العصب الأساسي ونقطة الارتكاز لحواسيب المراكز الأخرى ولهذا فإن كفاءة وإنتاجية حواسيب الفروع تعتمد على قدرات المعالجة المركزية لمركز المؤسسة ومثال ذلك (البنوك).

- يتم التحكم وتوجيه العمل في الفروع عن طريق المركز الرئيسيـ المسـيطر حيـث أن جميـع الفروع في الشبكة النجمية ترتبط بالمركز عن طريق ما يسمى بعقدة الربط (Node or Hub) والتي تتيح هذا النوع من التحكم والتواصل والتعاون بين الأجهزة المختلفة.

يؤخذ على هذا النوع من الشبكات ما يلي:

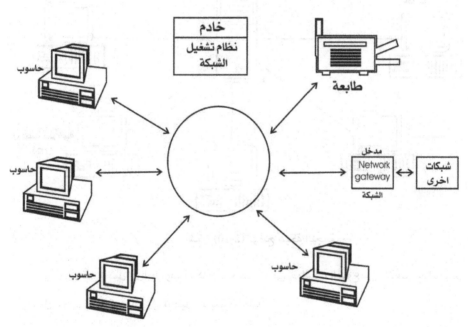

الشكل (10-1) الشبكة المناطقية المحلية

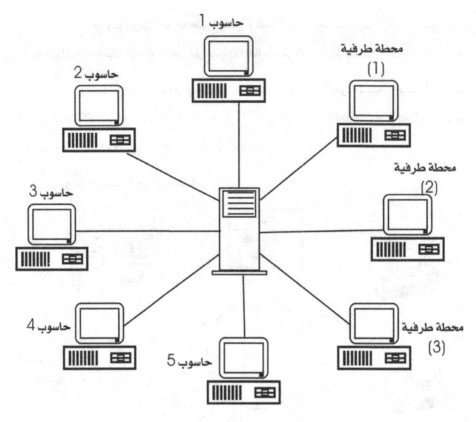

شكل (10-2) يوضح شبكة النجمة

أن توقف العمل في الحاسوب المركزي يمنع مستخدمي حواسيب الفروع من تشـغيل حواسـيبهم لأن عطل حواسيب المركز يؤدي إلى تعطيل الشبكة بكاملها.

شبكة الحلقة (Ring Network):

بدلاً من حاسوب مركزي، يستغل موظفـو تكنولوجيـا المعلومـات حواسـيب ومـوارد وإمكانيـات المراكز المختلفة من خلال تقنيات خطوط الاتصال المباشر في إنشاء الشبكة الدائريـة. ويـتم هـذا التكـوين الحلقي عن طريق استخدام كيبل دائري يربط أجهزة المراكز المختلفة بعضاً من بعض. لاحظ الشـكل (10-3)

أن استخدام التكنولوجيا لشبكات الاتصال الدائري لما يحصل في المؤسسات العسكرية أصبحت تحتل الآن مركزاً بارزاً من حيث اهتمام المنشآت الصناعية وشيوع استخدامها في المنشآت الأخرى.

أما أسباب استخدام المنشآت للشبكات الدائرية يعود إلى الآتي السبب الأول: شبكة الحلقة تتيح للمؤسسات التي تستخدمها الأمان والحماية حيث يمكن أن ترسل البيانات باتجاهين مختلفين. (إذ يستطيع الموظفون عن بعد تشغيل خط الاتصال البديل في حالة حصول تعطل في الخطوط الأخرى).

السبب الثاني: أن نظام الاتصال المباشر يضمن للمستخدم الحصول على أداء مثالي مناسب كما يضمن له الموثوقية التي يحتاجها عند الاستخدام وذلك لعدم الحاجة إلى توجيه مركزي كما هو موجود في الشبكة النجمية.

شبكة الناقل

بموجب هذا النوع من الشبكات يتم ربط وتشغيل عدة حواسيب على كيبل ناقل واحد يمر بين جميع الحواسيب العائدة للعمارة أو المجمع. تمنح شبكة الناقل المؤسسة إمكانية استخدام حواسيبها بسهولة وسرعة وتكاليف قليلة وذلك لأنها تحتاج إلى استخدام أسلاك أقل من الشبكات الأخرى. لاحظ الشكل (10-4)

شبكات المناطق الواسعة Wide Area Network (WANS).

في البداية يمكن القول أن شبكات المناطق الواسعة تستخدم لنقل واستلام المعلومات بين المجهزين والمستخدمين والزبائن وغيرهم من الموظفين في المنشآت والشركات والمؤسسات في مختلف أنحاء العالم. ولهذا أصبحت هذه الشبكات من أهم نظم الاتصال المخصصة لتغطية مناطق جغرافية واسعة والتي صممت لكي تعمل على مستوى الشبكات العالمية والمحلية والوصول إلى البيئات المختلفة في هذه المناطق الشكل (10-5)

وهناك العديد من التقنيات المتقدمة التي تستخدم لأغراض الإيصال في شبكات المناطق الواسعة وأهمها هـو موجـات المـايكروويف (Microwave) والأقـمار الصـناعية dedicated lines & Switched lines & Satellite.

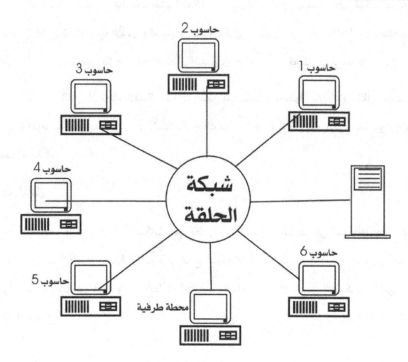

شكل (10-3) يوضح شبكة الحلقة

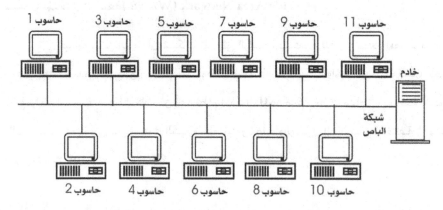

الشكل (10-4) يوضح شبكة الباص (الناقل)

234

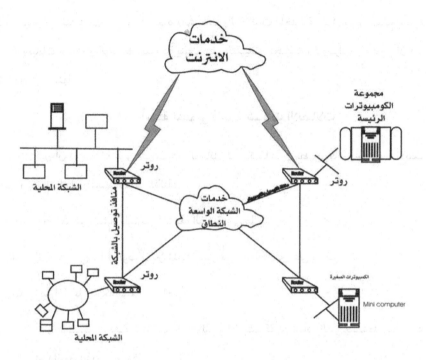

شكل (10-5) يوضح الخدمات التي تقدمها الشبكة الواسعة النطاق

من خلال الشكل (10-5) نلاحظ ما يلي:

أن الموقع المستخدم في هذه المنشأة من مواقع محركات البحث الشهيرة على شبكة الانترنت وما يميزه أنه لا يقدم فقط خدمة البحث العادية حيث يحتاج المستخدم للوصول إلى عناوين المواقع المختلفة ثم عرضها وهي خدمة مفيدة جداً وخاصة لمن يحتاجون إلى البحث داخل المواقع الضخمة التي تحتوي على آلاف الصفحات ففي هذه الحالة يقوم الباحث عن المعلومات إلى تصفح الموقع ضمن الشبكة المناطقية الواسعة (WAN).

تسمح الشبكة المناطقية الواسعة وبفضل مميزاتها اللاسلكية من الاتصال بالبريد الإلكتروني وبالشبكة والانترنت من عدد كبير من نقاط الاتصال اللاسلكية حول العالم.

من أجل أن يتحقق التواصل السلس بين شبكات الانترنت الموقعية والعالمية وبهدف تمكين المستخدمين من تنفيذ مهامهم عبر الأجهزة والشبكات والفضائيات المختلفة ولكي يتم تقديم معلومات صوتية وبيانات ومحتوى الوسائط المتعددة ينبغي على التقنيات المختلفة والروترات والمحاور أن تندمج وتتكامل فيما بينها.

أسئلة لتطوير فاعلية شبكات الاتصالات

قبل أن تبدأ منشأتك في البحث عن الوسائل التي تساعد في تطوير فاعلية أنظمة الاتصالات يجب أن تسأل الإدارة نفسها الأسئلة التالية:

- هل تفتقر المنشأة للعناصر المؤهلة القادرة على ما يلي:

أ. الأشراف على نقاط الوصول بين المستخدمين من غير العاملين على الموقع.

ب. الأشراف على شبكة المنشأة الداخلية.

ج. إدارة الشبكة التابعة لمنشآت أخرى للارتباط بشبكة المنشأة والتي يستخدمها الموظفون الميدانيون الذين يعملون.

د. الاعتناء بالبنية التحتية بشبكة المنشأة(كالعتاد للشبكات، البرمجيات، الدعم، التطور).

- هل تستخدم المنشأة التقنيات اللاسلكية الجديدة مثل شبكة الند- للند(Peer- to Peer Network) وهي شبكة وصل من الكومبيوتر لكمبيوترات أخرى متماثلة لمساعدتها على توفير احتياجاتها للمعلومات في أي مكان وأي زمان وللاستفادة من الموارد المتاحة كالطابعات وأجهزة المودم وسواقات الأقراص المدمجة وسعات الأقراص الصلبة.

- هل أن المنشأة التي تعمل فيها مرتبطة بمصانعها المختلفة بخطوط هاتفية سريعة ومتطورة كالبريد الإلكتروني وبرامج التراسل الفوري وأجهزة النداء الآلي. وهل توجد شبكة انترنت فورية للمنشأة مع مواقع متعددة لمكاتبها وللمستخدمين العاملين في أماكن بعيدة.

- هل أن المنشأة تخطط لاستئجار خدمات الانترنت من مقدم خدمة انترنت الـذي يمتلك الكمبيوتر المزودة لشبكة ويب التي توجه الرسائل وتستضيف صفحات ويب لآلاف المستخدمين.

- هل تستخدم المنشأة الفيديو الرقمي في الاتصال وعقد المؤتمرات الفيديوية كتقنية معتمدة في إدارة أعمالها عن بعد في الزمن الحقيقي عبر شبكة الانترنت بهدف البث الحي والمباشر للصور التي تلتقطها من خلال كاميرا فيديو مثبتة في مكان المؤتمر إلى المواقع على الانترنت حسب جدول زمني معد مسبقاً.

- هل يتوفر لدى المنشأة البرامج التي تمكن المستخدمين من الوصول إلى الموارد والبيانات المهمة من أي مكان في العالم. وهل أن المنشأة قادرة على العمل مـن خلال شبكة ويب (Web- Enabled Enterprise) بشكل يتيح لها القـدرة علـى الحفاظ علـى اتصالات وروابط دائمـة مع الزبائن والشركاء والمجهزين والموظفين.

- هل تستخدم المنشأة الانترنت للتواصل مع الزبائن لمعرفة احتياجاتهم واتجاهات وسلوكيات الشراء لديهم وللاتصال بالشركاء والمجهزين.

- هل لدى منشآتكم أية مشاريع قائمة أو مستقبلية محددة في إطار سعيها نحو تشجيع استخدام شبكات الانترنت وتطوير خدماتها؟

- هل هناك حملة توعية تبين للمستخدمين في منشآتكم الإمكانات الكبيرة التي ستقدمه لهم خدمات الانترنت؟ وهل ستقوم المنشأة بأية مبادرات مع الجهات الحكومية لدفع ثورة الانترنت والنهضة التقنية في منشآتكم؟

- هل لدى منشآتكم أية خطة تساعد على إنشاء أو انتشار الانترنت عن طريق توفير البنية التحتية المطلوبة ووسائل الاتصالات الضرورية؟

- هل تستخدم منشآتكم وسائل الاتصالات التالية:

- أجهزة الهاتف النقال.

- البريد الإلكتروني.

- تبادل الأحاديث الإلكترونية.

- وسائل الاتصالات الصوتية وخدمات الدعم الصوتي.

- هل هناك عقبات تواجه منشآتكم لإنشاء شبكة الانترنت كالقيود القانونية على الخدمات الإلكترونية وعدم توفر الكادر العلمي المتخصص، نقص الدعم الحكومي، عدم كفاءة البنية التحتية للاتصالات أو عدم وجود التوعية الكافية لأهمية استخدام الانترنت.

- هل لدى منشآتكم خطة لشراء تقنيات طورتها شركات انترنت حديثة بهدف تجاوز مراحل تطوير طويلة ومكلفة ومستفيدة من توفر الكادر المتخصص في تقنية المعلومات.

- هل تقدم منشآتكم دورات تأسيسية بالموضوعات التالية:

- منتجات مايكروسوفت(تثبيت وتهيئة بيئات ويندوز وتطبيقاتها).

- تصميم وبناء وصيانة الشبكات.

- أمن شبكات الحاسبات والتصدي لمحاولات اختراقها.

- إدارة نظم البريد الإلكتروني.

- كيف يتم الحصول على التدريب التقني في منشآتكم؟ إذا كانت المنشأة تفتقر إلى الأيدي العاملة الماهرة تقنياً وإلى المدربين الذين يقومون بتدريب هذه الأيدي العاملة.

- عن طريق شبكة الانترنيت التي تزود المتدربين بكافة ما يحتاجونه إليه من مواد.

- النفاذ عبر البريد الإلكتروني إلى المدربين المتواجدين في جميع أنحاء العالم.

- مؤتمرات الفيديو للمدربين في الدول المتقدمة التي تنفع المتدربين في منشآتكم.

- هل تستخدم المنشأة برامج أوفيس أكس بي OFFICE XP لتسهيل عمليات إنشاء وعرض التعليقات والحوارات والمناقشات في المؤتمرات والاجتماعات وذلك للحصول على أفضل النتائج الممكنة.

- هل تستخدم المنشأة برامج للاتصالات عن طريق الانترنت قادرة على الربط بين المركز الرئيسي. وبين المصانع التابعة لها وبين الموظفين والزبائن باستخدام أجهزة الهاتف النقال ووسائل الاتصالات الصوتية والمرئية والشاشات التي تعمل باللمس والتحكم الإلكتروني.

- هل تتوفر لدى المنشأة مجموعة برامج من الأجهزة الخادمة التي تمكنها من الاستفادة من الخدمات الإلكترونية عالية الأداء مثل البريد الإلكتروني والنشر على الانترنت كوسائل سهلة للتواصل ونقل البيانات والملفات.

- هل تستخدم المنشأة الأقراص المدمجة والبريد الإلكتروني والفيديو الرقمي كوسائل مهمة في مؤتمرات النقاش والاجتماعات الإلكترونية وكتقنية معتمدة في إدارة الاتصالات عن بعد عبر الشبكة.

- هل أن شبكة المنشأة الداخلية مربوطة بشبكات أخرى خارجية مكونة بذلك شبكة واسعة النطاق(Wide Area Network) ومستخدماً الجسور والمحولات لربط الشبكات ببعضها.

- هل تستأجر المنشأة انترنت أو خدمات البريد الإلكتروني عند قيامها بعقد الاجتماعات مع العاملين والاتصال معهم مباشرة من مكاتبهم التي تشغل مساحات كبيرة بهدف تنسيق جداول عملهم بالمجهزين والمستثمرين والمقرضين والبنوك.

- هل تستخدم المنشأة الأجهزة النقالة وتلفزيونات الشبكة وأجهزة الكومبيوتر الكافية للاتصال مع العالم.

الباب الرابع

بناء نظام المعلومات الإدارية

الفصل الثاني عشر: بناء نظام المعلومات التقليدية.

الفصل الثالث عشر: بناء نظم المعلومات المتطورة.

مقدمة

ما الغاية من وراء تحديث نظم المعلومات الإدارية في منشآتنا الصناعية؟ أنستطيع القول بأن برنامج التطوير أو التحديث يجب أن يبدأ، وأن رؤيا التغيير في النظم يجب أن تخرج من إطار الرؤيا النظرية إلى حالة التطبيق عبر البدء بتحديثها وتطويرها، وكيف تعمل على إخراج النظم المعمول بها حالياً في منشآتنا من وضعها الحالي الذي يعاني قصوراً في الوظائف والواجبات.

هذه الأسئلة الهامة والكثيرة تفتح الباب على مصراعيه للتساؤل عن إمكانية بناء نظم معلومات إدارية فاعلة وكفؤة في منشآت وطننا العربي الكبير، ونحن ندرك أن عملاً كهذا ليس سهلاً ويتطلب جهوداً تطويرية مفيدة ودقيقة يقوم بها محللي النظم ومهندسي الحاسبات الإلكترونية والمدراء التنفيذيين على اختلاف مستوياتهم الإدارية، وكلنا نعتقد أن مساهمة ومشاركة هؤلاء الأفراد في تطوير أو تحديث النظم المعمول بها في منشآتهم صارت ضرورة ملحة. وما يعزز اندفاعنا في هذا الاتجاه حقيقتان أساسيتان، الأولى أن منشآتنا الصناعية بحاجة إلى بناء نظم معلوماتية متقدمة علمياً وتكنولوجياً والثانية هو أن يستطيع الباحثون المطورون والمهتمون في تحديد المشاكل التي تواجه النظم المعمول بها حالياً عند العمل على تطويرها وتبيان نقاط القوة والضعف التي تعاني منها.

إذن ما العلاج..؟ وأين يمكن أن يتم...؟ وكيف يقدر العلماء والباحثون والمهتمون على فعله.

تلك أسئلة حيوية لا بد من صياغة الإجابات السليمة عليها وهذا ما يرمي إليه هذا الجزء من الكتاب عبر صفحاته التالية.

كما يهدف هذا الباب من استكشاف دور المهتمين ومحللي النظم في عملية التطوير المقترحة في إطار يتكامل ويتفاعل مع مجمل عناصر العملية التطويرية ومجالاتها المختلفة داخل المنشآت الصناعية وخارجها والعوامل الأساسية التي تتأثر بها وتؤثر فيها.

كما يقدم هذا الباب عرضاً للجوانب المختلفة لعملية تحليل النظم والأعمال الإدارية في داخل المنشآت الصناعية وباختصار فإن أنشاء نظم معلومات متطورة يجب أن ترتكز على جملة من المبادئ أهمها:

- الغايات التي من أجلها يتم التطوير.

- الأهداف التي يسعى إليها التطوير.

يتناول هذا الباب موضوع بناء النظم وهي دراسة لا غنى عنها للقارئ وكذا للإدارة في منشآتنا.

أن الإلمام بمنهج البناء لا يتم إلا بدراسة الطرق المختلفة المستخدمة في عملية التطوير ومراحل التحديث وكذلك معرفة تفاصيل وخصائص وغايات كل طريقة وهذا ما تعني بدراسته مادة هذا الباب والذي اشتمل على عدة أجزاء تتناول ما يلي:

1. استخدام مدخل النظم في حل مشاكل الأعمال.

2. النظم التقليدية- دورة حياة النظم.

3. النظم المتطورة:

أ. طريقة النموذج الأصلي (Prototyping).

ب. تطبيق البرمجيات الجاهزة (Application Software Package).

ج. تطوير المستخدم النهائي (End- User Development).

د. طريقة المصدر الخارجي (Outsourcing).

لا يوجد هناك طريقة واحدة يمكن استعمالها لكل الحالات والأنواع للنظم، وذلك لأن كل واحدة من هذه الطرق له فوائد ومآخذ وكل واحدة تقدم للقارئ اختيارات متعددة.

هنالك طرق عدة متبعة، وعلى المنشأة أو المسئولين فيها تحديد الأنسب منها لتلبية الاحتياجات الحالية والمستقبلية، نحن سنوضح من خلال الفصول التالية خصائص

244

وصفات ومتطلبات كل طريقة ونقارن أساليب بناءها حتى تتمكن المنشأة كيف تختار المناسب لها.

يحتوي هذا الباب على خمسة فصول. يتناول الفصل الحادي عشر عرضاً نظرياً وتطبيقياً لموضوع استخدام مدخل النظم في حل مشاكل الأعمال، بينما يتناول الفصل الثاني عشر ـ موضوع بناء نظام المعلومات التقليدية فيما خصص الفصل الثالث عشر لبناء نظم المعلومات المتطورة، في حين ركز الفصل الرابع عشر على تقييم فاعلية نظم المعلومات الإدارية واختص الفصل الخامس عشر ـ باستعراض مراحل استحداث نظام المعلومات المتكامل.

الفصل الحادي عشر

استخدام مدخل النظم

أهداف الفصل:

بعد دراسة هذا الفصل يجب أن تكون قادراً على معرفة:

1. مجموعة الفعاليات المترابطة التي تتكون منها طريقة مدخل النظم لحل مشاكل الأعمال.

2. المراحل التي تمر بها شركة (zerox) عند تطبيق طريقة مدخل النظم.

3. كيفية استخدام System thinking لفهم ودراسة المشاكل التي تواجه المنشآت.

4. كيفية استخدام مدخل النظم كأطر لحل المشكلة بهدف المساعدة في اقتراح حلول للمشاكل التي تواجه نظم المعلومات في المنشأة.

248

استخدام مدخل النظم(System Approach) لحل مشاكل الأعمال التي تواجه المنشآت

لنبدأ أولاً بالقول أن المشاكل التي تعاني منها كثير من المنشآت هي نتيجة واقع سائد وجذور مغروسة في صميم عملها وإنتاجها، وأن لها أسباباً موضوعية يمكننا اكتشافها وتحديدها ووضع الحلول الناجعة لها عن طريق استخدام مدخل النظم (Systems approach).

وتتكون طريقة مدخل النظم Systems approach من مجموعة من الفعاليات والأنشطة المترابطة والمتفاعلة بحيث يتأثر كل منهما بالآخر ويؤثر فيه إيجابياً وسلبياً على مدى المسار الطويل الذي يبدأ بتحديد المشكلة الرئيسية وتنتهي بعملية تطبيق الحلول لها، وهذه الفعاليات هي. لاحظ الشكل (1-11)

* تحديد أو تشخيص المشكلة عن طريق استخدام System thinking.

* تطوير وتقييم حلول بديلة للنظم.

* اختيار الحل الأفضل لتلبية المتطلبات.

* تصميم حل للنظام الذي تم اختياره.

* تنفيذ وتقييم النجاح للنظام المصمم.

والحقائق السابقة لا بد من الإشارة إليها عندما نتحدث عن تطوير حلول لإحدى المشاكل التي تعاني منها شركة ما.

ويمكن تلخيص ما سبق بوجود علاقة تكاملية غير قابلة للانفصال بين خمسة أنشطة تمثل أهم أنشطة تطوير حلول لمشاكل نظم المعلومات الإدارية.

ويمكن أبراز العلاقة التكاملية بين هذه الأنشطة الخمسة من خلال دراسة تفاعل كل نشاط مع الأخر ومن ثم بيان ما يترتب على هذا التفاعل من نتائج تنعكس على برنامج تطبيقي على إحدى الشركات المختارة(شركة Zerox) مثلاً والتي

تتمثل في قضايا الاختناقات التسويقية وانخفاض الطلب الناجم عـن تـأخر وصـول المعلومـات المتعلقـة بالأسعار والإنتاج إلى صناع القرار.

	المراحل	التساؤلات	التشخيص	الحلول	الاحتياجات
1-	مرحلة تحديد المشكلة	تحديد الاحتياجات والمستلزمات الضرورية	تحديد عدد من المشاكل الرئيسية	تشخيص واختيار مشكلة واحدة يتفق عليها	توثيق وترتيب السبب الرئيسي للمشكلة
2-	مرحلة تحليل المشكلة	توضيح المعلومات المطلوبة	تحليل المتطلبات الضرورية	تدقيق الأسباب للمشاكل	إعداد مخططات سير الأعمال
3-	مرحلة إعداد حلول احتمالية	كيف يمكن صنع التغيير	أفكار متعددة عن كيف يمكن صنع التغيير وحل المشكلة	توضيح حلول احتمالية	قائمة الحل وتحديد متطلبات النظام
4-	الاختبارات والتأكد من الحلول الاحتمالية	ما هي أحسن طريقة لإنجاز الحل المحتمل	معايير متعددة لتقييم الحلول المحتملة واختيار صلاحية النظام	استخدام المعيار المتفق عليه لتقييم الحل	وضع خطة لصنع وتدقيق التغيير والتقييم للحل
5-	التطبيق والتنفيذ	هل أن الشركة تطبق الخطة الموضوعة	خطط متعددة	تطبيق الخطط المتفق عليها	انجاز متطلبات التطبيقات التكنولوجية الجديدة

250

-6	المتابعة والصيانة	هل يعمل النظام بصورة جيدة وحقق الأهداف المطلوبة منه	تقييم وتنفيذ النظام للوقوف على مواطن القوة والضعف فيه	تشخيص المشاكل المتفق عليها(إذا وجدت)	الاتفاق على تحديد المشاكل المستمرة التي تواجه النظام

الشكل (11-1) يوضح المراحل التي تمر بها شركة عند تطبيق طريقة مدخل النظم لحل المشكلة المعنية.

تحديد المشاكل وتشخيص الغرص

لا بد من التأكيد هنا، على أن معرفة المشاكل الرئيسية التي تواجه المنشآت وتحديد الفرص المحتملة لإيجاد الحلول المناسبة لها هما الطريق الصحيح للوصول إلى الأهداف المنشودة في أية منشأة.

من جانب آخر فإن المتبع لمسيرة دراسة أي مشكلة محددة لا يملك إلا أن يلاحظ أنه يجب التمييز ما بين الأعراض Symptoms لمشكلة من المشاكل وبين المشكلة بحد ذاتها. إذ يخطئ بعض المعنيين والمثقفين في الخلط بينهما على نحو متداخل فيه الكثير من اللبس والتشويش، والواقع أن أحدهما جزء من الآخر، فالأعراض هي مجرد علامات Signals للمشكلة نفسها.

وعلى سبيل المثال، تعرضت مبيعات شركة بروجرس سوفت إلى الانخفاض وهي الشركة العاملة في مجال تطوير الحلول والبرمجيات وتعددت أسباب هذا الانخفاض حيث ربطها المدراء بتأخر وصول المعلومات المتعلقة بأسعار المنتجات من حيث الكم والنوع وكذلك عدم عدالة وتكافؤ الفرص في الحصول على هذه المعلومات من حيث التوقيت مما يجعلهم يصنعون قرارات تعتمد على معلومات تصل بوقت متأخر جداً.

الفرص: تستطيع الشركة زيادة مبيعاتها بشكل ملموس عن طريق توفير معلومات إلى المجهزين والبائعين عن كشوفات الأسعار والمنتجات في التوقيت السليم والمناسب وهذه هي الفرصة والحل الأمثل لزيادة المبيعات.

أن تحديد المشكلة هنا هو ليس في التفاؤل أو التشاؤم ولكنها في السياسات والمناهج، وفي الأوضاع المحيطة في المنشأة وما هو مفروض على المنشأة من عوامل خارجية.

والمحاولة في تحديد المشكلة وتبيان المسؤوليات يبدأ من البحث عن الأسباب وتشخيص المرض أو الأزمة بهدف إيجاد العلاج الشافي. أن العلاج يأتي من داخل المنشأة من إرادة التغيير ومن الرغبة الذاتية الحقيقة في الإصلاح وإحياء عوامل الإبداع في المنشأة وتوفير الأجواء لتنمية المواهب.

System Thinking

لا يختلف اثنان على أن طريقة System thinking هي من أهم الطرق المتعلقة بفهم ودراسة المشاكل التي تواجه أي منشأة من المنشآت خاصة فيما يتعلق بدور هذا الأسلوب التحليلي لعلاج هذه المشاكل، أن الإلمام بـ System thinking وتوجيه الجهود الجماعية المنظمة باتجاه تحقيق العلاج المطلوب للمشكلة يعتبر أمراً حيوياً للإنجاز الفردي Personal fulfillment ولا نجاح الأعمال في عالم يتسم بالمرونة وسرعة التغيير.

فإذا أخذنا أسلوب System thinking بمفهومه الشامل نجد أن هذه أهمية تطبيقه في تصميم وتحليل نظم المعلومات الإدارية يرجع إلى عدد من الحقائق التالية:

1. دراسة النظم يقوم على مبدأ أساسي هو أن أي نظام يتكون من مجموعة من النظم الفرعية التي تتأثر بعضها مع البعض الآخر وتؤثر جميعها في تطور وتحديث النظام الرئيسي.

يساعد system thinking محلل النظم على إلقاء الضوء على المكونات المهمة والعلاقات الحيوية للنظم في أي ظرف Situation ورؤية عمليات التغيير التي تحصل بين النظم المختلفة بما يحقق المنفعة المتبادلة والاستفادة المثلى.

أن الشكل (2-11) يوضح تطبيق System thinking في شركة صناعية مع مثال لعدد من النظم الأساسية ومكوناتها والعلاقات المتداخلة في بعضها مع البعض الآخر.

2. أن مفهوم System thinking يوفر لمحللي النظم المعلومات ذات قيمة تتعلق بعمليات التغيير الذي يحصل بين النظم. أن عمليات التغيير هذه تتفاوت حدتها وعمقها وتأثيراتها على النظم من منشأة لأخرى. أن تطبيق System thinking على الحالات التي تسعى إلى فهم مشكلة أو فرصة في المنشآت الصناعية مثلاً يتطلب دراسة النظام الشامل والنظم الفرعية ومكونات النظم في أي مكان يتم تحليله، لأن وجهة النظر هذه تضمن بأن العوامل المهمة والعلاقات المتداخلة فيما بينها قد وضعت تحت التمحيص والفحص وذلك بهدف توفير الظروف التي تساعد على توجيه الجهود والإمكانات لتحقيق الأهداف المنشودة بفاعلية.

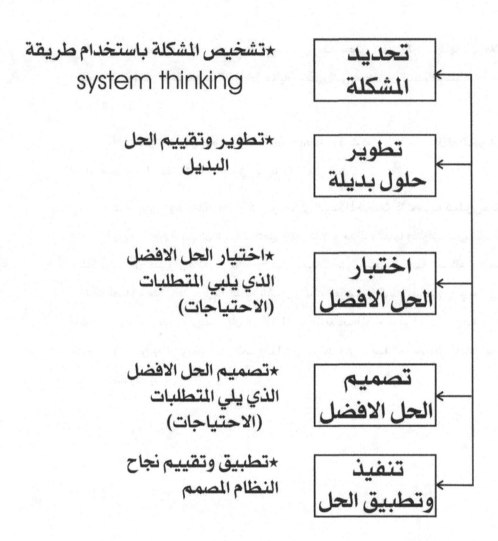

★تشخيص المشكلة باستخدام طريقة system thinking	تحديد المشكلة
★تطوير وتقييم الحل البديل	تطوير حلول بديلة
★اختيار الحل الافضل الذي يلبي المتطلبات (الاحتياجات)	اختبار الحل الافضل
★تصميم الحل الافضل الذي يلي المتطلبات (الاحتياجات)	تصميم الحل الافضل
★تطبيق وتقييم نجاح النظام المصمم	تنفيذ وتطبيق الحل

شكل (11-2) يوضح كيفية استخدام System thinking لمعرفة المكونات والعلاقات المتداخلة للنظم في المنشآت الصناعية

وعلى سبيل المثال أن المنشأة هي المخطط الاستراتيجي للسياسات المتعلقة بتطوير النظم عن طريق تحديد المشاكل المستعصية وإيجاد الحلول لها وهي صاحبة التقويم النهائي للخطط والبرامج المتعلقة بهذا المجال وتقوم بتهيئة كافة متطلبات النجاح.

أن جميع النظم الحالية في أية منشأة تستلزم من محللي النظم أن تتفهم طبيعتها وآلياتها وتفاعلاتها وعلاقات بعضها ببعض ويتطلب فهم عناصر كل نظام ومكوناته الأساسية كالمدخلات input والمعالجات processing والمخرجات output والتغذية الاسترجاعية feedback.

ويمكن توظيف هذه الفكرة عند التخطيط لفهم مشكلة من المشاكل التي تواجه النظام. فعلى سبيل المثال يمكننا النظر إلى وظيفة المبيعات الضعيف(مخرجات) الناجم عن جهود مبيعات غير كافية(المدخلات) وإجراءات مبيعات قديمة(معالجة) ومعلومات مبيعات غير صحيحة (تغذية استرجاعية) أو إدارة مبيعات غير كافية(رقابة). لاحظ الشكل (11-3) الذي يساعد في فهم مشكلة المبيعات بصورة أفضل عن طريق تشخيص وتقييم مكونات نظام المبيعات.

ويمكن تلخيص ما سبق بوجود علاقة تكاملية غير قابلة للانفصال بين خمسة أنشطة تمثل أهم أنشطة ووظائف المبيعات.

تطوير الحلول البديلة (Developing alternative solutions).

تتباين الآراء الإدارية حول مدى فائدة تطبيق الحلول المختلفة لحل المشاكل التي تواجه المنشآت لتطوير نظمها الحالية وفيما يرى رأي إداري بأن الخبرة هي مصدر جيد للحلول، إلا أن رأي إداري آخر يرى أن النصيحة advice مفيدة في هذا المجال على الرغم من كثرة الحديث عن موضوع تطوير الحلول البديلة والدراسات التي تناولتها بحثاً وتمحيصاً، إلا أنها بقيت موضوع يستحق التركيز عليها وخاصة ونحن بصدد إيجاد حلول ناجعة لكي تستفيد منها المنشآت الصناعية.

منذ أن بدأ محللو النظم وغيرهم من المفكرين يحللون المشاكل المستعصية التي تواجه منشآتهم الصناعية، اختلفوا في التأكيد على استخدام الطرق التقليدية أو على استخدام الطرق العلمية الحديثة. ففريق من المخططون والتنفيذيون صوبوا

أنظارهم واهتماماتهم إلى قيمة المدير وما اكتسب من خبرة وقدرات وما يمثلوا من قيم، بينما أنصرف آخرون إلى التركيز على الطرق العلمية الذي تستخدم أفضل التقنيات في تطوير الحلول البديلة.

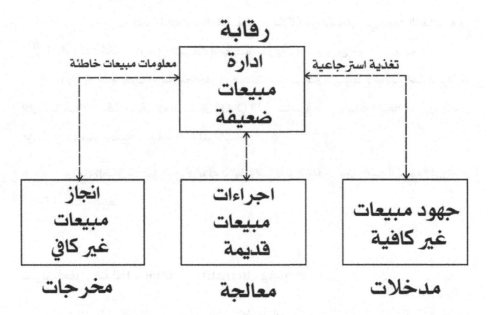

شكل (3-11) يوضح عملية تشخيص وتقييم نظام المبيعات

أن الحلول لمشاكل التطوير في أنظمة المعلومات بحسب الفريق الأول يحصل عن طريق استخدام الحدس (intuition) والنصح (advice) وتوصيات الاستشاريين واقتراحات خبراء النظم.

بينما يعتبر الثاني أن الحلول تأتي عن طريق طرق نموذجية وبدائل أكثر واقعية.

ولكل من الفريقين حججه ونصيب رأيه من الصحة أو الخطأ. والباحث مع انحيازه إلى موقف الفريق الثاني وتأكيده على العنصر التقني والأساليب العلمية في

تحليل المشكلات واتخاذ القرارات كاستعمال(decision support software package) لتطوير وإدارة الأنشطة التجارية والتسويقية والمالية.

تقييم البدائل:

هناك حقائق يجب أن لا يتم إغفالها، عند التحدث عن موضوع تقييم الحلول البديلة واختيار الحل الأفضل الذي يلبي الاحتياجات الفردية والتجارية للمنشأة. أن التقييم يستوجب أن يركز على نوعية الحلول وتلبية متطلبات تطوير النظم وأن يكون موجهاً لحل مشكلة للقطاع الصناعي ويحقق إضافة معقولة في مجال التحديث والتطوير يجب أن يكون التركيز والاهتمام بموضوع التقييم بالشكل الذي يمكن أن يعود بالنفع على نظم المعلومات الإدارية.

أن نجاح التقييم يعتمد على المقارنة والتخصصية والمتابعة. يمكن لمحلل النظم استخدام المقارنة بين الحلول البديلة لأنها تلقي ضوءاً على أفضل الفرص الملائمة لحل المشكلات وتساعد على الكشف عما يهدف إليه كل حل على حدة لتشخيص الحل الأفضل.

فعلى سبيل المثال، أن أحدى شركات الاتصالات كانت تقوم بتطوير متطلبات محددة لحل مشاكل المعلومات المتعلقة بمبيعاتها التي كانت السبب الأكبر في الخسارة التي كانت تعاني منها سنوياً. لقد تبين من خلال الدراسات التي قامت بها الشركة أن أسباب الخسارة يعود إلى وصول المعلومات إلى الجهات التي طلبتها في وقت متأخر وغير مناسب.

لذا من المهم الارتقاء بقسم المبيعات في الشركة لكي تقوم بتهيئة كافة متطلبات تطوير نظام المعلومات المعمول به حالياً لدعم عملية صنع القرار.

اختيار الحل الأفضل

من المحتمل أن تقوم الإدارة باختيار حوسبة النظام الحالي بعد تقييم الحلول الأخرى. سيعمل النظام المطور على جعل محاسبة المبيعات أكثر فعالية وتطويراً ويسهل

مراقبة العمليات التي تتعلق بالمبيعات بشكل يزيد من معدل الإنتاجية العائد إلى تمتع نظام المبيعات بدرجة عالية من الاتمته.

أن قسم المبيعات سيتمكن من خلال استعمال نظام معلومات محوسب من تخطيط وضبط شامل ومحدد للمعلومات التي يبنى عليها مدير المبيعات قراراته الإستراتيجية.

مرحلة تطبيق النظام المقترح

يستلزم تحديث وتطوير النظم الحالية في منشأة خلق البيئة المناسبة للتغير التكنولوجي إلى جانب تأكيد الشفافية ووضوح الوجهة في القوانين والأنظمة والممارسات الإدارية التي تؤثر على الهيئة النفسية عند العاملين في مختلف أقسام المنشأة.

أن نجاح تنفيذ وتطبيق النظام مرتبط أشد ارتباط بالكوادر العاملة في المنشأة المتمثلة بالمدراء واختصاصي الحاسوب والمستفيدون النهائيون. في وقت التطوير تكون جهود هؤلاء الأفراد موجهة للبناء والتحديث حيث تسهم أعمالهم في تحسين مستوى الأداء للنظم الحالية كما تسهم في تطوير مواصفات التصميم وخطة التطبيق. تتضمن مواصفات التصميم الصفات المفصلة لأجهزة الحواسيب Hardware والبرمجيات Software ونشاطات نظم المعلومات المطورة، وتحدد خطة التنفيذ حجم الموارد والنشاطات والتوقيت المطلوب للتطبيق. لذلك فإن المنشأة تضع نصب عينيها العديد من الأهداف والخطط الرامية للنهوض بالنظم الحالية تقنياً ومن أبرزها حوسبة النظم المعمول بها حالياً، تطوير الإجراءات التشغيلية للنظم وتدريب المسئولين والفنين.

مرحلة متابعة التطبيق(Post- implementation Review)

من الضروري أن تعمل الإدارة المسئولة في المنشأة على توجيه أقسام متابعة تطوير النظم التي يتم استحداثها لتتولى ليس فقط المتابعة لتقييم نتائج تنفيذ الحلول وإنما تسهيل عملية تطبيق وتفعيل النظام المعلوماتي الشامل والمحوسب عبر شبكة حاسوبية تربط قنوات البيع مع المركز الرئيسي في المنشأة.

أن الهدف من التركيز على متابعة التطبيق هو تحديد فيما إذا كان الحل الـذي وضع موضـع التنفيذ يمكن أن يفيد المنشأة فعلاً وأن النظم الفرعية تستطيع تلبيـة احتياجـات النظـام الشـامل وتحقـق أهدافه.

الفصل الثاني عشر

بناء وتطوير نظم المعلومات الإدارية

أهداف الفصل:

بعد دراسة هذا الفصل يجب أن تكون قادراً على معرفة:

1. المراحل التي يمر بها بناء نظام المعلومات الإدارية بموجب الطريقة التقليدية.

2. الأهداف التي تسعى المنشآت إلى تحقيقها عند إعداد دراسات الجدوى الاقتصادية والفنية والاجتماعية.

3. الفوائد التي تحققها المنشأة عند تطوير نظمها.

4. الوسائل الفنية المستخدمة في تحليل نظم المعلومات الإدارية.

طريقة دورة حياة النظم (الطريقة التقليدية)

لا تزال هذه الطريقة تستخدم اليوم في كثير من المنشآت المتوسطة والكبيرة بالرغم من أنها مـن أقدم الطرق المستخدمة في بناء النظم. ما الذي تعنيه دورة حياة النظم، بكل الاختصار الممكـن تعنـي بـأن النظام له دورة حياة مشابهة لدورة حياة أي كائن حي Living Organism بداية والوسط والنهاية.

ولهذا فإن أول سمه لهذه الطريقة التقليدية هي مرورها بعـدة مراحـل تطويريـة   (شكل 12-1).

وثاني سمة لهذه الطريقة هي أن كل مرحلة تتكون من فعاليات رئيسية ينبغي أن تنجز قبـل أن تبدأ المرحلة التالية:

لعل من أهم حقائق طريقـة دورة حيـاة الـنظم هـي أن الفعاليـات الرئيسـية مترابطـة بعضـها البعض وتعتمد كل فعالية على الفعالية الأخرى.

ويرى مهتمون ومختصون في بناء نظم المعلومات بأن التطوير بموجب هذه الطريقـة يسـتوجب خمسة مراحل أساسية.(شكل 12-2).

أ.   مرحلة الفحص(investigation) تحديد المشكلة أو الغرض.

ب. مرحلة التحليل(Analysis)- تحليل النظام.

ج. مرحلة التصميم(Design)- تصميم النظام.

د.   مرحلة التنفيذ والتطبيق.

هـ مرحلة الصيانة- التقييم والمتابعة.

مرحلة تحديد الهدف من الدراسة- مرحلة الفحص

في هذه المرحلة تطـرح تسـاؤلات كثيـرة تـدور كلهـا حـول الأهـداف المحـددة لـبرامج التطويـر والتحديث والوسيلة التي ينبغي استخدامها لتحقيق هذه الغاية. ولعل أبرز هذه التساؤلات هي ما يلي:

– هل أن المنشأة تواجه مشكلة؟

– من الذي يسبب هذه المشكلة؟

– هل أن تطوير أو تحديث نظام المعلومات يساعد على حل المشكلة؟

– هل توجد نوايا حقيقية عند المسئولين للقيام بهذه الدراسة؟ وهناك بعض الأسئلة التي تطرح نفسها فيما يتعلق بالوسائل وأساليب العمل التي يجب أن تستخدم باتجاه تطوير فعلي حقيقي للنظم.

أن أحد الإجابات الرئيسية على هذه التساؤلات هي اقتراح الاستراتيجيات التي يمكن توظيفها لبناء نظم معلومات على أسس حديثة وتحديد الخطة العامة للمشروع المقترح التي يمكن أن تعرض على المعنيين.

وهناك نقاط مهمة يجب أن تؤخذ بنظر الاعتبار مثل القيام باختبار النظام المقترح تطويره.

الاعتبارات الاقتصادية، أن هذا الاعتبار هو أحد الاعتبارات المهمة لأن تطوير نظام إداري لا يجلب فوائد أو لا يحقق أرباح للمنشأة معناه ضياع للوقت والجهود المبذولة. ولهذا ينبغي أن يتم اختيار النظام الذي يعاني من مشاكل عميقة يمكن أن يؤدي حلها إلى تحسين كفاءة وفاعلية نظام المعلومات القائم في المنشأة وفيما يلي نحدد بعض المشاكل التي تؤدي إلى ضعف وفشل نظام المعلومات:

1. عملية تعتبرها الاختناقات التي تعوق أو تؤخر عمليات إنتاجية أخرى، أو العمليات التي تستهلك كميات كبيرة من المواد والمعدات والعمل، أو أن حركة المواد تستغرق وقتاً طويلاً نتيجة للمسافات الطويلة التي تقطعها أو العمليات التي تتضمن أشغال متكررة وتستمر لمدة طويلة.

2. ارتفاع كلف المصاريف في جميع عمليات المنشأة وعدم رضا العملاء داخلياً وخارجياً سبب استخدام العمليات والإجراءات اليدوية.

3. أن النظم الحالية لا تستطيع تزويد الإدارة بالمعلومات الصحيحة والأدوات التي تساعدها على الاستجابة لمختلف المواقف التي تطرأ أثناء واقع العمل اليومي.

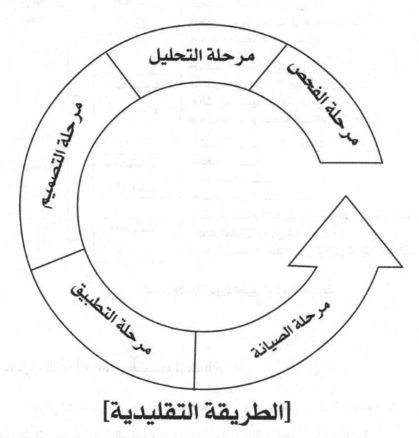

[الطريقة التقليدية]

الشكل (12-1) يوضح مراحل بناء وتطوير نظام المعلومات الإدارية

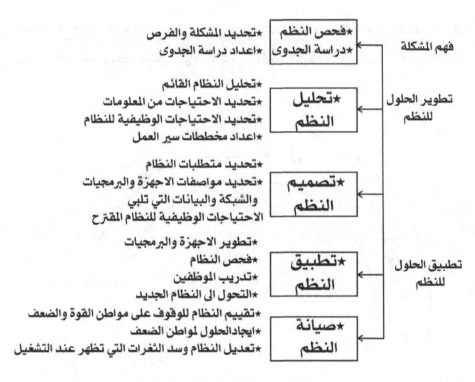

فهم المشكلة	★فحص النظم ★دراسة الجدوى	★تحديد المشكلة والفرص ★اعداد دراسة الجدوى
تطوير الحلول للنظم	★تحليل النظم	★تحليل النظام القائم ★تحديد الاحتياجات من المعلومات ★تحديد الاحتياجات الوظيفية للنظام ★اعداد مخططات سير العمل
	★تصميم النظم	★تحديد متطلبات النظام ★تحديد مواصفات الاجهزة والبرمجيات والشبكة والبيانات التي تلبي الاحتياجات الوظيفية للنظام المقترح
تطبيق الحلول للنظم	★تطبيق النظم	★تطوير الاجهزة والبرمجيات ★فحص النظام ★تدريب الموظفين ★التحول الى النظام الجديد
	★صيانة النظم	★تقييم النظام للوقوف على مواطن القوة والضعف ★ايجاد الحلول لمواطن الضعف ★تعديل النظام وسد الثغرات التي تظهر عند التشغيل

الشكل (2-12) دورة تطوير النظم التقليدية

الاعتبارات الفنية (Technical considerations)

ينبغي التأكد من توافر الخبرة الفنية الكافية التي يمكن أن تلقي بعض الضوء على المشاكل أو الصعوبات التي تعترض تنفيذ الدراسة ومن ثم المساهمة الفعلية في إيجاد الحلول الناجعة لها.

ردود الفعل الإنسانية (IIuman Reactions)

ليس من المبالغة إذا قلنا أن لا قيمة لأي دراسة تهدف إلى تحديث أو تطوير النظم الحالية ما لم تأخذ بالحسابات ردود الفعل الفكرية والانفعالية للاستقصاء وتغيير الطرق. فقد لوحظ أنه يتعذر أو يصعب التكهن بها بصورة دقيقة ومع ذلك فإن توافر الخبرة والدراية الفنية اللازمة لدى العاملين في المنشأة سيساعد كثيراً في تذليل

266

هذه الصعوبات. وبصورة عامة يمكن القول إن من الأفضل اختيار دراسة الموضوع الذي لا يخلق الاستياء والقلق، فكلما ظهرت في الأفق علامات الاستقرار والتفاؤل بنتائج الدراسة فإن أسباب القلق والجمود والتردد تتبدد وتحل محلها أسباب الثقة والفاعلية البناءة لدى الأفراد والتكهن في تحقيق تطور ملموس في إجراءات العمل وتقليل الجهود والتكاليف. ولا ريب أن الدراسة التي ترفع من كفاءة النظام الإنتاجية باستمرار هي التي تضمن القبول والتطبيق.

دراسة الجدوى:

قبل البدء بتنفيذ مشروع تطوير نظم المعلومات الإدارية لا بد من عمل دراسة للجدوى الفنية والاجتماعية والاقتصادية المتوخاه منه بهدف معرفة قدرته على النجاح من عدمه وقدرته على تحقيق الفوائد الملموسة والفوائد غير الملموسة قبل المضي قدماً بتنفيذه.

تقييم الجدوى(Feasibility Assessment)

يقصد بتقييم الجدوى جميع الدراسات المتعلقة بالنواحي الفنية والاجتماعية والاقتصادية التي تؤثر تأثيراً مباشراً على كفاءة نظام المعلومات الإدارية الحالي وذلك بهدف اكتشاف نقاط القوة أو الضعف فيه. وتوضح هذه الدراسات جدوى تطوير النظام الحالي للمنشأة من عدمه بطريقة علمية فنية.

ونقدم فيم يلي شرحاً مختصراً لهذه الأساليب على النحو التالي:

لاحظ المخطط(12-3)

أولاً: تقييم الجدوى الفنية(Technical Feasibility):

وبناء على هذا التقييم تعتمد المنشأة على الخبراء والعاملون في حقل تقنية المعلومات لتقييم احتياجات النظام من البرامج والملفات والإجراءات والأدوات المعلوماتية، ويمكن قياس هذه الاحتياجات بوحدات كمية مثل حجم البيانات المستخدمة وعدد

مرات تحديث الملفات والخدمات وسرعة نقل البيانات وكمية المعلومات المخزونة في قاعدة البيانات.

وفيما يتعلق بموضوع معالجة البيانات المطلوبة فأن الدراسة الفنية تعطي ملخصاً للنقاط الآتية:

- تحديد طبيعة المكونات المادية الأساسية للحاسبة أو الأجهزة المستخدمة في جمع وخزن ومعالجة البيانات.

- تحديد أو اختيار البديل الأفضل من بين الوسائل الفنية المتوفرة فيما يتعلق منها بمعالجة الدفعات (Bach processing) المعالجة المتصلة(On- Line processing) والمعالجة المكروية (Miceo processing).

ومن الطبيعي أنه توجد عدد من العوامل التي يجب مراعاتها وأخذها في الحسبان عند الشروع بتطوير النظام الحالي للمعلومات الإدارية مثل:

- نوع المعدات المطلوبة للتطوير.

- كفاءة البنية التحتية للاتصالات.

ويقتضي الملاحظة بهذا الصدد إلى الإستراتيجية التي تأخذ بها المنشآت الصناعية لتطوير نظمها الحالية وذلك عن طريق استخدام أجهزة حاسبات بمواصفات متقدمة فإن ذلك يتوقف على ظروف وإمكانيات كل منشأة.

فمثلاً بالنسبة للمستخدمين في المنشآت الصناعية الصغيرة أصحاب الاستخدامات المحدودة والتطبيقات الفردية يبدو التطوير عن طريق استعمال أجهزة(ويندوز 2000) مثلاً بطاقاته الهائلة وميزاته الفنية عملاً مكلفاً.

تواجه الشركات الصغيرة مشكلة تمويل تطبيق نظام تقني جديد يتمتع ببنية تحتية ضخمة وذلك لأن تحديث الخدمات والملفات وتطوير برمجيات قواعد البيانات يستلزم توفير رأس مال كبير لا تستطيع هذه الشركات تجهيزه.

ومن جهة المنشآت الصناعية الكبيرة الأكثر غنى من الناحية المادية فأنها تستطيع أنفاق رأس المال على شراء أحدث التقنيات في مجال الأجهزة والبرامج وتوفير الكادر البشري المتخصص والمدرب الذي يعتبر العامل الضروري لتطوير نظم المعلومات الحالية.

تقييم الجدوى الاجتماعية (Social Feasibility):

العامل الأساسي الذي يجب وضعه في الاعتبار عند تقييم الجدوى الاجتماعية هو تحديد مدى تأثير النظام المطور على الأفراد والعاملين في المنشأة وبصورة خاصة ما يتعلق بتقييم تأثير حجم التطورات الفنية المتحققة على الرفاهية الاجتماعية وظروف العمل للموظفين ومعنى ذلك أن هذا النوع من التقييم يسير جنباً إلى جنب مع التقدم التكنولوجي والفني الذي يتحقق في المنشأة ويؤثر تأثيراً فاعلاً على كفاءة وفاعلية نظم المعلومات الإدارية.

وبالإضافة إلى ما سبق هناك أثار يحدثها التطور التقني الحاصل في نظم المعلومات على الهيكل التنظيمي للمنشأة والعاملين والعلاقات الإنسانية ومستويات الأجور والمهارات والصلاحيات ويتم دراسة كل هذه الآثار عند إعداد دراسات الجدوى الاجتماعية.

ومن جهة أخرى يستلزم الأمر القيام بتحديد التكاليف الاجتماعية المختلفة وهذه تشمل تكاليف التدريب والتنظيم والاستشارات وتطوير المهارات لتأمين العناصر ذات الكفاءات العالية في مجال تقنية المعلومات لسد الوظائف الشاغرة.

وبصفة عامة يمكننا القول بأن أهم الشروط لنجاح عملية تطوير النظام الحالي لنظم المعلومات هو التسلح بموظفين أكثر تدريباً وكفاءة لذلك يجب أن يكون المعيار الأساسي لاختبار الموظفين الجدد هو المهارة الفكرية والتقنية أي يقتضي اختبار الأشخاص المسلحين وخبرات في الحاسبات الإلكترونية.

تقييم الجدوى الاقتصادية (Economic Feasibility):

تعتبر دراسة الجدوى الاقتصادية من أهم الدراسات التي تنجز أو تعد قبل اتخاذ قرار بتطوير النظم الحالية للمعلومات في المنشأة الصناعية، وعلى قدر الدقة في أعداد هذه الدراسة على قدر ما يمكننا الاطمئنان إلى مستقبل رؤوس الأموال المستثمرة في تحديث الأنظمة الحالية وتطويرها.

أن اتخاذ القرار بتطوير النظم يستند على النتائج التي تطبقها مكاتب الخبرة المتخصصة إلى المنشأة والتي تعتبر الأساس التي تستند عليه الإدارة للاستمرار في خطة التطوير أو التوقف في إنجازها. لهذا فإنه أمر أساسي وجوهري وملح أن تتحمل الإدارة المسؤولية وإعطاء موضوع تطوير النظم الأهمية القصوى التي تستحق. تقوم مكاتب الخبرة المتخصصة باستخدام تحليل منفعة التكاليف(Cost/ Benefit Analysis) لأجراء المقارنة بين تكاليف تطوير النظام في المنشأة والمنافع الاقتصادية المتوقعة من التطوير مقدرة بوحدات نقدية.

تواجه مكاتب الخبرة المتخصصة بتقييم الجوى الاقتصادية، العديد من الصعوبات عند قيامها بتقدير التكاليف التشغيلية والتوفيرات المتوقعة للنظام المقترح. ولعل أبرز هذه الصعوبات هي:

- حساب بعض تكاليف تشغيل النظام المقترح مثل تكاليف صيانة وتحضير البيانات.

- حساب فوائد النظام غير الملموسة مثل قياس دقة المعلومات التي يوفرها النظام المقترح وسعة الاستجابة إلى المعلومات وسرعة المعالجة.

ونستعرض فيما يلي مراحل الدراسة الخاصة بتقييم الجدوى الاقتصادية:

المرحلة الأولى: تحديد كلفة تشغيل النظام الحالي.

المرحلة الثانية: تحديد كلفة تشغيل النظام المقترح.

المرحلة الثالثة: تحديد قيمة فوائد النظام المقترح.

المرحلة الأولى: تحديد كلفة تشغيل النظام الحالي

يتم تحديد عناصر تكلفة تشغيل النظام الحالي من السجلات والدفاتر المحاسبية التي تستخدمها أقسام محاسبة التكاليف والمحاسبة الإدارية في المنشأة. ويلاحظ أن أهم هذه العناصر هي كلفة المواد، كلفة اليد العاملة، المصاريف غير المباشرة والتكاليف غير الملموسة(Intangible costs).

ومن الجدير بالملاحظة أن تكاليف اليد العاملة وكلفة المواد تستخرج من الميزانيات التقديرية للأقسام الإنتاجية ومن السجلات المحاسبية، أما المصاريف غير المباشرة كالمواد والإضاءة والإيجار فيستخرج من سجلات مراكز التكلفة. ومن الملاحظ أن التكاليف غير الملموسة للنظام الحالي تتضمن فقرات مثل مبيعات غير مربحة بسبب مستويات خزين غير ملائمة أو سيطرة ائتمانية ضعيفة.

المرحلة الثانية: تحديد كلفة تشغيل النظام المقترح

ويلاحظ أن حجم التكاليف لتشغيل النظام المقترح يختلف تبعاً لاختلاف طبيعة وحجم الأجهزة المطلوبة كحجم المعالج والذاكرة ومرافق البنية التحتية الأساسية للنظام، ويمكن تقسيم فقرات كلفة التشغيل كالآتي:

أ.   المواد المستهلكة، المعدات، تحضير البيانات.

ب.   تكاليف تشغيل الحاسبة الإلكترونية(معدات وصيانة- مشغلين).

ج.   المسؤولين عن السيطرة على البيانات(معدات وخزين).

د.   المسؤولين عن صيانة النظام والبرامج.

والذي يهمنا من هذا الموضوع هو أنه يجب أن تولى الإدارة للمنشأة الصناعية اهتماماً كبيراً بتأمين بنية تحتية ضخمة من خلال التركيز على أحدث التقنيات في مجال الأجهزة والبرامج وكذلك استقطاب الكفاءات التي تساهم في تشغيل الحاسبة والسيطرة على البيانات وصيانة النظام.

ويمكننا تحديد هذه الكفاءات كما يأتي:

- مدراء تقنية المعلومات.

- المبرمجين المتمرسين الأكفاء.

- العاملين والاختصاصيين في مجالات المعدات والبرمجة.

- خبراء إدارة قواعد البيانات.

- خبراء برمجيات إدارة المعلومات.

- مصممي النظم من مهندسين ومحاسبين.

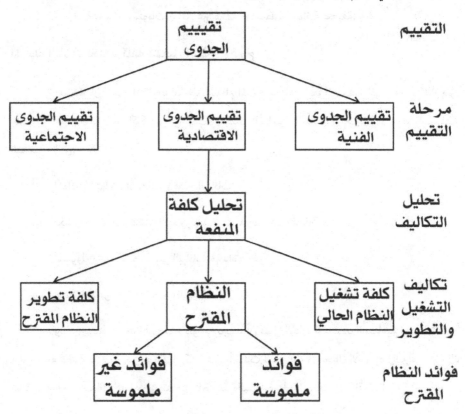

شكل (3-12) يوضح مراحل تقييم الجدوى لنظم المعلومات الإدارية

وفي الحالات التـي تعتمـد فيهـا المنشـآت عـلى كوادرهـا الخاصـة لتطـوير نظمهـا الإداريـة فأنـه يستوجب على هؤلاء الكوادر حضور مناهج تدريبية بأشراف طاقم من الخبراء لزيادة مهاراتهم وكفاءاتهم وتطوير قدراتهم بشكل يخفف من خطورة الخسـائر في تقنيـة المعلومات والتـي تـؤثر سـلباً عـلى البنيـة التحتية سواء كانت الخسائر في المعلومات أو الأجهزة أو الشبكات.

المرحلة الثالثة تحديد فوائد النظام المقترح

تعتمد كفاءة الخبراء في حقل تقنية المعلومات أو الخبراء المتخصصين في عمل دراسـات الجـدوى للمنشآت الصناعية إلى حد بعيد على الجدارة التي يظهروها في تقديراتهم الصحيحة لفوائد تطوير أنظمـة المعلومات الحالية.

حيث أنه من الملاحظ في القطاع الصناعي أنه يوجد نوعين من الفوائد من تطوير النظم يتطلب الأمر تحديدها على أساس علمـي وهـي فوائـد ملموسـة (Tangible Benefits) وفوائـد غـير ملموسـة (Intangible Benefits).

أ) الفوائد الملموسة:

لا شك أن قرار تطوير النظام الحالي للمعلومات يستلزم حساب الفوائد الملموسـة المرتقبـة مـن هذا التطوير والتي يمكن قياسها بوحدات نقدية فمثلاً تستطيع المنشأة من قياس التوفيرات التي تنجم عن خفض التكاليف بسبب التطور الحاصل في المعلومات. ومعنى ذلك أن تحديث النظام هو عامل أسـاسي في مساعدة الإدارة في استخدامها للموارد المالية بشكل أفضل.

وفيما يلي أمثلة على ما يقدمه استخدام الحاسبات من تسهيلات وفوائد للأعمال بشتى أنواعها:

أ. أن استخدام التقنية الحديثة لتطوير نظام السيطرة على الخزين في المنشأة يبلور العديد من الفوائد وأهمها تقديم خدمات أفضل وتحقيق توفيرات كبيرة في رأس المال.

ب. أن استغلال أحدث التطورات في عالم تكنولوجيا المعلومات في نظام السيطرة على الإنتاج سيزيد من الإنتاجية ويقلل التكاليف وذلك عن طريق إنتاج خطط مدروسة على صعيد تطوير الإنتاج ذو النوعية المتفوقة الجودة. وهو أفضل ما تصبو إليه الإدارة في المنشأة.

ج. أن المنشأة تستطيع هندسة البنى التحتية لتكنولوجيا المعلومات المرتكزة على (ويندوز 2003) لتزويد المستعملين بالسرعة اللازمة والسهولة المطلقة وملء الثقة بالنفس.

د. أن تطوير النظم باستخدام الحاسبة الإلكترونية سيوفر المعلومات الضرورية الملحة إلى الإدارة مما يسمح لها بالإطلاع الدائم والسريع على أوضاع الموردين والزبائن لتلبية احتياجاتهم المختلفة ويتيح لها القدرة على الحفاظ على اتصالات وروابط دائمة مع الزبائن والمصدرين والموظفين.

ه. أن تطوير النظم سيؤدي إلى تأمين مجموعة برامج معلوماتية متخصصة لتلبية احتياجات المنشآت الصناعية بدءاً من الأمور المالية والمحاسبية ومروراً بتنظيم الموارد البشرية والتحكم بنقاط البيع وانتهاءاً بالإستراتيجية العامة للمنشأة.

و. يستطيع أمين المخزن الاستفادة من قواعد البيانات المتطورة التي تخزن كميات هائلة من البيانات المتعلقة بالعمل والعملاء للوصول إلى المعلومات المطلوبة بسهولة وبسرعة وخلال ثوان فيستطيع أمين المخزن الاستفادة من الإحصاءات والتقارير ليعرف أي المواد تحتاج إلى تحضير الطلبات الخاصة بها وأن يحدّث قاعدة بيانات المخزون عند تسلم هذه الطلبيات، ويمكن أن يجري كل هذه العمليات أي موظف في قسم المخازن.

ويمكننا القول بصورة عامة أن الفوائد الملموسة التي تجنيها المنشآت الصناعية مـن إدخـال التكنولوجيا المتقدمة للحاسبات هو تعزيز مستوى قوة وسرعة أداء الأنظمة الحالية للمبيعـات والمخـزون والمحاسبة والإنتاج والعمليات المالية، فتصبح هذه الأنظمة أكثر مرونة وفاعلية وأسـهل اسـتخداماً بشـكل تمكن هذه الأنظمة المنشآت من تنظيم أعمالها وتسييرها بانسياب.

ب) الفوائد غير الملموسة:

وهي الفوائد التي تجنيها المنشآت الصناعية من تطبيق خدمات الأعمال الإلكترونية وتكنولوجيـا المعلومات والتي يصعب قياسها بالنقود في الحياة العملية.

ويمكننا تحديد هذه الصعوبات بما يلي:

أ- صعوبة تقدير تكاليف سرعة إيصال المعلومات في الوقت المناسب إلى طالبيها من صانعي القرار في المنشأة.

ب- صعوبة قياس السرعة الفائقة في الاستجابة إلى المعلومات.

ج- صعوبة قياس السرعة الهائلة الحاصلة في جمع البيانات وتحليلها وإدارتها وتخزينها وأهميتهـا في ما تقدمه من تسهيلات وفوائد للأعمال الإنتاجية بشتى أنواعها.

د- صعوبة قياس توفير الوقت والجهد لكل مدير أو موظف من خلال تقليص مراحل تنفيذ الخدمة المطلوبة لإنجاز أي عمل في المنشأة.

هـ- صعوبة قياس التكاليف المخفضة بتحرير موظفي المنشآت الصناعية من العمـل الروتينـي الممـل وتحسن سمعة المنشآت وإتاحة تبادل المعلومات بوضوح ودقة وسرعـة وذلـك باختصـار الوقـت اللازم للوصول إلى البيانات المخزونة التي يستخدمها المدير.

و- صعوبة قياس دور المعلومات في زيادة الإنتاجية ورفع الربحية وذلك عن طريق تخفيض تكاليف خطوط الإنتاج بالنسبة للمنتجات المباشرة وغير المباشرة.

فوائد ملموسة	مثال
* زيادة في حجم المبيعات والربحية.	* تطوير الخدمات الحاسوبية
* تكاليف معالجة المعلومات.	* الاستغناء عن الإجراءات غير الضرورية.
* تخفيض تكاليف التشغيل.	* حذف الوثائق(documents) الزائدة.
* تقليل الاستثمارات المطلوبة.	* تقليل(inventory carrying costs).
* زيادة في الطاقة التشغيلية والكفاءة.	* تقليل الاستثمارات في التخزين.
	* تحسين القدرة والكفاءة الإنتاجية عن طريق تقليل العوادم(spoilage) والوقت الضائع.
فوائد غير ملموسة	**مثال**
* توفير المعلومات المحسنة أو الجديدة	* معلومات دقيقة تصل إلى الإدارة في التوقيت السليم.
* تحسين القدرة التحليلية	* النمذجة التحليلية

مرحلة تحليل النظم(System Analysis):

الخطوات والفعاليات العملية المتعددة التي يجب أن تتم بإتجاه البدء بتنفيذ بناء أو تطوير نظام المعلومات في المنشآت المتوسطة والكبيرة تؤكد حقيقتين: الأولى أن كثيراً من هذه الفعاليات هي امتداد للأنشطة في جمع المعلومات تستخدم في دراسات الجدوى، فمثلاً أن الطرق المستعملة في جمع المعلومات تستخدم في كلا الحالتين. والحقيقة الثانية: أن تحليل النظم هي دراسة مكثفة عن الاحتياجات الوظيفية للإداريين من المعلومات، هذه الاحتياجات تحدد طبيعة النظم الممكن تطويرها لتلبية

متطلبات مستخدميها من المعلومات من المهم هنا. أن يتوجه تركيز تحليل النظم على دراسة ما يلي:

* الاحتياجات الفعلية للمدراء من المعلومات الآنية والمستقبلية.

* احتياجات الأنشطة والموارد والمنتجات لنظم المعلومات الحالية من المعلومات.

* إمكانات وقدرات نظم المعلومات في تلبية احتياجات المدراء من المعلومات.

تحليل الهيكل التنظيمي

يتحمل أعضاء فريق التطوير والهيئات الإدارية في المنشأة مسؤولية أساسية هي بناء أو تحديث نظم المعلومات الحالية، لذلك يقتضي- على هؤلاء أن يكونوا في الأمام وفي مقدمة الصفوف في تنفيذ القرارات والمهمات المطلوبة للتطوير وأن يلعبوا دوراً ملموساً في تثقيف الموظفين الآخرين بالمهمات الجديدة، يعتمد نجاح فريق التطوير في هذه المهمة الأساسية على مدى معرفتهم بالمنشأة وهيكلها التنظيمي وعملياتها التجارية وبالبيئة التي تتواجد فيها المنشأة وتتفاعل معها النظم وأنه لا يعمل من فراغ بل من إطار مناخ إداري متفاعل يتأثر بكل ما يجري من حوله. ووظيفة فريق التطوير أذن تكون الإلمام التام بالمنشأة وبالنظم الحالية بالبيئة التي تتفاعل معها.

وعلى سبيل المثال. يمكننا القول بأنه لا يمكن تصميم نظام فاعل للسيطرة على الخزين ما لم يتوفر فريق من الأفراد عندهم معلومات كافية وسليمة عن المنشأة وعن الأنشطة التجارية التي تؤثر على المخزون من المواد.

كيف يمكن لمنشأة ما أن تطور نظامها الحالي والارتقاء بأساليب عملها لكي يلبي احتياجات الغالبية من المستخدمين- لتحقيق هذا الهدف المهم.

من الضروري إعداد دراسة عن النظام الذي ترغب تحسينه أو تطويره قبل القيام بعملية التصميم النهائي، وتتضمن هذه الدراسة ما يلي:

1. دراسة تحليلية للبنية التحتية الأساسية اللازمة لتشغيل نظم المعلومات الإدارية والتي تشتمل على أجهزة الكمبيوتر ونظم الاتصالات والشبكات.

2. دراسة تحليلية للمكونات غير المادية الضرورية لتشغيل النظم في المنشأة والتي تشتمل على البرمجيات العامة والتطبيقات الجاهزة.

وفي هذا المضمار يمكن اقتراح بعض الاستراتيجيات التي يمكن توظيفها لبناء نظام معلومات على أسس حديثة ومنها:

أولاً: معرفة الكيفية أو الطريقة التي يوظف فيها النظام المكونات للحلول المادية والبرمجيات والشبكات والأفراد بهدف تحويل البيانات مثل بيانات المعاملات إلى معلومات مثل التقارير.

ثانياً: توثيق جميع المعلومات التي تتعلق بأنشطة وفعاليات نظم المعلومات الإدارية فعلى سبيل المثال المدخلات، المعالجات، المخرجات، الخزن والرقابة.

ثالثاً: تقيم شامل لخصائص جميع المعلومات التي تجهز من قبل النظام ومعنى ذلك يتوجب على محللي النظم دراسة مدى ملائمة المعلومات التي يوفرها النظام لصانعي القرار في المنشأة وهذه تشتمل على تقييم للتوقيت والملائمة والدقة والوضوح والشمول للمعلومات المجهزة.

يعتبر تحليل المتطلبات الوظيفية أحد الضرورات الإستراتيجية التي يستخدمها محللي النظم بهدف تحديد احتياجات المنشأة من المعلومات الضرورية لصنع القرارات الإدارية، أن مستخدمي النظم من مدراء على اختلاف مستوياتهم يتمكنوا بما يملكون من معرفة وخبرة متراكمة عبر الزمن مساعدة محللي النظم على تحديد احتياجات المنشأة من المعلومات.

أن فريق محللي النظم يتمكنوا بما لديهم من إمكانات وخبرات بالاستفادة في توظيف التكنولوجيا الحديثة وبتعاون مع المدراء صناع القرارات الإدارية يستطيع هذا الفريق من التحكم في تحديد احتياجات المنشأة من المعلومات. قبل البدء بتحديد احتياجات المنشأة من المعلومات لا بد لمحللي النظم ومستخدميها إتباع الخطوات التالية:

1. تحديد نوعية المعلومات التي تحتاجها الأعمال المختلفة في المنشأة، ومعنى ذلك تحديد نوعية المعلومات التي يحتاجها عمل ما من ناحية الحجم والتكرار والدقة والملائمة والشمول.

2. تحديد سعة المعالجة المطلوبة لكل فعالية من أنشطة النظام(مدخلات معالجة، مخرجات، خزن، رقابة) لتلبية الاحتياجات من المعلومات، أن الهدف الرئيسي هو تحديد ماذا سوف ينجز.

3. تطوير الاحتياجات الوظيفية(Functional requirements).

تحدد هذه الاحتياجات قدرة نظام المعلومات اللازمة لتلبية احتياجات المستخدمين من المعلومات. ويتميز هذا النوع من المعلومات بأنه غير مرتبط بالمعدات والبرمجيات والشبكات والبيانات والأفراد الذين يعملون في المنشأة.

الجدول أدناه يوضح هذه الأنواع من المعلومات:

متطلبات المستخدم تتضمن(User interface requirements) (مصادر البيانات، محتويات البيانات، حجم البيانات، التوقيت التكرار والشكل للبيانات).
احتياجات المعالجة(processing requirements). وهي الفعاليات لتحويل المدخلات إلى مخرجات، وتتضمن العمليات الحسابية، قواعد القرار وكذلك السعة، وقت الاستجابة (turnaround time, throughput) المطلوبة لأجل معاجلة الفعاليات والأنشطة.
احتياجات الخزن(storage requirements). وتتضمن حجم ومحتويات وتنظيم قواعد البيانات. أنواع وتكرارية التحديث والاستفسارات inquiries وطول record retention.
(متطلبات الرقابة: الدقة، الأمان، الضمان، التكيف لمتطلبات المدخلات والمعالجة، المخرجات ووظائف الخزن).

وخلاصة لما تقدم، فإنني أرى من المفيد تقديم بعض الملاحظات:

1. تقوم مرحلة تحليل النظم بدراسة مشاكل النظم الحالية(يدوية أو محوسبة) بالتفاصيل وتكشف عن الأهداف المطلوب الوصول إليها عن طريق إيجاد حلول لهذه المشاكل واقتراح حلول بديلة.

الوسائل الفنية المستخدمة لتحليل نظم المعلومات الإدارية

من الجدير بالذكر أن الخبرات العملية لمصممي النظم لا تكفي بمفردها مهما كانت ضخمة من القيام بعملية تطوير نظم المعلومات الإدارية بنجاح، يبدو واضحاً أذن أن النجاح هنا يعتمد على توفر وسائل فنية معينة تساعد مصممي النظم على إنجاز عملية التحليل بكفاءة ويحقق النجاح لنظم المعلومات بأكملها.

وبشكل عام يمكن القول بأن المخططات الانسيابية لسير العمليات هي الوسائل الفنية المتبعة لدراسة سير العمليات الإنتاجية ومراحل الصنع وتعاقب سير المنتجات في المنشآت الصناعية ومن الجدير بالذكر أن مخططات سير العمليات هذه أصبحت أدوات ضرورية بعد توسع وتضخم المشاريع الصناعية.

يحسن بنا قبل أن نبدأ في تتبع كيفية استخدام المخططات الانسيابية في المنشآت الصناعية، أن نحدد أولاً المقصود بمفهوم هذه المخططات.

يشير مصطلح المخططات الانسيابية(Flow charts) إلى الخرائط التي يسجل فيها جميع الإجراءات والأحداث وسير المعلومات لغرض تطوير النظم المعمول بها حالياً في المنشآت الصناعية(للمزيد من التفاصيل عن هذا الموضوع راجع(Forrester) تستعمل هذه المخططات أنواع مختلفة من الرموز القياسية والتي نشرحها كما يلي:

كيانات وظيفية

وتشير إلى مجموعة الفعاليات والإجراءات التي تقوم بتأديتها الأقسام أو المخازن أو مختبرات السيطرة على النوعية لضمان إنجاز العمل بشكل كفؤ.

مسار المعلومات ‏------------← Flow of Information

وتشير إلى المسار الذي تتدفق فيه المعلومات عبر الأقسام المختلفة في المنشأة. وتجدر الإشارة إلى أن قنوات المعلومات هي الوسيلة التي تنقل خلالها التقارير والمستندات والمذكرات والتعليمات من المدراء إلى كافة الأنشطة والأقسام في المنشأة الصناعية.

مسار المواد ‏←————————← Flow of Information

وتشير إلى المسار الذي تسير فيه المواد الأولية عبر مراحل الإنتاج المختلفة وإلى المرحلـة التـي تتحول فيها المواد إلى بضاعة جاهزة.

مسار الأوامر ‏←●●●●← Flow of Material

اصطلاح يطلق على المسار الذي تسير فيه الأوامر التي تصدر من المدير العام أو رؤساء الأقسـام، ومن الجدير بالذكر أن الأوامر تنقسم إلى عدة أنواع مميزة في المنشآت الصناعية وهي: أوامـر الشراء، أوامـر الإنتاج، أوامر التشغيل، أوامر العمل.

عملية اتخاذ القرار ‏Decision Function

اصطلاح يطلق على عملية صنع القرارات التي يقوم بها المدير العام أو رئيس القسم في المنشآت الصناعية استناداً إلى حدسه وخبرته الشخصية أو اعتماداً على استخدام النماذج الرياضية والوسائل الفنيـة الحديثة. ومن بين الأمثلة الشائعة لعملية اتخاذ القرارات ما يلي:

اتخاذ القرارات بالشراء والاستيراد، اتخاذ قرار بتحديد خطة الإنتاج، اتخاذ قرار بتحديد الكميـات المنتجة، اتخاذ قرار بإعداد الميزانيات التقديرية.

تأخير(تشويش)(٨)طريق المعلومات Delay, Distortion

اصطلاح يعني تأخر وصول المعلومات المطلوبة إلى القادة الإداريين صانعي القرارات في الوقت المناسب بسبب الروتين وتعدد الحلقات الوسيطة والذي يؤثر تأثيراً سلبياً في صنع القرارات الضرورية.

مثال توضيحي

المثال الذي نحن بصدد شرحه يزودونا بمعلومات من شأنها أن تساعد القارئ على تحديد الاختلاف بين الوضع الحالي لنظام الخزين التقليدي وبين الوضع المقترح لنظام الخزين المحوسب.

أن الحقائق المذكورة في هذا المثال مدرجة لغرض التوضيح والنماذج المرفقة تمثل منشأة افتراضية وقد تم تقسيم الموضوع إلى قسمين: القسم الأول ويشتمل على وصف لسير المعلومات في نظام الخزين الاعتيادي والقسم الثاني يشتمل على وصف لسير المعلومات لنظام الخزين المحوسب.

القسم الأول

نظام الخزين الاعتيادي

تمر المعلومات في نظام الخزين التقليدي بسلسلة من الموظفين وهذا الأجراء يؤدي إلى تعدد الحلقات الوسيطة الذي ينجم عنها تأخير في إنجاز العمل وزيادة الجهد والوقت(انظر الجدول رقم 12-1) وكذلك شكل(12-4) الذي يبين سير المعلومات في هذا النظام.

ومن الشكل (12-4) يتضح ما يلي:

1. تتميز المنشأة بتقسيماتها الإدارية الكثيرة وتأكيدها على التقارير التاريخية.
2. أن المعلومات حول طلب الزبون تمر في عدة أقسام مثلاً المبيعات، السيطرة على الخزين، تخطيط الإنتاج، المشتريات، السيطرة على الإنتاج وإدارة المصانع وهذا يزيد العبء على الموظفين في هذه الأقسام ويؤدي إلى التأخير في إنجاز معاملة طلب البيع.

القسم الثاني

نظام الخزين المحوسب

أن الغاية من النظام المتطور هو إلغاء الحلقات الإدارية الوسيطة غير المبررة التي تـؤدي إلى التأخير في إنجاز العمـل، وحتـى يمكـن تحقيـق ذلك بأقصىـ درجـة مـن الكفـاءة يجب أن يصـمم نظـام المعلومات الإدارية بحيث يكون قائماً على التنبؤات ويستخدم الحاسبة الإلكترونيـة، وبموجب هـذا النظـام يكون سير أو تدفق المعلومات بشكل تمر فيه تنبؤات طلبات الزبائن بدون تأخير إلى نقاط إنتاج لا مركزية. وبمعنى آخر ستنتقل المعلومات والتعليمات مـن المخـازن المحليـة بأقل تـأخير ممكـن بواسطة الحاسبة الإلكترونية إلى الإنتاج. انظر شكل (12-5) وكذلك الجدول رقم(12-2).

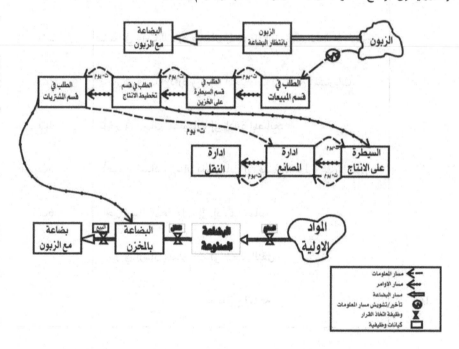

شكل (12-4) المخطط الانسيابي لنظام الخزين التقليدي

يتميز النظام المحوسب بما يلي:

1. تخفيض في مدة تأخير وصول المعلومات والتقارير إلى صانعي القرارات.

2. تبسيط العلاقات التنظيمية والتقارير.

3. تخفيض تكاليف توفير المعلومات لصانعي القرارات.

الجدول رقم(12-1)

تحليل وقت تأخر المعلومات بالأيام

عدد الأيام	التفاصيل	مرحلة التأخير
2	تأخير في إعداد التقارير وإرسال المعلومات إلى قسم السيطرة المخزنية.	ت1
4	تأخير في وقت الإدارة وإرسال المعلومات إلى قسم تخطيط الإنتاج.	ت2
1	تأخير في وقت الإدارة وإرسال المعلومات إلى قسم المشتريات.	ت3
2	تأخير في إرسال المعلومات إلى إدارة المصانع.	ت4
3	تأخير في أعداد وإرسال المعلومات إلى قسم السيطرة على الإنتاج.	ت5
1	تأخير إرسال المعلومات إلى إدارة المصانع	ت6
1	تأخير في إرسال المعلومات إلى شعبة النقل.	ت7
16	**مجموع التأخير**	

الجدول رقم (2-12)

تحليل وقت تأخر المعلومات(بالأيام)

مرحلة التأخير	التفاصيل	عدد الأيام
ت1	تأخير في إعداد التقارير عن طلبات الزبائن.	1
ت2	تأخير في إعداد طلبات الإنتاج وإرسالها إلى دائرة المشتريات وقسم تخطيط الإنتاج.	1
ت3	تأخير في إرسال طلبات الشراء إلى دائرة المشتريات.	1
ت4	تأخير في إرسال طلبات الصنع قسم تخطيط الإنتاج.	3
ت5	تأخير في إعداد المعلومات عن المواد.	2
ت6	تأخير في إرسال المعلومات إلى شعبة النقل.	1
	المجموع	9

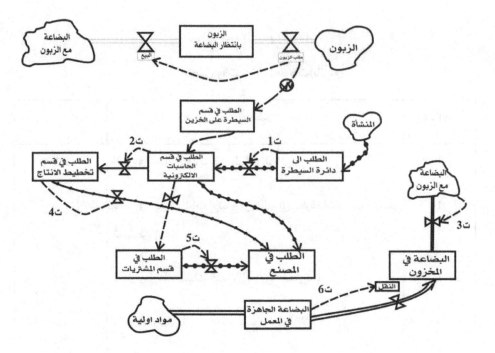

الشكل رقم(12-5) المخطط الانسيابي لنظام الخزين المحوسب

مرحلة تصميم النظام المقترح

أن العمل على تحديث وتطوير أي نظام لا يكون إلا بوجود طرق فاعلة لتحليل وتصميم مثل هذا النظام بهدف إحراز نتائج إيجابية متوخاة منه.

من المعروف علمياً بأن وظيفة التصميم هي تحديد الكيفية التي ينجز بها النظام الأهداف المنشودة من تنفيذ عملية تحليل النظم، التي هي بدورها تقوم بتوصيف العمليات التي يقوم بها النظام لتلبية احتياجات المستخدمين.

ولذلك فلا بد لمصممي النظم من التركيز على الفعاليات والأنشطة التالية:

1. تصميم واجهة المستخدم (user interface design).

2. تصميم البيانات.

3. تصميم العمليات.

تصميم واجهة المستخدم (User interface design)

تركز عملية التصميم في هذه المرحلة على التداخل(interactions) بين المستخدمين للنظام وتطبيقاتهما التي تعتمد على الحاسوب.

يستخدم المصممين أشكال فاعلة وجذابة للمدخلات والمخرجات فعلى سبيل المثال:

أ. سهولة استعمال صفحات ويب للإنترنت والإنترانت.

ب. تصميم طرق لتحويل ملفات (human readable documents) إلى مدخلات(optical scanning of business مثل machine readable).

ج. إعداد النموذج الأصلي الذي يمثل النظام المقترح، حيث يتم عرضه وشرحه وتلخيصه للإدارة بمختلف مستوياتها وذلك بهدف معرفة وجهات النظر

لمستخدمي النظام والاستفادة من خبراتهم وتجاربهم السابقة وجمع أرائهم وملاحظاتهم بهدف توجيه المشروع المقترح في الاتجاه صحيح.

د. ولتلبية الاحتياجات الفعلية للمستخدمين يتم تبديل نماذج العمل المقترحة لمرات متعددة، بهدف الوصول إلى التصميم الجيد الذي يترتب عنه مواصفات تصميميه مفصلة للمعلومات وتفاعل كفؤ بين الحاسوب والمستخدمين.

تصميم البيانات Date design

يتم في هذه المرحلة تصميم هياكل قواعد البيانات والملفات التي سوف تستعمل في نظام المعلومات المقترح.

والحقائق التالية لا بد من الإشارة إليها عندما نتحدث عن تصميم البيانات :

1. حفظ المعلومات المهمة التي تتعلق بالأفراد والأماكن والحوادث events والعلاقات بين الكيانات المختلفة.

2. حفظ المعلومات التي تعني بالعلاقات بين الكيانات المختلفة.

3. حفظ المعلومات عن عناصر البيانات المحددة كقواعد البيانات والملفات والسجلات بصورة منفصلة لكل كيان.

4. حفظ المعلومات من قواعد الارتباط integrity rules التي تحكم مواصفات واستعمال عناصر البيانات في نظام المعلومات.

تصميم العمليات (process design):

ويقصد بها تصميم البرامج والإجراءات التي يتم الحاجة إليها من قبل نظام المعلومات المقترح ومن أمثلة ذلك تطوير أو تحديث مواصفات مفصلة للبرمجيات المشتراة.

خدمات مستخدمي النظم:

هناك بعض الخدمات ذات الصلة الوثيقة بمستخدمي نظم المعلومات وغالباً ما تتداخل أو تتكامل معها في كثير من الأحيان ومن أمثلة ذلك ما يلي:

أ. برمجيات(front- end client) التي تتواصل مع المستخدمين عن طريق (graphical user interface).

ب. خدمات التطبيقات. وهي نماذج من (software models).

ج. خدمات البيانات(Data services).

يتم توفير البيانات لبرمجيات خدمات التطبيق المعالجة عن طريق نظام إدارة قاعدة البيانات.

مواصفات النظام (System specification)

إجراء يستخدم كوسيلة لتصميم هياكل قواعد البيانات وللسيطرة على إجراءات المعالجة على طرق استعمال البرامج التطبيقية. يبذل العاملون في هذا المجال جهود كبيرة في تحديد تصاميم للنظام المقترح وذلك بمساعدة والدعم المباشر من قبل الإدارة بمختلف مستوياتها. يقوم مصممي النظم بتطوير المعدات المادية للحاسوب (hardware) والبرمجيات والشبكات والبيانات لأغراض تحديث النظام.

هناك ستة مواصفات تصميمية للنظام يجب أن تؤخذ بنظر الاعتبار من قبل مصممي النظام.

تتلخص كما يلي:

أ- مواصفات user interface.

ب- مواصفات قاعدة البيانات.

ج- مواصفات البرمجيات.

د- مواصفات معدات الحاسوب والشبكات.

ه- مواصفات الأفراد من مبرمجين ومستخدمين للنظام. من الضرورة أن يتم تحديد الأنواع المطلوبة من معدات الحاسوب والبرامج والشبكات.

يستوجب تحديد الكيفية التي يتم فيها تحويل المخزون في الملفات والوثائق من بيانات إلى معلومات وتقارير.

خطوات التصميم:

1. ترجمة مواصفات التصميم المنتجة أثناء مرحلة التصميم إلى تعليمات برمجية(software program code).

2. يقوم المبرمجين ومحللي النظم بإعداد المواصفات لكل برنامج في النظام.

3. يقوم المبرمجين بكتابة التعليمات البرمجية التخصصية(customized program code) وذلك باستخدام لغات برمجة الجيل الثالث التقليدية مثل (GOBOL or FORTRAN).

معطيات فنية وتكنولوجية هامة يجب أن نأخذها بنظر الاعتبار وأن تسلط الضوء عليها عندما تبدأ عملية الانتقال من مرحلة التصميم إلى مرحلة التطبيق للنظام الجديد.

ويمكن تحديد الأنشطة والفعاليات التي تنجز في مرحلة التطبيق كما يلي:

1. المباشرة باتجاه أنجاز المتطلبات الفنية لتنفيذ هذا المشروع. هذه المتطلبات التي تحدّد طبيعة المكونات المادية والأجزاء الإلكترونية والميكانيكية للحاسوب والبرمجيات لتنفيذ هذا المشروع، ومعنى ذلك أنه يتوجب العمل على توفير أفضل أنواع الأجهزة الإلكترونية والمعدات الحديثة ذات التقنية العالية والمستلزمات المتطورة وذلك بهدف زيادة فاعلية وكفاءة النظام.

2. المباشرة باتجاه تطوير البرمجيات. أن عملية البناء وإعادة هيكلة النظام يستوجب تطبيق الحلول القياسية المتكاملة واستخدام أفضل البرمجيات الجاهزة والمساندة، هنا يقتضي ـ تشكيل لجنة فنية من محللي النظم والمصممين والفنيين لغرض القيام بشراء أو تأجير البرمجيات الممكن تأجيرها من الشركات العالمية وسبل استخدامات هذه البرمجيات والشروط الواجب توفرها في المجهزين وعناصر هذا الاستثمار المطلوب، كل هذا إلى جانب ما

يحتاجه التنفيذ من محددات مالية. لا بد من صياغتها في إطار ضوابط قانونية تلزم كل من الشركات الخارجية كطرف ومؤجري البرمجيات الجاهزة والمساندة والمنشأة التي تقوم ببناء أو تطوير نظم معلوماتها الإدارية.

3. التدريب: يمثل التدريب الركن الأساسي للتحول من النظم التقليدية اليدوية إلى النظم المحوسبة المتطورة لأن عملية التدريب تساهم في خلق موظفين مؤهلين قادرين على الإبداع والتحديث وتوظيف المعرفة التكنولوجية في إحداث التحويل نحو التطوير. أن التدريب المستمر لتطوير القدرات الذاتية والمهارات العلمية والعملية يهدف إلى تحقيق خبرات ومعارف ومهارات جديدة أو لتطوير مهارات موجودة أصلاً قبل التحول إلى النظم المحوسبة.

مرحلة تطبيق النظام

أن أهم الإجراءات التي يجب أن تنفذ لتطبيق نظام المعلومات الإدارية الجديد هي ما يلي:

* تشغيل النظام القديم والحديث في وقت واحد ولفترة تجريبية محددة. إلا أنه من الممكن أن تعمل الإدارة في المنشأة من خلال عمليات التشغيل على القيام بتطبيق مشاريع تجريبية(pilot project) على أساس اختباري(trial basis) في موقع واحد وذلك بهدف اكتشاف الأخطاء وتشخيص النواقص وتقييم وضع النظام الجديد من جميع النواحي الاقتصادية والفنية والتكنولوجية.

إن اتساع الهوة أو الفجوة المعلوماتية والرقمية ما بين النظام اليدوي القديم والنظام الجديد المحوسب يجعل عملية التحول أمراً ليس سهلاً إلا أنه من الممكن أن تعمل الإدارة بمختلف مستوياتها على تقليص تلك الفجوة من خلال خطط وبرامج مدروسة يتم إعدادها بناءاً على رؤى وقياسات وخبرات حكيمة تساهم في التحديث والتطوير.

إن الإدارة بما تملكه من إمكانات وحرية التصرف تستطيع إنجاز مساهمات هامة لإنجاح عملية التحول من النظام اليدوي إلى النظام المحوسب خاصة وأنها عادة ما تكون صاحبة تجربة متراكمة وطويلة.

هناك جهات أخرى معنية بعملية التحول أو يجب أن تعني بهذا المشروع وتساهم في إنجاحه، ومن أمثلة ذلك المصممين ومحللي النظم والمبرمجين والاختصاصيين.

يجب هنا تعظيم وتفعيل دور هؤلاء الاختصاصين والاستشاريين والفنيين ودعمه من أجل أن يتمكنوا من لعب دور أكثر فاعلية في التحديث والتطوير وفي تذليل المصاعب والعراقيل التي قد تواجه المنشأة أثناء عملية التحول.

أن دور هؤلاء الأفراد هو تشخيص واقع المشروع التجريبي للوقوف على المشاكل والمعوقات والعمل على معالجتها وتعزيز نقاط الضعف ليكون النظام المقترح صحياً قادراً على تحقيق أهدافه.

وخلاصة لما تقدم، فإنني أرى من المفيد تقديم بعض الملاحظات والمقترحات التي تساعد المسئولين في المنشآت على التحول إلى النظام الجديد المحوسب على أساس علمي ومدروس:

1. تكليف فريق استشاري فني من موظفي المنشأة أو من خارج المنشأة لدراسة وضع النظام المقترح ووضع توصيات واضحة ومحددة للسياسات والآليات والإجراءات الواجب إتباعها للتحول إلى النظام الجديد.

2. تحديد الحاجات الضرورية والأولويات التي ضعها هذا التحول على عاتق الإدارة بمختلف مستوياتهم وموظفي المنشأة لضمان صيانة واستمرار تقديم الخدمات لمستخدمي النظام الجديد.

3. التأكيد على دور الإدارة والمسؤولين في المنشأة في حقل الانترنت وتكنولوجيا المعلومات والاتصالات جزءاً أساسياً من عملية التحول وخلق فريق مؤهل تكنولوجياً من موظفي المنشأة قادراً على الإبداع والتحديث وتوظيف المعرفة

التكنولوجية في صناعة الخدمات التي قدمها النظام الجديد لتمكينه من تلبية احتياجات الإدارة من المعلومات بالكم والنوع والتوقيت المطلوب.

4. توجيه الدورات التدريبية والندوات في المنشأة لتغيير الأساليب التقليدية في إيصال المعلومات والتركيز على أهمية استخدام أجهزة الاتصال والأنظمة المعلوماتية والبرامج الحديثة لأجهزة الحاسوب.

5. تمكين كافة الموظفين في المنشأة من استخدام الانترنت والمعلومات وأن لا يكون هذا الاستخدام وقفاً على فئة قليلة من الموظفين إذا أردنا إحداث التحول التام نحو النظام الجديد.

6. إعطاء اختصاصي نظام المعلومات والمستفيدون دوراً رئيسياً في هذا التحول وقيام الإدارة العليا بإزالة كافة المعيقات سواء كانت اقتصادية أو إدارية.

7. اختيار وتدريب الاختصاصيين والفنيين على استخدام النظام الجديد.

8. فحص البرمجيات للتأكد من أنها تعمل بصورة جيدة من الناحية الفنية والوظيفية.

9. إعداد خطة شاملة وجداول مفصلة عن كل الفعاليات والأعمال المطلوبة لعملية التحول نحو التطوير وبناء النظام الجديد.

مرحلة متابعة التطبيق- الصيانة

صيانة نظم المعلومات الإدارية (Maintenance of information system)

تعتبر إجراءات الصيانة التي تقوم بها الإدارة المرحلة الأخيرة من دورة تطوير النظم، هنا لابد من الحديث عن جملة من العناصر التي عليها يقوم تقييم نظام المعلومات الجديد وذلك بهدف معرفة نقاط القوة والضعف.

1. تشخيص واقع النظام الجديد للوقوف على المعوقات والعمل على معالجتها. هنا تقوم المنشـأة المعنية بتكليف فريق من الاختصاصيين والفنيين لدراسة الوضع الراهن ووضع توصيات واضحة ومحددة للآليات والإجراءات الواجب إتباعها لعلاج المشاكل ولضمان بـأن المشروع الـذي وضع موضع التطبيق يلبي احتياجات المستخدم النهائي ومتطلبات العملاء واحتياجاتهم.

2. تصحيح الأخطاء عن طريق تطبيق طرق الصيانة المستمرة. يتضمن صيانة النظام القيام بتعديل المشروع كنتيجة للتغييرات الداخلية أو الخارجية.

مثال ذلك ما يلي:

أ. أن التغييرات في قوانين الضرائب أو تطوير المنتجات الجديدة ربما يتطلب عمل تغييرات في نظـام التسويق أو النظم المحاسبية.

ب. أن عدم رضا العملاء داخلياً وخارجياً عن الخدمات التي يقدمها النظام الجديد لهم ربما يتطلب تطوير طرق جديدة أو تعديل تصاميم مستخدمة.

وخلاصة لما تقدم يمكننا القول بأنه أثنـاء تشـغيل النظـام الجديـد يقـوم الاختصاصيين والفنيين بعمليات تدقيق رسمية لتحديد مدة كفاءة الصنظام في مطابقـة الأهـداف المحـددة مسبقاً وتبيـان مـدة الحاجة على التنقيح أو التعديل لمطابقة هذه الأهداف.

وما من شك أن للصيانة شروطاً وظروفاً يتحمـل مسؤوليتها جميـع الأطـراف المكونين للعمليـة التطويرية على اختلاف مستوياتهم. ويتطلب النظام بمرور الوقت صيانة كافية لجعل النظام فـاعلاً يلبـي احتياجات المستخدم.

محددات طريقة دورة حياة النظم:

1. أن طريقة دورة حياة النظم لا تزال تستعمل لبناء نظام معالجة المعاملات الكبيرة وخاصة عندما تكون المتطلبات محددة بشكل واضح.

2. أنها ملائمة للنظم المتعددة.

3. أن استخدامها يتطلب تحليل المتطلبات وإعادة تحديد المواصفات ورقابة مشددة عن عملية البناء.

4. أن استخدام الطريقة يتطلب تكاليف عالية، كما أنها تتصف بعدم المرونة ومستهلكة للوقت ولا تشجع التغيير.

5. تستلزم استعمال وثائق جديدة وخطوات متكررة عند إجراء تنقيح في المتطلبات والمواصفات.

6. أنها غير ملائمة للتطبيقات (Design oriented) كما أنها غير ملائم لنظم (Desktop) والتي تميل أن تكون أقل structured وأكثر individualized.

الفصل الثالث عشر

الطرق المتطورة لبناء نظم المعلومات الإدارية

أهداف الفصل:

بعد دراسة هذا الفصل يجب أن تكون قادراً على معرفة:

1. تأثير بناء النموذج الأصلي في تحديد المتطلبات الضرورية لتطوير النظم في المنشأة التي تستخدمها.

2. كيف تتم عملية البناء والتطوير وفق استخدام التطبيقات الجاهزة في المنشأة.

3. الطرق المختلفة التي تستخدم في إعداد البرامج والتطبيقات المطلوبة في تطوير نظم المعلومات الإدارية في المنشأة.

4. كيف يتم تطوير النظم بواسطة المساهمة أو المشاركة المباشرة للمستخدم النهائي في المنشأة.

5. أسباب لجوء المنشأة إلى المصادر الخارجية في عملية تطوير نظمها المعلوماتية.

الطرق المتطورة لبناء نظم المعلومات الإدارية

كثر الحديث هذه الأيام عن موضوع الطرق المتطورة لبناء نظم المعلومات الإدارية الـذي يكـثر تداوله بين المهتمين في المنشآت الصناعية والحرفية، ونظراً للأهمية الكبيرة والدور الرئيسي في تطوير النظم.

سأحاول في هذا الفصل توضيح نقاط مثل:

- ماذا نعني بالطرق المتطورة.

- ما أهمية هذه الطرق للمنشآت الصناعية.

- كيف يمكن تطبيقها وما النتائج المرجوة منها.

النظم المتطورة

أ. طريقة النموذج الأصلي(الافتراضي).

ب. تطبيق البرمجيات الجاهزة.

ج. تطوير المستخدم النهائي.

د. طريقة المصدر الخارجي.

الطرق المتطورة لبناء نظام المعلومات الإدارية:

طريقة النموذج الافتراضي الأصلي(prototyping)

يستطيع مستخدمي النظام الحصـول عـلى أفكـار أفضل لاحتياجاتهم مـن المعلومـات بسـرعة وبتكاليف قليلة عن طريق بناء نموذج تجريبي.

ومن الناحية العلمية يقوم المصمم بتعديل النمـوذج إلى حـين مطابقتـه لمتطلبـات المسـتخدمين بعد ذلك يتحول النموذج إلى الشكل المطلوب.

أن عملية بناء التصميم الابتدائي لكي يمثل النظام المقترح وإجراء التعديلات المناسبة والمتكررة عليه وصولاً إلى النموذج المطلوب تسمى iterative.

هناك عدة اتجاهات في تحديد مفهوم هذا النموذج، منها:

أ. أن النموذج الأصلي هو: " نسخة ابتدائية للنظام المقترح الذي يصبح مطابقاً لاحتياجات مستخدمي النظام.

ب. أن النموذج الأصلي: " نظام تجريبي يتم بناءه في الوقت المناسب وبالتكاليف المنخفضة بهدف تقييم المستخدمين النهائيين، وعن طريق التفاعل مع النموذج يتمكن المستخدم من الحصول على فكرة أفضل لمتطلبات نظم المعلومات الإدارية.

فريق عمل (Team) يكّون مطوري نظام المعلومات والمستخدمين النهائيين فريق لتطوير تطبيقات للأعمال.
خطة(Schematic) لإنجاز تطوير تصميم مشروع النموذج الأصلي للنظام باستعمال أدوات النمذجة.
النموذج الأصلي(Prototype): لتحويل الخطة إلى النموذج الأصلي للنظام باستعمال أدوات المدمجة.
تقديم(Presentation): يتم تقديم عدد من شاشات العرض إلى المتعلمين.
تغذية استرجاعية(Feed back): يتم تكرار النموذج الأصلي عندما يستلم الفريق تغذية استرجاعية من المستخدمين.
تكرار(Reiteration): يتكرر عرض النموذج الأصلي على المستخدمين.
استشارات(consultation): يتم عقد جلسات استشارية مع مطوري تكنولوجية المعلومات لتحديد التحسينات المحتملة وللمطابقة مع المعايير الحالية للمنشأة.
الانجاز(Completion): يتحول النموذج الأصلي للنظام إلى تطبيقات جاهزة.
القبول(Acceptance): يتم رضا وقبول المستخدمون والمستفيدون النهائيون بالنظام الجديد.
التنفيذ والتطبيق(Installation): يتم إنشاء تطبيقات البرمجيات الجديدة على خوادم الشبكة network servers.

مثال يوضح عملية تطوير النموذج الأصلي للنظام في الأعمال

فوائد إعداد النموذج الأصلي للنظام (Prototyping)

يستخدم النموذج أو التصميم الأصلي للنظام في جميـع نشـاطات التطبيقـات الصغيرة والكبيرة
للأسباب الرئيسية التالية:

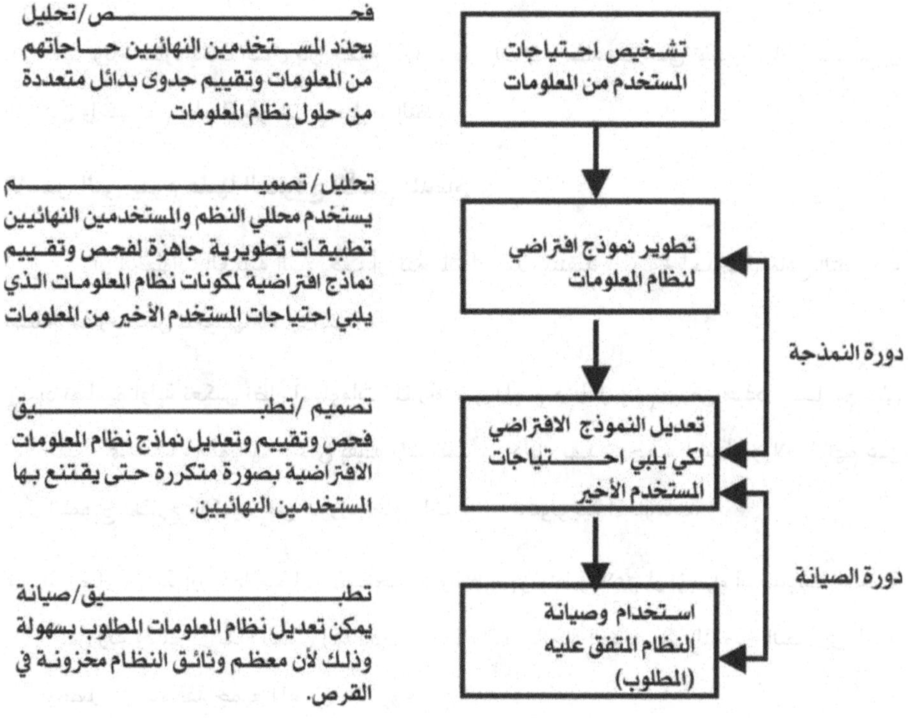

فحص/تحليل
يحدد المستخدمين النهائيين حـاجاتهم
من المعلومات وتقييم جدوى بدائل متعددة
من حلول نظام المعلومات

تحليل/تصميم
يستخدم محللي النظم والمستخدمين النهائيين
تطبيقـات تطويرية جاهزة لفحص وتقييم
نماذج افتراضية لمكونات نظام المعلومات الذي
يلبي احتياجات المستخدم الأخير من المعلومات

تصميم /تطبيق
فحص وتقييم وتعديل نماذج نظام المعلومات
الافتراضية بصورة متكررة حتى يقتنع بها
المستخدمين النهائيين.

تطبيق/صيانة
يمكن تعديل نظام المعلومات المطلوب بسهولة
وذلك لأن معظم وثائق النظام مخزونة في
القرص.

تشخيص احتياجات المستخدم من المعلومات

تطوير نموذج افتراضي لنظام المعلومات

دورة النمذجة

تعديل النموذج الافتراضي لكي يلبي احتياجات المستخدم الأخير

دورة الصيانة

استخدام وصيانة النظام المتفق عليه (المطلوب)

شكل (13-1) يبين تطوير التطبيقات باستخدام (Prototyping)

أ.   جعل عملية التطوير أسرع وأسهل لمحللي النظم وخاصة للمشاريع التي يصعب فيهـا تحديـد
احتياجات المستخدمين ولذلك يطلق على النموذج الأصلي

في كثير من الأحيان تصميم التطبيق السريع(Rapid Application Design).

ب. يوفر لمستخدمي النظام الفرصة لتطوير تطبيقات العمل في منشآتهم وذلك لأنها تساعد في تبسيط وتسريع تصميم النظم.

أن مسؤوليات محللي ومصممي النظم التشاور مع المستخدمين للأنظمة في موضوع الاستفادة من هذه النماذج التصورية (Prototyping) وحتى يلعب المستخدمين النهائيين دوراً إيجابياً وفاعلاً أثناء عملية التطوير للأنظمة المقترحة.

وباختصار، يمكننا القول بأن جميع هذه التطورات قد ساعدت على تغيير أدوار المستخدمين النهائيين واختصاصي نظم المعلومات في تطوير النظم.

الأسس التي يقوم عليها النموذج الأصلي للنظام

أن الخطوات العملية التي يجب أن تتم باتجاه البدء بتنفيذ مشروع إعداد النماذج التصورية للنظام المقترح يمكن تلخيصها بالآتي: الشكل(13-1)

1. إعداد تصاميم أولية تعكس نظام المعلومات المقترح. من المهم هنا أن يتم عرض هذه التصاميم على المدراء بمختلف مستوياتهم وعلى بقية المستفيدين وذلك بهدف جمع آرائهم وملاحظاتهم عن النموذج المقترح مؤكدين على ضرورة تعاون اختصاصي تكنولوجية المعلومات.
2. من المهم أن تؤخذ آراء وملاحظات المستخدمين والمطورين بنظر الاعتبار لإجراء التعديلات النهائية الضرورية وذلك لأن هذا العمل ربما يكون خطوة دافعة باتجاه الوصول إلى النموذج التصوري الذي يحصل على موافقة جميع المعنيين بالمشروع.

أن النموذج الأصلي للنظام وما يحتويه من رؤى مستقبلية واضحة للعيان خاصة في مجالي تكاليف بناء نظام المعلومات المقترح، والفائدة التي تتحقق من وضعه موضع التطبيق العملي ربما تؤدي إلى حصول الموافقة النهائية للإدارة للشروع بالتنفيذ العملي للمشروع.

يتعين على محللي النظم والمصممين استخدام المقارنة بين التصاميم المهيئة للدراسة والنقاش لأنها تلقي ضوءاً على الأشكال المختلفة المتوفرة بهدف اختيار النموذج الأصلي الذي يحقق الفائدة المرجوة بأقل تكلفة ممكنة.

أن ما تجدر ملاحظته هنا أن المصممين يقوموا بتبديل النماذج التصورية (Prototype) لمرات متعددة حتى يجدها المستفيدين من النظام مقبولة وتلبي احتياجات المنشأة التي يعملون فيها من المعلومات المطلوبة.

يقوم المصمم بإجراء عمليات الإضافة والحذف والتعديل الضرورية وصولاً إلى النموذج النهائي.

3. يستخدم مصمم النظم البرامج والأجهزة الحديثة التالية في إعداد النموذج العملي (Working prototype) بصورة سريعة.

أ. برمجيات الجيل الرابع لتسريع عملية تطوير التطبيقات.

ب. أدوات هندسة البرمجيات المحوسبة.

ج. أدوات برمجيات الوسائط المتعددة (Multimedia software tools).

4. الشكل (13-2) يبين خطوات بناء النموذج الأصلي (prototype) لاحظ في هذا الشكل ما يلي:

في الخطوة (1): يقوم مصمم النظام واختصاصي النظام بتحديد احتياجات المستعمل من المعلومات.

في الخطوة(2): يقوم مصمم النظام بتطوير النموذج الأصلي(الأولي).

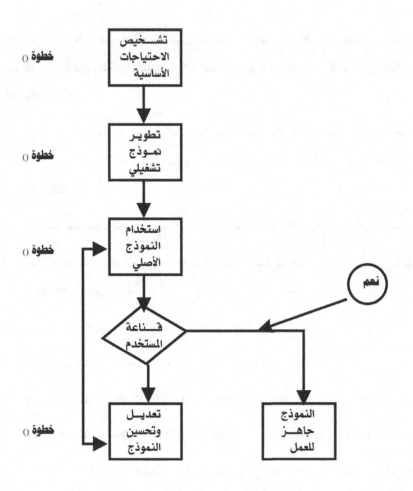

شكل (13-2) يبين خطوات بناء النموذج الأصلي

في الخطوة(3): استخدام النموذج الأصلي من قبل المستخدم النهائي.

في الخطوة(4): تنقيح وتعديل النموذج والرجوع إلى الخطوة(3).

تتكرر الخطوات(3)و(4) عدة مرات حتى يتم موافقة المستخدم النهائية.

طريقة تطبيقات البرمجيات الجاهزة(application software package)

مع التطور السريع الذي يشهده قطاع تكنولوجيا المعلومات على الصعيد العالمي فقد باتت العديد من الشركات العالمية تتسابق في مجال تطوير حزم البرمجيات الجاهزة وتسويق الحلول الخارجية(external solutions) بتقديم أفضل الخدمات الممكن تقديمها لعملائها.

أن تطوير البرامجيات الجاهزة وتسويقها إلى المنشآت المستهلكة في جميع دول العالم تعتبر خطوة متقدمة وجديدة.

والتطبيقات الجاهزة هي عبارة عن مجموعة من البرمجيات المكتوبة مسبقاً(prewritten) أو مشفرة مسبقاً(precoded) بغرض تهيئتها للبيع أو التأجير من قبل الشركات المعنية بالبرمجة. لقد ازدهرت تجارة البرمجيات الجاهزة وذلك كنتيجة حتمية لتأثير الانترنت والتكنولوجيا الرقمية على مختلف النواحي الفنية والتكنولوجية للمنشآت الصناعية من العمل والبحث.

لقد أثبتت تكنولوجية المعلومات والاتصالات أهميتها البالغة في زيادة استخدام التطبيقات الجاهزة في المنشآت التجارية والصناعية.

وقد أشارت الدراسات أن الولايات المتحدة الأمريكية قطعت شوطاً بعيداً في مجال تسويق التطبيقات الجاهزة وكذلك في دول جنوب وشرق آسيا والاتحاد الأوربي. تقوم الشركات العاملة في مجال تطوير الحلول والبرمجيات عن تزويد المنشآت بالعديد من حلولها ومن أهمها ما يلي:

نظام إدارة الدورة المستندية ونظام المدفوعات(payroll) السيطرة على الخزين (inventory control)، تخطيط موارد المنشأة (enterprise resource planning) كلفة الشغلة job costing، النماذج الإحصائية- الرياضية- معالجة الأوامر، السيطرة على العملية. نظام أرشفة وإدارة الوثائق الإلكترونية وكذلك نظام

أرشفة البريد الإلكتروني الموجهة خصائصه للمنشآت التي تتعامل مع كم هائل من الوثائق والأوراق الرسمية.(الشكل(13-3)).

فوائد البرمجيات الجاهزة

أهم ما يميز البرمجيات الجاهزة عن غيرها ما يلي:

1. أن جميع أعمال التصميم غالباً ما تنجز مقدماً وهذا ما لم نلمسه بالنسبة للإستراتيجيات التطويرية الأخرى التي يستهلك فيها التصميم 50% من جهود التطوير.

2. فحص برامج البرمجيات الجاهزة قبل تسويقها إلى الشركات الخارجية مما يقلل من الأخطاء الناجمة عن البرمجيات ويوفر الوقت اللازم للفحص الإضافي من قبل المشتري.

3. توفير الصيانة المطلوبة والدعم اللازمين بعد الشراء.

4. تتصف البرمجيات الجاهزة بسهولة وانخفاض تكاليف استخدامها والسرعة التي تفوق سرعة البرمجة اليديوية القديمة.

اسم التطبيق	اسم التطبيق	اسم التطبيق
-Payroll	-E-mail	- إدارة الدورة المستندية.
-Process Control	-Enterprise resource Planning	- نظام المدفوعات
-Tax accounting	-Groupware	- السيطرة على الخزين
-Web browser	-Internet telephone	- تخطيط موارد المنشأة
-Ward processing	- Job Costing	- السيطرة على العمليات
-Sales analysis	-Library Systems	- إدارة الوثائق الإلكترونية
-Order processing	-Life Insurance	- إدارة الوثائق والملفات
	-Mailing Labels	- إدارة محتويات الشبكة
	-Mathematical/ Stafististical modeling	

الشكل (13-3) أمثلة لتطبيقات البرمجيات الجاهزة والحلول الإلكترونية الذكية التي تزودها الشركات العالمية للمؤسسات التي تحتاجها

5. أن استخدام تطبيقات البرمجيات الجاهزة ستعمل على زيادة سرعة انجاز المعاملات في المنشأة التي تستخدمها لأنها تختزل الوقت والجهد وتقضي على الروتين.

6. أن تطوير النظم الإدارية عن طريق استخدام تطبيقات البرمجيات الجاهزة سيعمل على جعل النظم المحوسبة أكثر ما عليه تطويراً وسيسهل مراقبة العمليات بشكل يزيد من معدل الإنتاجية.

توفر الشركات العالمية المجهزة للحلول السريعة نوعين من الخدمات:

أ. تطبيقات جاهزة بالكامل (prepacked applications).

ويسمى هذا النوع من التطبيقات بـ Turnkey System. يحتاج لتشغيله تحميل البيانات واختيار بدائل قليلة.

ب. تطبيقات تحتاج إلى تخصيصات مفصلة (Customization) يعالج النظام البيانات واختيار بدائل قليلة.

تتحمل الهيئات الإدارية مسؤولية أساسية في ضعف وتراجع دور وفاعلية منشآتها في تقوية درجة (customization) والتي عادة ما تستند على سلوكية الإدارة.

أن أهم المساوئ في استخدام (customization) أنها تحتاج إلى وجود مبرمجين مدربين تدريباً جيداً.

بموجب طريقة البرمجة التخصصية (custom programming)

يتم إعداد جميع التطبيقات (application) المطلوبة من قبل عدد من المبرمجين المتخصصين بكتابة التعليمات البرمجية المفصلة (detailed program code) بهدف تحقيق سيطرة كاملة على جميع التطبيقات.

واستناداً إلى ذلك يمكننا القول بأن عملية تطوير النظم تعتمد بصورة كاملة على اختصاصي تكنولوجية المعلومات في المنشأة المعنية من مبرمجين ومهندسين، أن

هؤلاء يتحملون المسؤولية الكاملة في مجال صنع القرارات المناسبة لعملية التحديث أو التطوير للنظم حيث الثقة بالذات والقدرة على التحكم في البرنامج تصبح ضرورية لإنجاح هذه المهمة الصعبة.

أن أهم عنصر لنجاح المشروع هو امتلاك الاختصاصيين رؤية وسياسة واضحة ينطلقون منها في عملية التطوير، وكذلك على إطلاع واسع على التجارب العالمية في مجال التطوير والاقتداء بإبداعات هذه التجارب والاستفادة من تكنولوجيا المعلوماتية المتقدمة وذلك بهدف تحقيق نتائج سليمة ومتميزة.

أن الحكم على كفاءة هذه الطريقة يتطلب وجود فريق من المبرمجين الفاعل والكفؤ من ذوي الخبرات الطويلة في مجال كتابة البرامج التخصصية وهذا ما تفتقر إليه معظم منشآتنا الصناعية. أن إعداد التعليمات البرمجية المطلوبة ليس بالأمر السهل وذلك لصعوبة عملية البرمجة وتكاليفها الباهظة.

إن القائمين على عملية تطوير البرمجيات المطلوبة ليس بإمكانهم امتلاك مهارات كافية لتلك العملية من غير أن يستندوا إلى الأسس النظرية الخاصة بهذا الحقل من التكنولوجيا المعلوماتية المتقدمة ومعنى ذلك أن القدرة على كتابة أو إعداد التعليمات البرمجية المفصلة يتطلب معرفة نظرية وعملية متطورة.

إن ضعف الأعداد النظري والعملي للقائمين بإعداد البرامج التخصصية يقود مما لا شك فيه إلى تطبيقات مخطوءة ومشوشة ويتفق معظم الباحثين والمهتمين بحقل التطوير بأن المبرمجين الذين يستخدمون أدوات تتمتع بصفات تقنية عالية ذات علاقة بـ Development method design ويستطيعون تفسير النتائج المستفادة من هذه الأدوات بناء على معايير تقنية محددة هؤلاء سوف يمتلكون الثقة والجرأة الكافيين للقيام بالعمل المطلوب وهذا كله ينعكس إيجابياً على عملية التطوير.

فيما يلي عرض لبعض الاستراتيجيات التصميمية التي يمكن أن تستخدمها الإدارة لمساعدة منشآتها على شراء البرمجيات المناسبة:

1. تقييم تطبيقات البرمجيات الجاهزة بشكل كامل قبل استخدامها من ناحية المرونة، خدمات الصيانة المتوفرة، التوثيق، النوعية، الكلفة، متطلبات قواعد البيانات، موارد البرمجيات والأجهزة، الصعوبات التقيمية كثيرة ومتنوعة، بل أن بعض خصائص التطبيقات يصعب قياسها على نحو دقيق وموضوعي، لذا تتميز الصعوبات التقيمية بأنها متفاوتة ومتغايرة ذلك أن كل تطبيق ذي خاصية تصميمية فريدة ولذلك لا تؤخذ مجموعة من الخصائص تتوافر في جميع التطبيقات.

أن أي ممارسة تقييمية ناقصة أو مخطوءة يقوم بها القائم على عملية تقييم التطبيقات سوف تنعكس سلبياً على كفاءة وفاعلية نظام المعلومات في المنشاة المعنية.

2. أن عملية تقييم البرمجيات والحلول الجاهزة تستند عادة على ما يسمى(request for proposal) وهي عبارة عن قائمة مفصلة للأسئلة المقدمة إلى الشركات العاملة في مجال تطوير الحلول والبرمجيات.

3. أن ضعف الإعداد النظري والعملي للقائمين على عملية اختيار حلول البرمجيات الجاهزة للمنشأة يقوم مما لا شك فيه إلى إطلاق قرارات مخطوءة ومشوشة، مما يؤدي إلى حصول هذه المنشأة على برمجيات لا تلبي احتياجاتها بالشكل الكامل وهذا كله هدر للوقت والمال والجهود.

التطوير بواسطة المستخدم النهائي(End- user Development)

أن المستخدم النهائي يملك من الإمكانات وهامش الحركة وحرية التصرف ما يمكنه من إنجاز مساهمات هامة في تطوير نظم المعلومات في منشأة خاصة وأنه عادة ما يكون صاحب تجربة متراكمة وطويلة في مجالات التحديث والتطوير. في كثير من المنشآت يقوم المستخدم الأخير بتطوير نسبة كبيرة من نظم المعلومات الإدارية بقليل من الدعم والمساعدة من الاختصاصيين والفنيين والخبراء.

أن المستخدم النهائي بما لديه من إمكانات وموارد ومعرفة كامنة وخبراء مميزين ومؤهلين بتوظيف برمجيات الجيل الرابع والتكنولوجيا الحديثة يستطيع تحديث نظامه الحالي والارتقاء بأساليب عمله لكي يلبي احتياجاته الآنية والمستقبلية من المعلومات.

أن المستخدم الأخير يركز بشكل كبير على بناء نظم المعلومات من خلال الاستفادة من لغات الجيل الرابع، ولغات الرسوم(الكرافيكي) وأدوات البرمجيات للحاسوب الشخصي.

وفي هذا المضمار، يمكننا تحديد بعض الاستراتيجيات التي يوظفها المستخدم النهائي لبناء نظام المعلومات على أسس حديثة ومنها:

أولاً: توظيف لغات الجيل الرابع للوصول إلى البيانات المطلوبة ولإعداد التقارير المختلفة.

ثانياً: استخدام لغات الجيل الرابع لإعداد(spread sheets, graphics و modeling) واسترداد المعلومات الفورية لتلبية الاحتياجات المهمة للأعمال.

لقد اعترى لغات الجيل الرابع بالمقارنة مع الطرق التقليدية لتطوير نظم المعلومات مأخذ كثيرة منها ما يلي:

1. لا يمكن استعمال أدوات الجيل الرابع بدلاً من الأدوات التقليدية (conventional tools) في بعض تطبيقات الأعمال وذلك لأن قدراتها في المعالجة محدودة.
2. أن معالجات لغات الجيل الرابع لكثير من المعاملات الفردية تتصف بالبطء وقلة الكفاءة نسبياً.
3. تتطلب معالجات الجيل الرابع تكاليف عالية لكي نجعلها ملائمة لمعالجة المعاملات الكبيرة، إذ أن استعمال مثل هذا النوع من المعالجات ينتج عنه بطء في وقت التجاوب(slow response time) وانخفاض في إنجاز الحاسوب.

مزايا استخدام نظام تطوير المستخدم الأخير:

1. يعمل النظام على تحسين عملية تحديد المتطلبات مثلما يحدد المستخدمين لاحتياجات منشآتهم وأعمالهم.

2. يعمل النظام على تشجيع المشاركة المباشرة للمستخدمين في تطوير نظمهم حيث يوفر لهم المناخ المناسب للتعاون والتشارك بالمعلومات.

وفي كثير من الحالات وبهدف الحصول على إجراءات تطبيقية ملموسة وفي الوقت المحدد يتم اللجوء إلى إنشاء مركز للمعلومات(information center). فيما يلي عرض لبعض الاستراتجيات الإدارية التي يمكن أن يستخدمها المدير عن طريق المركز لتطوير نظام المعلومات.

1. إقامة الدورات التدريبية لغرض تدريب الأشخاص بالتطوير ولتقديم النصح الخبيرة للمستخدم الأخير ولمناقشة مدى رضا المستفيدين عن النظام الجديد.

2. تجهيز البرمجيات الضرورية وتوفير أجهزة الاتصال والأنظمة المعلوماتية والبرامج الحديثة لأجهزة الحاسوب والتي تختزل الوقت والجهد وتقضي على الروتين.

3. يساعد المركز المستخدم النهائي على إعداد وتطوير التطبيقات المعقدة وذلك بمساعدة وتوجيه استشاري وخبراء مركز المعلومات.

4. أن المستخدم النهائي يتمكن من خلال استعمال أدوات المركز من إعداد التقارير الحاسوبية(spread sheets) والبيانات المهمة الصحيحة التي تساعده على اتخاذ القرارات الصائبة.

5. يقدم مركز المعلومات فوائد إدارية متعددة منها على سبيل المثال:

تقديم خدمات تكنولوجية المعلومات في مجال مشاركة البيانات(Data sharing وتقليل مشاكل(integrity) ومشاكل الفيض(redundant). في البيانات غير المناسبة.

6. يضمن المركز بأن التطبيقات المطورة عن طريق المستخدم النهائي تلبي خدمات التدقيق(audit) ونوعية البيانات(data quality) ومعايير الأمان.

7. يساعد المركز في إنشاء المعايير الرئيسية للبرمجيات ولأجهزة الحاسوب التي تهدف إلى التقليل من استخدام التكنولوجيات غير المتكاملة.

طريقة المصادر الخارجية (Outsourcing)

تعاني كثير من المنشآت من صعوبات ملموسة في استعمال مصادرها الداخلية وخدمات تكنولوجية المعلومات المتوفرة لديها لبناء أو تشغيل وتحديث نظم معلوماتها الحالية فتراهم يلجأون إلى شركات خارجية للقيام بإنجاز عملية التطوير المطلوبة.

تقوم الشركات التي تؤجرها المنشأة المعنية بتقديم خدمات تكنولوجيا المعلومات في مجال تطوير النظم بما في ذلك الخدمات الاستشارية والتقنيات الحديثة لتحديث برامجها التطبيقية وتحسين البنية التحتية وقدراتها التدريبية.

أن إجراءات التعاقد مع باعة خارجيين للاستفادة من مراكز الحاسوب وشبكات الاتصال والبرمجيات الجاهزة لتطوير البرنامج التطبيقي يدعى (outsourcing).

ويمكننا تحديد أركان مفهوم(outsourcing) بما يلي:

1. إدراك أهمية الدور الاستراتيجي الذي تقوم به الشركات الخارجية بتطوير نظام المعلومات الإدارية للمنشأة وإدارة أعمال أجهزة الاتصال والأنظمة المعلوماتية والبرامج ومراكز الحاسوب العائدة لها.

2. أهمية الدور الذي تقوم به الشركة الخارجية بتأجير العمال وإدارة جميع العمليات الضرورية لتطوير نظام المعلومات.

3. أن المنشأة تلجأ إلى الشركات الخارجية لمساعدتها في عملية التحول واستبدال الأنظمة القديمة بأنظمة محوسبة فعالة والذي يجعل من العمليات والإجراءات المستخدمة في المنشأة أكثر دقة وكفاءة. فعلى سبيل المثال تعمل الشركات

المتعاقدة بجهد كبير من أجل مساعدة المنشأة التحول من (mainframe based
computing) التقليدية إلى (distributed client/ server computing environment) أو
الحصول على التقنيات الحديثة مثل (object- oriented programming).

4. أصبحت الكثير من المنشآت تتوجه إلى البائعين الخارجيين لمساعدتهم في تطوير برامج تطبيقات الأعمال المهمة وذلك لتوفير الخبرة الطويلة في التقنية والإدارة وإعادة هندسة عملية الأعمال.

العوامل التي تؤثر في اختيار البائعين الخارجين

على المنشأة أن تهتم بالعوامل المختلفة التي لها تأثيراً على اختيار البائع الخارجي ومن العوامل التي يجب أن تهتم بها في هذا الصدد ما يلي:

1. المعيار: يقتضي وضع معايير لتقييم البائعين الخارجيين ومراجعتها بين حين وآخر بما يتناسب مع نهج المنشآت.

2. تصميم العقود: أن على الإدارة عندما تنوي اختيار إستراتيجية معينة لتصميم العقود مع البائعين الخارجيين، أن يكون الاختيار مبنياً على نتائج التقييم التي تم الحصول عليها بما في ذلك معرفة طبيعة الخدمات التي تقدم من البائعين، وتقييم المخاطر(rewards) لأن هذه المعرفة مهمة لكل من المنشأة المعنية والشركة الخارجية فهي تساعد الشركة على تقديم خدماتها ضمن إمكانياتها وقدراتها التي تمتلكها أو تساعد الشركة على تقديم خدماتها ضمن إمكانياتها وقدراتها التي تمتلكها أو تساعد المنشأة على الموافقة لتوقيع العقد أو عدمه في ضوء التقييم والدراسة لتلك القدرات والإمكانات.

وبصورة عامة فإن هذه الأمور يجب أن تؤخذ بنظر الاعتبار من قبل الطرفين لأنها هي الأساس في تحديد طبيعة العلاقة بين الإدارة والشركة الخارجية.

أن أكثر المشاريع نجاحاً هي تلك التي يتوفر فيها المناخ الإيجابي من الثقة المتبادلة بين الطرفين وهذا يتحقق عن طريق تأسيس قنوات اتصال مستمرة بين البائع والمشتري. ولذلك يكون من الضروري وضع آلية مشتركة تتسم بالوضوح والشفافية من أجل تعزيز قنوات الاتصال.

يتم بموجب هذه الطريقة تلبية احتياجات المنشأة من المبرمجين للقيام بإعداد البرامج المطلوبة للتطوير عن طريق الاستئجار من مصادر خارجية تقوم المنشأة المعنية بتنمية أداء هؤلاء المبرمجين المتعاقد معهم وتطوير طرق عملهم عن طريق دورات مكثفة، كما تعمل المنشأة فضلاً عن ذلك بخلق بيئة عمل مناسبة لهم وقياس ودراسة وتحليل ما يقومون به من أعمال.

بالرغم من أن بعض المنشآت قد ثبتت تطبيق هذه الطريقة لتطوير نظم معلوماتها إلا أننا ما زلنا نشهد تراجعات في تطبيقها من قبل منشآت أخرى، أن أهم مشكلة تواجه كثير من هذه المنشآت تبرز في الفترة التي تنتهي فيها عملية التطوير حيث لم يعد للمبرمجين حاجة في هذا الوقت فيصبحون عبئاً للشركة وهدراً للمال والجهود. أن الإستراتيجية التي تقوم بها المنشأة للتخلص من الفائض في عدد المبرمجين هو إما إيجاد وظائف أخرى لهم أو تسريحهم بهدف تقليل الكلفة.

ولتذليل الإخفاقات والتراجعات، تلجأ كثير من المنشآت إلى تطبيق إستراتيجية أخرى للتطوير وهي الاتفاق مع شركات خارجية لتزويدها بالمبرمجين والاختصاصيين بمجال التطوير لفترة زمنية محددة.

تتحمل الشركات الخارجية أو(outsourcing) مسؤولية كاملة وأساسية في تطوير النظم الحالية بتزويد المنشآت المعنية بالاختصاصيين والفنيين لفترة محددة من الوقت. تلعب الشركات الخارجية دوراً ملموساً في عملية التطوير وتنفيذ القرارات والمهمات المطلوبة وتدريب الاختصاصيين وتثقيفهم بالمهمات المحددة والمقررة، ويبقى انتظام عمل هذه الشركات المتعاقد معها حجر الزاوية في نجاح أو فشل المهمة المتفق عليها. يعتمد نجاح عملية التطوير للنظم الحالية على قدرة الشركات الخارجية في

تنظيم قوتها الفعلية وتوجيه مهماتها الأساسية على تنفيذ أهدافها المطلوبة وبالاستعداد والجاهزية للبذل والعطاء والانخراط في إنجاز المهمات والخطط المقررة.

التوجيه السائد لدى المنشآت الصناعية أخذ يتركز في الآونة الأخيرة حول إيجاد طرق فاعلة وسريعة لتطوير نظم المعلومات الحالية وذلك لأن تجارب المنشآت في الدول المتقدمة في هذا الاتجاه يبعث على التفاؤل كثيراً.

أن المسؤولين في هذه المنشآت أصبحوا على يقين بعدم قدرة المبرمجين والاختصاصيين في تكنولوجيا المعلوماتية منفردين على بناء نظام معلومات متطورة من دون الاعتماد على استيراد الأجزاء الضرورية لعملية التحديث من الشركات الأجنبية وذلك بهدف التقليل من وقت وتكاليف التطوير.

ونحن نتحدث عن التجميع كسبيل لتحقيق التطوير للنظم المعلوماتية في منشآتنا الصناعية، فإن الحقيقة تكمن في أن نجاح عملية التجميع تتطلب وجود كادر فني متقدم قادر على استيراد القطع الضرورية فقط وذلك بهدف التقليل من ضياع الوقت والمال والجهد.

وعلى سبيل المثال، تستطيع منشآتنا الصناعية استيراد مجموعة من أجزاء البرمجيات التي تتمكن من إدارة وتنفيذ عمليات وواجبات معقدة بتكاليف منخفضة.

أن شراء أدوات تحكم أمنية(security control) لإدارة عملية التشفير (encryption) في الانترنت مثلاً تهدف إلى تحسين مستوى الخدمات التي يقدمها هذا النظام للمواطنين.

ومن الجدير بالذكر أن هناك آلاف من الأجزاء المفيدة والمتوفرة بعدد قليل من الدولارات لكل واحدة.

الفصل الرابع عشر

تقييم فاعلية نظم المعلومات

أهداف الفصل:

بعد دراسة هذا الفصل يجب أن تكون قادراً على معرفة:

1- المقصود بمعاني المصطلحات الأساسية المتعلقة بتقييم فاعلية نظم المعلومات الإدارية.

2- كيف تستخدم طريقة التكلفة والمنفعة كأداة لتقييم فاعلية نظم المعلومات الإدارية.

3- المعايير التي يجب توفرها في استراتيجية تقييم فاعلية النظم.

4- كيف يمكن استخدام كل من طريقة تحليل النظم وطريقة مسح الاتجاهات الذهنية كأسلوب لتقييم فاعلية نظم المعلومات.

تقييم فاعلية نظم المعلومات الإدارية

مقدمة

إن الاهتمام المتزايد في نظم المعلومات الإدارية دفع الكثير من علماء الإدارة والحاسبات الإلكترونية بتكثيف البحث والكتابة في هذا الموضوع والشروع بقياس فاعلية هذه النظم (شكل 14-1) من عدة نواحي منها. الفائدة والمرونة، ويحسن بنا قبل أن نبدأ في تتبع طرق تقييم فاعلية نظم المعلومات الإدارية، أن نحدد أولاً معاني المصطلحات الأساسية:

الفاعلية، الكفاءة، فاعلية نظم المعلومات الإدارية.

مفاهيم عامة

الفاعلية (Effectiveness):

هي اقرب إلى أن تكون مقياساً للدرجة التي ينجز بها النظام بواجباته المصممة وهنا تصبح الفاعلية أداة للتعبير عن فوائد النظام وقابليته في استغلال الموارد المتاحة وانجاز الواجبات المصممة.

وكثيراً "ما يجرى استخدام تعبير الفاعلية والكفاءة (Efficiency) وكأنهما كلمتان مترادفتان للدلالة على معنى واحد والحال أن هناك فرقاً جوهرياً بين استخدام هذا التعبير أو ذلك.

يقول كوفمان ونيوول (Goffman & Newill) أن الفاعلية هي مقياس لقابلية النظام على انجاز الواجب المصمم والكفاءة هي مقياس كلفة انجاز هذا الواجب.

ويقدم لنا (Steers) تصوراً آخر للمسألة فيقول: أن الفاعلية اصطلاح متعلق بتحقيق الهدف بينما تتحدد الكفاءة بمعايير اقتصادية. وهذا يعني أن الفاعلية هي مقياس لمدى قابلية النظام على إنجاز الأهداف العامة للمنشأة والمتمثلة في الاستغلال

الأمثل للموارد المتاحة، وأن الكفاءة تمثل نسبة منفعة التكاليف (Cost/Benefit Ratio) المتسببة في السعي وراء هذه الأهداف.

ومما تقدم يتضح أن الكفاءة تهتم بعدد وحدات المدخلات (In put) المطلوبة في إنتاج مستوى معين من الإنتاج.

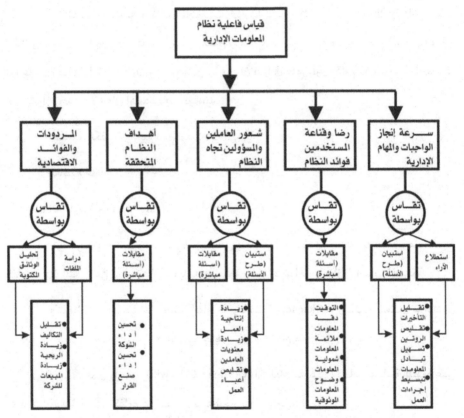

الشكل (14-1) يبين طرق قياس فاعلية نظام المعلومات الإدارية

– **فاعلية نظام المعلومات الإدارية:**

لفاعلية أنظمة المعلومات الإدارية MIS Effectiveness تعريفات مختلفة ومتشعبة- فهي في نظر أركايرس Argytis.

اصطلاح مرتبط ارتباط وثيق بتحقيق الأهداف.

320

وفي نظر سكوديريك Schoderbeck اصطلاح فني يشير إلى خصائص معينة يتصف بها النظام كالمرونة وسرعة توفير المعلومات وجودة المعلومات التي يوفرها النظام.

ومهما يكن الأمر حول اختلاف الآراء والتعاريف المفسرة أو المحددة لفاعلية أنظمة المعلومات وجودة المعلومات التي يوفرها النظام.

ومهما يكن الأمر حول اختلاف الآراء والتعاريف المفسرة أو المحددة لفاعلية أنظمة المعلومات فيمكن القول بأن نظام المعلومات الإدارية الفاعل تتوفر فيه الصفات التالية:

1- أن يوفر معلومات مناسبة Relevant للمدير بالشكل الذي يمكّنه من صنع القرارات الصائبة. ويعتبر استخدام الوسائل الفنية للإدارة العلمية الوسيلة الأساسية التي تساعد النظام على تحويل البيانات المجمعة إلى معلومات مناسبة ليكون بإمكان مختلف المدراء صنع القرارات الاستراتيجية وتكتيكية Tactical وعملية Operational صائبة.

2- أن يكون مرناً Flexible بحيث يستطيع النظام أن يأخذ احتياجات المديرين الحالية والمرتقبة من المعلومات بنظر الاعتبار.

3- أن يستخدم الحاسب الإلكتروني باعتباره من أهم المرتكزات الأساسية في تطوير فاعلية نظام المعلومات الإدارية، إذ أن استخدامه بشكل صحيح يشارك إلى حد بعيد في تمكين النظام على توفير المعلومات المناسبة التي يحتاجها المدراء بصورة سريعة.

طرق تقييم فاعلية نظام المعلومات:

(1)   طريقة تحليل التكلفة والمنفعة (Cost/Benefit Analysis)

تنظر هذه الطريقة إلى فاعلية أنظمة المعلومات بمنظار اقتصادي، أن الفكرة الرئيسية مـن وراء تحليل الكلفة والمنفعة هي المقارنة بين تكاليف تشغيل النظـام والفوائـد المتحققـة مـن اسـتخدام النظـام مقدرة بوحدات مالية.

يمكن تطبيق هذه الطريقة في تقييم الاستثمارات العامة والخاصة وفي دراسات الجـدوى لأنظمـة المعلومات الإدارية، غير أن التطبيق يتعقد في الحالات التي يصعب فيه تحديد كمية بعـض الخـدمات غـير الملموسة التي تقدمها الأنظمة، أن صعوبة تحديد قيمة نقدية للخدمات غير الملموسة التي يقـدمها نظـام المعلومات الفاعل يقف عائقاً عنيداً بوجه التقييم السليم. وبمعنى آخر فإن وجود صعوبة في قياس كميـة المعلومات المطلوبة من قبل الإدارة لصنع القرار الصائب وكذلك قياس مقدرة الإدارة في التخطيط والرقابـة بقيم نقدية من شأنه أن يـؤثر جـذرياً وبشكل سـلبي عـلى التوصـل إلى النتـائج التي يسـتهدفها التقيـيم الصحيح لفاعلية أنظمة المعلومات. وهذا يتطابق تماماً مع واقع الحال الذي تعيشه الدول النامية وبضمنها الأقطار العربية حيث نجد أن صعوبة تحديد القيمة النقديـة للمنـافع غـير الملموسة لأنظمـة المعلومـات وتكاليف تقديم المنافع يشكل عائقاً أمام استخدام طريقة تحليل التكلفة والمنفعة في تقييم فاعليـة هـذه الأنظمة.

مما تقدم يظهر لنا أن طريقة تحليل التكلفـة والمنفعـة لا تزيـد عـن كونهـا وسـيلة تسـتعمل في دراسات الجدوى وأنها محدودة الفائدة جداً بالنسبة للإدارة المشرفة على المنشآت الصناعية لعدم إمكانيـة الاعتماد عليها في تقييم فاعلية الأنظمة المستعملة في هذه المنشآت.

2) طريقة تحليل النظم (Systems Analysis)

تعتبر هذه الطريقة من أدق الطرق المتبعة في تقييم نظم المعلومات الإدارية وذلك بسبب التركيز على النظم نفسها وعلى الأفراد المصممين لها والمدراء المستفيدين منها ولذلك فإن استخدام هذه الطريقة يستلزم دراسة تفصيلية لإنجاز النظم ودراسة عميقة لتأثير النظم على الأفراد الذين يتعاملون معها. لاحظ شكل (14-2).

أن عملية تقييم فاعلية النظم يمكن أن يتم على النحو الآتي:

الدراسة التفصيلية لإنجاز الأنظمة المتضمنة دراسة سير المعلومات وجريان العمل في الأقسام المختلفة وإجراءات خزن وجمع وتنظيم البيانات المستعملة في إعداد التقارير الإدارية وتقييم كفاءة العاملين من المصممين ومحللي النظم. وهذا يعني أن هذه الطريقة تقوم على أساس ضرورة قياس الفاعلية بعدد من معايير التقييم المختلفة.

كخلاصة لما سبق يتضح بأن هذه الطريقة تعتمد على الفرضية التي تقول بأن هناك عدد من العوامل التي تؤخذ بعين الاعتبار عند تحديد النظام الفاعل والملاحظة التي ينبغي التطرق إليها هنا هي ضرورة النظر إلى الفاعلية ضمن إطار النظم (Systems Framework) الذي يعطي أهمية للعوامل المختلفة التي تؤثر على فاعلية نظم المعلومات الإدارية.

3) طريقة مسح الاتجاهات الذهنية (Attitude Survey Method)

بهذه الطريقة يتم تقييم فاعلية أنظمة المعلومات عن طريق قياس قناعة الأفراد الذين يستعملون هذه الأنظمة. فمثلاً قياس تصورات صانعو القرارات حول القيمة الكلية للمعلومات الخارجة من الأنظمة ويعتبر البحث الميداني أهم وسيلة تستخدمها هذه الطريقة لجمع المعلومات عن الاتجاهات الذهنية للمستفيدين من الأنظمة. مثال ذلك اختيار مجموعة من المدراء ورؤساء الأقسام ومصممي ومحللي الأنظمة لتقييم فاعلية الأنظمة المستخدمة وذلك من خلال طرح أسئلة تتعلق بالفوائد التي تحققها المنشأة من الأنظمة الحالية بهدف التعرف على قناعة المدراء وعلى الروح المعنوية للموظفين ودوافعهم لاحظ الشكل (14-3).

4) طريقة القياس (Measurement Approach)

يمكن تطبيق طريقة القياس في تقييم فاعلية أنظمة المعلومات الإدارية في المنشآت التي تستخدم الحاسبات الإلكترونية ويستدعي تطبيق هذه الطريقة ضرورة استخدام معايير معينة لقياس حجم تدفق المعلومات بين الأقسام المختلفة في المنشأة وقياس أوقات التأخير في تحليل ومعالجة المعلومات وقياس النسبة المئوية للخطأ الحاصل في استرجاع المعلومات التي يخزنها النظام.

أن استخدام هذه الطريقة من الأمور التي تواجها صعوبات كثيرة، فقد وضع بعض الكتاب لمواجهة هذه الصعوبات معايير معينة يمكن تحديدها بالآتي فمثلاً كالنكورت (Calingaurt) وضع ثلاث معايير لتقييم فاعلية أنظمة المعلومات الإدارية.

أ- إنتاجية النظام (Throughput)

يقيس هذا المعيار انجاز النظام المقدر بطاقة العمل المحددة بعدد العمليات المنفذة في وحدة زمنية معينة.

ب- وقت التأخير

يقيس هذا المعيار فترة التأخير بين بث المعلومات من النظام ووصولها إلى المستفيدين.

ج- وقت الإتاحة (Avalilability)

يقيس هذا المعيار النسبة المئوية للوقت الذي يشتغل فيه النظام بشكل سليم.

ويشير امستوتز Amstutz وبرك وستراتر Burck & Strater إلى ثلاثة معايير لتقييم فاعلية نظام المعلومات الإدارية:

أولاً: حجم المعلومات (Information Aggregation)

يقيس هذا المعيار حجم المعلومات التي تحفظ في قاعدة البيانات.

ثانياً: وقت الإجابة (Response Time)

يقيس هذا المعيار الوقت المصروف ما بين طلب المعلومات من النظام إلى حين وصولها إلى المستفيدين.

ثالثاً: دقة المعلومات (Output Accuracy)

يقيس هذا المعيار مقدار الخطأ في المعلومات التي يبثها النظام.

- المقابلات واللقاءات: يتم طرح أسئلة مباشرة، عن طريق مقابلة المدراء والخبراء ورؤساء الأقسام والفنيين والعمال المهرة.

- استبيانات: Quastionnaires: يتم طرح أسئلة غير مباشرة وذلك بهدف جمع آراء وملاحظات مستخدمي النظام والأفراد المسؤولين عن تشغيل النظام.

- ملاحظات: Observation: يتم ملاحظة ومراقبة الأنشطة والأعمال التي ينجزها مستخدمي نظم المعلومات الإدارية في الشركة.

- فحص الوثائق: يتم فحص ودراسة التقارير والمستندات والأضابير والملفات والسجلات المكتوبة المتوفرة في أقسام الشركة.

- ورشات العمل: Workshops: يتم عقد ورشات عمل للموظفين في الأقسام المختلفة في الشركة وذلك بهدف تعريفهم بآليات جمع المعلومات وإجراءاتها.
  وتأتي هذه الورشات استكمالاً وتعزيزاً لأسلوب جمع المعلومات التي "تتبناه الشركة.

الشكل (14-2) طرق جمع المعلومات

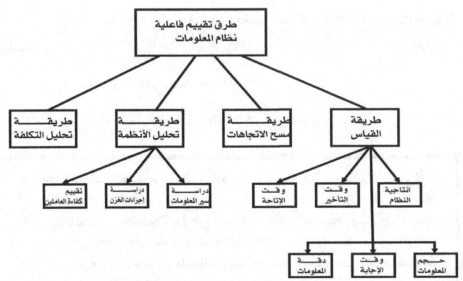

الشكل (3-14) يبين طرق جمع المعلومات المستخدمة لتقييم فاعلية نظم المعلومات الإدارية

الخلاصة:

- يتضح من التعريفات المتعددة لفاعلية نظم المعلومات الإدارية التـي تـم التطرق إليها في هـذا الفصل بأنها جميعاً تركز على ثلاث خصائص للنظام الفعال هي: أن يكون النظام مرناً أي يمكن تعديله وتطويره حسب احتياجات المدراء الحالية والمستقبلية، وأن يكون النظام قادراً على توفير معلومات ملائمة لصناع القرار، وأن يكون له القدرة على تسريع انسياب المعلومات بـين المـدراء في المنشأة.

- إن إجراء تقييم شامل لفاعلية نظم المعلومات الإدارية في منشأتنا الصناعية باتت ضرورة ملحـة يتطلبها واقع حال هذه المنشآت في عصرنا الراهن، للحاجة الماسة والمستمرة للتأكد من نجـاح أو فشل هذه النظم وهو أمـر لا غنى عنـه، ولتمكين المنشـآت مـن تنفيـذ برامجهـا التطويريـة، وللحصول على أكبر مردود اقتصادي من الموارد التي تنفقها على هذه البرامج.

- تعتبر عملية التقييم مهمة بالنسبة لكل من المدراء صناع القرار في المنشأة والأفراد القائمين علـى النظم والمسؤولين عـن استخدامها مـن جوانب عديـدة ومختلفـة، فبالنسبة للمـدراء نجـد أن التقييم يفيدهم في تحديد الوضع الحالي للنظم والمشكلات التي توجـد فيـه، أي التعـرف علـى نقاط القوة وجوانب الضعف في النظم القائمة. أما التقييم بالنسبة للأفـراد القائمين علـى النظم فهو يفيدهم في التعرف على أداء العمليات والإجـراءات المتعلقـة بالمعلومـات، وكذلك التعـرف على سير العمل في النظم وكيفية تنفيذ الفعاليات الموجودة فيها مما يشجع هـؤلاء الأفـراد علـى القيام بدور مهم في عملية صنع القرار والانخراط في رفد عجلة التطوير لهذه النظم.

- لقد اتفقت معظم مدارس التقييم على أن قياس فاعلية نظم المعلومـات الإداريـة يمكن أن يـتم باستخدام أربعة طرق رئيسية هي:

  - طريقة تحليل التكلفة والمنفعة.

– طريقة تحليل النظم.

– طريقة مسح الاتجاهات الذهنية.

– طريقة القياس.

• وحتى يؤتي التقييم الشامل لفاعلية النظم ثماره ويحقق النتائج المرغوبة والمطلوبـة منـه يفـترض توفير مستلزمات نجاحه وأن تعطيه فرصته الكافية بعيداً عن التأخير والمماطلة.

الفصل الخامس عشر

التخطيط لاستحداث نظام معلومات متكامل

أهداف الفصل:

بعد دراسة هذا الفصل يجب أن تكون قادراً على معرفة:

1- الأهداف التي يسعى نظام المعلومات المتكامل إلى تحقيقها.

2- المراحل التي تمر فيها عملية استحداث نظام معلومات متكامل في المنشأة.

3- المتطلبات الضرورية لإنشاء قاعدة البيانات المتكاملة.

مقدمة

أن نظام المعلومات الإدارية مكّون من عدة نظم ثانوية في حالة اتزان حركي، تترابط وتتفاعل معاً في تسيير أمور المنشأة. فكل نظام ثانوي في مكونات نظام المعلومات الإداري الرئيسي يتأثر بالنظم الثانوية الأخرى، ويؤثر كذلك فيها وبذلك يتكون النظام المتكامل الذي نحن بحاجة إلى فهمه وفهم العوامل التي قد تؤثر على تماسكه وتنظيمه، وذلك من أجل تصرف أفضل حيال هذا النظام ومن أجل تطويره وزيادة فاعليته.

تتعدد وتتنوع نظم المعلومات الثانوية كنظم الميزانيات التقديرية والتكاليف القياسية والسيطرة على الإنتاج والسيطرة على الخزين والسيطرة على النوعية طبقاً للأغراض والوظائف والفعاليات التي تنشأ من أجلها وتحتاج هذه النظم إلى التنسيق والتكامل الذي ينفذه نظام المعلومات الإدارية عن طريق جمع وخزن وتهيئة المعلومات اللازمة لتلك النظم. فنظام المعلومات الإدارية هو العمود الفقري لنظم المعلومات الثانوية والمركز العصبي للتنظيم في المنشأة كما يتضح في الشكل المرفق. ولابد لفهم النظام المتكامل من دراسة كل من النظم الثانوية على حدة وكجزء مما يتكون منه النظام الرئيسي. وهذا يستلزم وضع هذه النظم في إطار نظري متكامل بهدف التعريف بها وبمجالات استخدامها.

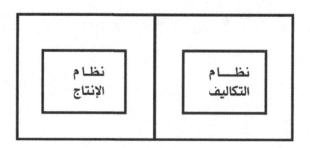

الشكل (15-1) يوضح أهمية نظام المعلومات الفرعي بالنسبة للنظم

المقدمة

يعرف نظام المعلومات المتكامل بأنه مجموعة النظم الفرعية، كنظم المالية والتكاليف والأرباح والخزين والسيطرة على النوعية، المتداخلة والمرتبطة والمعتمدة بعضها على بعض والتي تعمل معاً بدرجـة معينة من التوازن القادر على توجيه موارد المنشأة الصناعية إلى أحسن المجـالات استثماراً. لاحظ الشكل (15-1) والشكل (15-2).

يكتسب نظام المعلومات المتكامل أهميته من قدرته على تحقيق كثير من الأهداف التـي تعجـز عن تحقيقها نظم المعلومات على انفراد بنفس الكفاءة. ولعل أبرز تلك الأهداف هي التالية:

1- أن دمج أو توحيد نظم المعلومـات الفرعيـة وكذلك طـرق معالجـة البيانـات يـؤدي إلى تقليل الازدواجية وتعميق التخصص في أساليب واجراءات العمل. أن الـنظم المتكاملـة يمكن أن تأخـذ الشكل التالي:

فمثلاً يمكننا تصميم نظام متكامل يستطيع دمج أعمال بعض النظم الفرعية كالمالية والتكاليف مع أعمال غيرها من النظم التي يعنيها الأمر كالمشتريات والمخازن بهدف تقليل الازدواجية وتقليل تعقيـد إجراءات العمل به. لعل أهم ما يتميز هذا النوع من التكامل هـو النظر إلى العمليـة الصنـاعية كوظيفة منفصلة عن الوظائف الأخرى التي لها مشاكلها وأهدافها الخاصة وإنما يعتبرها وحده متكاملـة تـؤثر فيهـا كل عملية أو وظيفة على العمليات أو الوظائف الأخرى المتعلقة بها، كما وأن التغيرات التي تحدث في أحد الوظائف تنعكس حالاً على الوظائف الأخرى.

2- يعتقد دعاة هذا الاتجاه بأن تبني مفهوم التكامـل سيكون لـه نتـائج إيجابيـة متعـددة. وأهـم الحجج التي يسوقونها على ذلك هي أن المشاكل الكبيرة التي تستلزم إجراءات فورية تكشـف بسرعة وبشكل يمكن علاجها بنجاح. حيث أن بتطبيق نظام المعلومات المتكامل يتم خزن جميـع المعلومات التي تحتاجها

333

الإدارة في ملف أو قاعدة بيانات واحدة بشكل يمكن الرجوع إليه في صنع القرارات الصائبة.

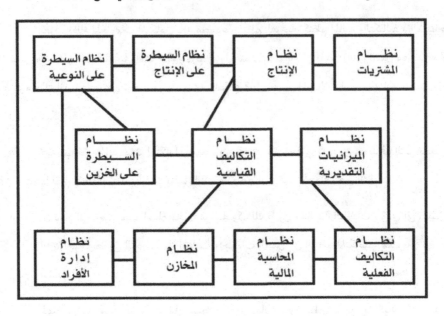

الشكل (2-15) يوضح نموذج للنظام المتكامل

3- أن النظم المتكاملة تلد في ظل التطورات العلمية والتكنولوجية وذلك لأن هذه النظم تعتمد في بنائها على المزايا والإمكانيات الكبيرة التي وفرتها قواعد البيانات المتكاملة التي تستطيع ربط وخزن النظم الفرعية بأقل تكرارية ممكنة.

4- تستطيع النظم المتكاملة من استثمار وتوظيف جميع المهارات العلمية والفنية المتواجدة بفضل التخطيط والتنسيق والتفاعل بين النظم الفرعية مما ينجم عنه مزيداً من التماسك والفعالية والتقدم والحيوية للمنشأة الصناعية.

5- أن التكامل والارتباط بين النظم الفرعية بتجميعه قواعد هذه النظم بقاعدة واحدة، سوف يمكن الإدارة من الاستفادة من مزايا الحصول على كمية المعلومات الضرورية في الوقت اللازم وبالنوعية المطلوبة.

6- يؤدي التكامل أو الدمج بين النظم الثانوية أو الفرعية في المنشأة الصناعية إلى تحسين كفاءة وظيفة التغذية الاسترجاعية (Feedback) التي تخدم في خزن، استرجاع ومداولة المعلومات المتعلقة بأنشطة هذه النظم، ويزيد من قدرة هذه الوظيفة في توصيل هذه المعلومات إلى كافة المستويات الإدارية.

7- أن التكامل بين النظم يؤدي إلى ربط البيانات عن نشاط كل نظام ثانوي مع الأنشطة المتشابهة والمتكاملة للنظم الثانوية المختلفة بما يمكن من تحسين دقة المعلومات المطلوبة من قبل مدراء الأقسام المختلفة.

8- يؤدي الدمج والتكامل بين النظم الثانوية إلى تنسيق السياسات الخاصة بصنع قرارات المستقبل في المنشأة الصناعية، ثم العمل على رسم سياسة عليا للاستفادة من استخدام الوسائل الفنية المتقدمة مثل المحاكاة Simulation التي يمكن من خلالها التغلب على كثير من العقبات التي تواجه الإدارة عند إعداد الخطط المستقبلية.

وبعد هذا العرض الموجز لأهمية النظام المتكامل نرى من المفيد أن نستعرض مراحل استحداث نظام المعلومات المتكامل.

لكي يتم التحول إلى النظام المتكامل ينبغي التدرج في مراحل معينة بشكل متأني ومدروس.

المرحلة الأولى: وتتضمن الدراسة وتصنيف المعلومات.

المرحلة الثانية: وتتضمن إنشاء نظم المعلومات الأساسية.

المرحلة الثالثة: وتتضمن القيام بإعداد المخططات البيانية الضرورية.

المرحلة الرابعة: وتتضمن إنشاء قاعدة بيانات متكاملة تستخدم الحاسب الإلكتروني.

المرحلة الأولى

وتتضمن الدراسة وتصنيف المعلومات، وتستلزم أربعة إجراءات.

الإجراء الأول: تصنيف المعلومات حسب احتياجات القرارات الإدارية.

الإجراء الثاني: تصنيف المعلومات حسب الاحتياجات الوظيفية.

الإجراء الثالث: تصنيف المعلومات حسب احتياجات الأقسام.

الإجراء الرابع: تصنيف المعلومات حسب احتياجات المنتجات.

الإجراء الأول

تصنيف المعلومات حسب احتياجات القرارات الإدارية

تحتاج القرارات الإدارية إلى أنواع مختلفة من المعلومات حسب أهميتها. أن قسم من المعلومات ضروري جداً لصانع القرار، والقسم الآخر من المعلومات مفيد ولكن له أهمية ثانوية لصناعة القرار. لذلك يستوجب إعطاء أفضليات للمعلومات حسب أهمية القرارات الإدارية التي يصنعها المدراء في المنشأة الصناعية وتأسيساً على ذلك يقتضي تصنيف المعلومات وفقاً للقرارات التي تلبي احتياجاتها. لاحظ شكل (3-15).

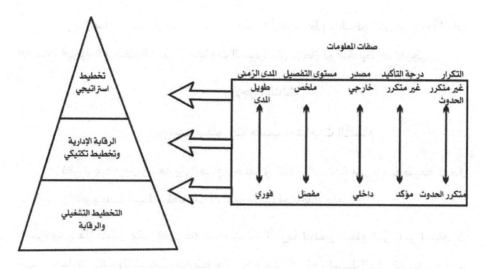

صفات المعلومات

تخطيط استراتيجي

الرقابة الإدارية وتخطيط تكتيكي

التخطيط التشغيلي والرقابة

شكل (15-3) صفات المعلومات لأغراض القرارات الإدارية

أن اهتمام هذا التصنيف ينصب على الأنشطة الإدارية فقط بينما نجد أنه في الحياة العملية يكون من الضروري إعطاء اعتبارات أخرى إلى بعض الجوانب المهمة التي أغفلها هذا التصنيف، أن التصميم الجيد للنظام يستلزم أيضاً تصنيف المعلومات وظيفياً Functional وحسب الأقسام Departmental وحسب نوع المنتوج Product Type وفيما لي نتطرق إلى شرح هذه الأنواع المختلفة من التصنيف.

الإجراء الثاني

تصنيف المعلومات حسب الاحتياجات الوظيفية

من الضروري التمييز بين ثلاثة أصناف من المعلومات التي تستطيع تلبية الاحتياجات الوظيفية.

أ- صنف المعلومات الذي يلبي احتياجات العمليات اليومية.

ب- صنف المعلومات الذي يلبي احتياجات السيطرة على الإنجاز الحالي.

ج- صنف المعلومات الذي يلبي احتياجات التخطيط الاستراتيجي للإنجاز المستقبلي.

ويجدر بنا أن نشير إلى أنه يستوجب إعطاء الأولوية لتطوير النظم التي تلبي احتياجات العمليات اليومية يليه النظم التي تلبي احتياجات السيطرة على الإنجاز ثم التخطيط الاستراتيجي.

الإجراء الثالث

تصنيف المعلومات حسب احتياجات الأقسام

نظراً لوجود فروق واضحة بين الأقسام المختلفة في المنشأة الصناعية من ناحية طبيعة العمل الممارس فإن الأمر يتطلب تصنيف المعلومات المطلوبة حسب احتياجات هذه

الأقسام وعلى هذا الأساس يمكننا القول بأنه يقتضي إعطاء الأولوية لتطوير النظم التي تلبي احتياجات أقسام الحسابات المالية والمشتريات والتخطيط والسيطرة على الإنتاج والسيطرة على الخزين ثم تليه النظم التي تلبي احتياجات أقسام إدارة المخازن والسيطرة على النوعية. لاحظ شكل (15-4)

الإجراء الرابع

تصنيف المعلومات حسب احتياجات المنتجات

تتباين المعلومات المطلوبة حسب نوع الإنتاج (منتجات حالية، منتجات جديدة، منتجات خاصة) وتستلزم بالضرورة نظماً مختلفة تقوم بتوفير هذه المعلومات المتباينة.

أن ما يجب التأكيد عليه في هذا المجال هو أنه يجب أن تعطى الأولوية لتطوير النظم التي تقوم بتوفير معلومات متعلقة بالمنتجات الحالية وذلك لأن هذا النوع من الإنتاج يمثل النسبة الكبيرة من المبيعات.

ثم تليه النظم التي توفر معلومات عن المنتجات الجديدة.

وأخيراً النظم التي توفر معلومات عن المنتجات الخاصة (أي التي تنتج حسب طلبات المستهلكين).

من العرض السابق يتضح لنا أن تطوير النظم لا يمكن أن يتحقق دفعه واحدة وإنما يحتاج إلى مراحل كما يتضح في الجدول الآتي:

وظيفة	حسب الأقسام	حسب المنتوج
تشغيليه	مالية، مشتريات	منتجات حالية
سيطرة	سيطرة على الإنتاج وسيطرة على الخزين	منتجات جديدة
تخطيط	مخازن، سيطرة على النوعية	منتجات خاصة

جدول يبين مراحل تطوير نظم المعلومات

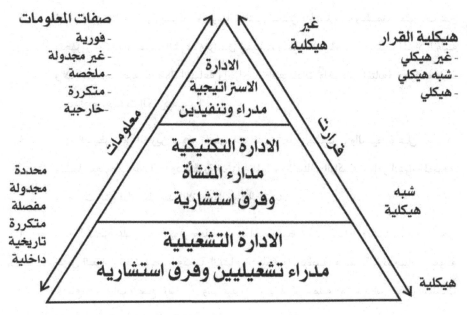

الشكل (15-4) متطلبات صانعي القرار من المعلومات. أن نوع المعلومات المطلوبة من المدراء التنفيذيين الإداريين والأعضاء الاختصاصيين والاستشاريين متعلقة مباشرة بمستوى صنع القرارات الإدارية ذات العلاقة وبهيكلية نوع القرار المطلوب.

المرحلة الثانية

تتضمن إنشاء ستة نظم أساسية

لكي يتم تلبية الاحتياجات الوظيفية والأقسام والمنتجات من المعلومات يجب العمل على إنشاء ستة نظم أساسية للمعلومات الإدارية على أن يتم في ما بعد تحقيق التكامل فيما بينها من خلال استخدام بيانات متكاملة وهذه النظم هي:

1- النظام المحاسبي: يقوم بتقديم المعلومات التي تفيد في إعداد الميزانية العمومية وحساب الأرباح والخسائر وتحليل التدفق النقدي. إضافة إلى المعلومات التي تستخدم لأغراض السيطرة على الأداء.

2- نظام المشتريات: يقوم بتوفير المعلومات التي تتعلق بالمشتريات وتشمل معلومات عن المجهزين ومتابعة طلب الشراء ومراحل تنفيذه، وكمية الشراء، ومواصفات المواد الأولية والأدوات الاحتياطية، ووصول البضاعة وإخراجها، والاعتمادات واجراءات المتابعة وحركة معاملة الاستيراد والمعاملات الكمركية.

3- نظام السيطرة على الخزين: يوفر المعلومات التي تتعلق بالمخازن والسيطرة على الخزين. وتشمل معلومات عن الحدود المقررة لتخزين المواد، والأصناف الراكدة، وأوامر الشراء الموقوفة، والتغيرات التي تطرأ على مدة الانتظار للمواد الرئيسية.

4- نظام السيطرة على الإنتاج: يوفر معلومات تتعلق بالسيطرة على الإنتاج. وتشمل معلومات عن خزين البضاعة تحت الصنع، وكمية الإنتاج الفعلية والمخططة، والطاقة الإنتاجية، وحمولة المصنع، وعمليات الصنع الأساسية، ومواعيد بدء ونهاية كل عملية ومواعيد استحقاق الطلبات الإنتاجية ومواعيد إنتاج البضاعة الجاهزة.

5- نظام السيطرة على النوعية: يوفر المعلومات التي تتعلق بالسيطرة على النوعية. وتشمل معلومات عن الأخطاء في الإنتاج، ونتائج الفحوصات المختبرية وكميات الإنتاج المخطط والفعلي، وكميات الإنتاج المعاد، ونوعية الإنتاج خلا مراحل التصنيع، وكميات المواد الداخلة في الصنع.

6- النظام المخزني: يوفر المعلومات التي تتعلق بالمخازن. ويشمل معلومات عن استلام المواد وحفظها حسب أصنافها وكذلك صرف المواد عند طلبها من قبل أقسام المنشأة.

من الجدير بالإشارة بأن هذه النظم ترتبط مع بعضها البعض الآخر بالمخرجات والمدخلات.

المرحلة الثالثة

تتضمن هذه المرحلة القيام بأعداد مخططات بيانية لتصوير سير المعلومات وتدفق العمل في النظم الفرعية. وبمعنى آخر يستوجب تصوير الدورات المستندية والعمليات المتسلسلة للإجراءات المخزنية والمحاسبية للمشتريات والإنتاج والسيطرة على النوعية من بدايتها حتى نهايتها بهدف دراستها وفحصها ومن ثم تحسينها وتوحيدها في مخطط بياني واحد.

أن الأهمية الكبرى للمعلومات المتدفقة بين نظم المعلومات الفرعية (الدورة المستندية) أنها تمثل فقرات أساسية في العمود الفقري الذي يربط بعضها مع البعض الآخر. لذلك يمكننا القول بوجود علاقة متبادلة ووثيقة بين نظم المعلومات الإدارية في المنشاءات الصناعية.

مثال توضيحي (1)

من أجل تناول أسهل ومقارنة أوضح للموضوع فإننا يمكن تصّور المنشأة الصناعية على هذا الأساس كمركز دخول وخروج البيانات والمعلومات بين الأنظمة المختلفة.

ويمكن تصوير سير المعلومات وتدفق العمل بين هذه النظم في الأشكال (15-5) و(15-6) و(15-7) و(15-8) و(15-9) يبدأ تدفق العمل بين النظم عند إعداد الأوامر المخزنية التي تعتبر من المستندات التي تخلق سلسلة طويلة ومتصلة من الأنشطة التي تنجزها هذه النظم.

1- يرسل المستند المخزني (Store Order) إلى النظام المخزني لإجراء التدقيق والفحص للمعلومات المثبتة ومنه يحول إلى النظام المحاسبي، يستلم النظام المحاسبي كذلك مجموعة من المستندات مثل استمارة المبيعات واستمارة المصاريف.

2- يقوم نظام المخازن بتزويد نظام السيطرة على الخزين بالبيانات اللازمة لتحديد أرصدة المخزون لمعرفة الكميات الموجودة فعلاً لاتخاذ ما يلزم بشأنها.

3- يصدر نظام المخازن عند صرف المواد مستند صرف مخزني بثلاث نسخ ترسل الأولى إلى نظام السيطرة على الخزين والثانية إلى نظام السيطرة على المواد والثالثة إلى نظام النقل.

4- ينظم نظام السيطرة على الخزين طلب تخويل الشراء عند انخفاض خزين المواد من المخازن عن مستوى إعادة الطلب وترسل النسخة الأولى إلى نظام المشتريات وترسل النسخة الثانية إلى نظام المخازن.

5- يصدر نظام المشتريات أمر الشراء بثلاث نسخ ترسل النسخة الأولى إلى الشركة المجهزة وترسل النسخة الثانية إلى النظام المحاسبي وترسل النسخة الثالثة إلى نظام السيطرة على الخزين. ويتم إعداد أمر الشراء في ضوء الكمية الاقتصادية للشراء وفترة الانتظار.

6- عند وصول فاتورة المجهز إلى النظام المحاسبي يقوم بتنفيذ الإجراءات الضرورية لصرف استحقاقات المجهز في مواعيدها المقررة. يستلم النظام المحاسبي أيضاً أرقام وبيانات إحصائية عن التغيرات التي تطرأ على أسعار المواد المستوردة وموجز عن التغيرات التي تطرأ على مدة الانتظار للمواد

الرئيسية ومعلومات عن التغيرات في التكاليف وأجور الشحن والضرائب، كما تستلم معلومات عن المبيعات النقدية والمصاريف الكلية ومدفوعات الفوائد وعمولات البنك. يقوم النظام المحاسبي بإعداد ثلاثة تقارير هي:

كشف الأرباح والخسائر وإحصائيات الخزين وإحصائيات المبيعات، انظر شكل (15-9).

وضماناً لتحقيق الفاعلية المرجوة من النظم الفرعية يجب ربطها بنظام للتخطيط ونظام للتقارير الإدارية على درجة كبيرة من الكفاءة لتكون أكثر ملائمة على تبسيط عملية تبادل المعلومات وتطوير وسائل الرقابة الداخلية، انظر شكل (15-9) وتأسيساً على ما تقدم يمكننا القول بأن نظم التخطيط والتقارير الإدارية تستطيع أن تمد الإدارة بالمعلومات الدقيقة التي تساعدها في معرفة ما يأتي:

1- تحديد الموارد المتاحة لمواجهة طلبات السوق أو خطة الإنتاج.

2- تحديد تأثير التغيرات التي تطرأ على مزيج الإنتاج Product Mix.

3- تحديد فوائد الخط الإنتاج الكامل بالمقارنة مع الخط الإنتاجي الجزئي.

4- تحديد أهمية طرح خطوط إنتاجية جديدة.

5- تقدير احتمالات السوق.

6- اختيار الأفضليات في حالة وجود مناطق متشابكة.

مما سبق يمكننا استخلاص عدد من النتائج أهمها: أنه في الحالة التي توجد فيها مؤشرات واضحة كالنماذج الرياضية لبحوث العمليات والبرمجة الخطية والمحاكاة (Simulation)، فإن الإدارة تستطيع تحديد تأثير السياسات الإدارية المختلفة والقرارات الخاصة على المبيعات والتكاليف والربحية، وعلى هذا يقتضي تطوير هذه الأساليب الإدارية الحديثة لكي تساهم مساهمة كبيرة في حل المشاكل الإدارية. ومما هو جدير بالإشارة أيضاً أن نظام التخطيط الإداري يتفاعل ويتأثر بالمحيط الخارجي والمحيط الداخلي للمنشأة.

وعلى أساس ما قدمنا من حقائق يمكننا أن نحدد عوامل المحيط الخارجي التي تؤثر على نظام التخطيط الإداري بالعوامل الاقتصادية (المنافسة، هيكل السوق، المصادر المالية) العوامل السياسية (السياسة الضريبة) وعوامل المحيط الداخلي (الموارد النقدية، السندات، الاندثار). أن جميع هذه العوامل يمكن اعتبارها كجزء من البيانات المهمة التي يحتاجها النظام المحاسبي لقياس العمليات الفعلية ولأغراض تخطيط المبيعات والمشتريات والإنتاج.

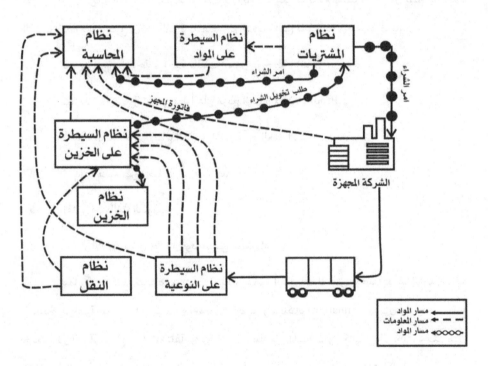

الشكل (5-15) يبين (الارتباط بين نظم المحاسبة والسيطرة على الخزين والسيطرة على المواد

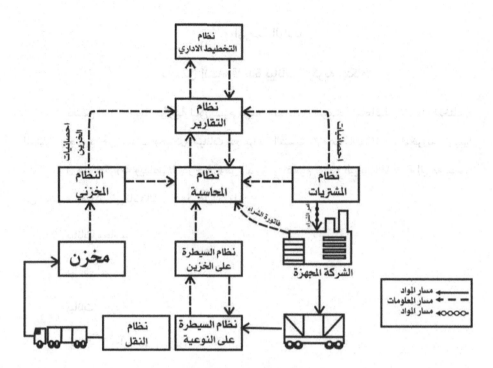

الشكل (15-6) يوضح نظام المعلومات الإدارية المتكامل

المرحلة الرابعة

تتضمن إنشاء قاعدة بيانات مركزية متكاملة

يقتضي إنشاء قاعدة مركزية لكي تقوم بحفظ جميع المعلومات المتعلقة بالأقسام المختلفة للمنشأة بمجموعة من الملفات وهياكل البيانات مع مراعاة التنسيق في معلومات الملفات المخزونة وترتيبها بشكل يقلل من التكرارية ويقلص الازدواجية. ومن الضروري تقسيم قاعدة البيانات المركزية إلى مجموعة من الملفات وهياكل البيانات التي تشمل على ما يلي:

بيانات محاسبية

بيانات المشتريات

بيانات مخزنية

بيانات السيطرة على الخزين

بيانات السيطرة على الإنتاج

بيانات السيطرة على النوعية

أن تحقيق الهدف المنشود من استخدام قاعدة البيانات المتكاملة للخزن والاسترجاع السريع للمعلومات وتقليص الازدواجية في الاضابير المحفوظة يتضائل إذا لم يتوفر الجو المناسب المطلوب لتذليل معوقات تطبيقه. والواقع أنه ما دام جوهر المشاكل التي تعانيها كل منشأة يكاد يكون متفقاً في ابعاده ومستجداً في مضمونه ولو اختلف في صوره وأشكاله فإننا نشير في أدناه إلى أهم الصعوبات التي قد تواجه المنشاءات الصناعية التي تستخدم قواعد البيانات المتكاملة.

1- أن إدخال بيانات غير صحيحة في القاعدة لها تأثير مباشر على الأقسام أو النظم الفرعية الأخرى التي تستخدم البيانات نفسها. أن المعالجة لهذه المشكلة

يتطلب استخدام التغذية الاسترجاعية Feed back لكي تقوم بتقويم البيانات المخزونة لاكتشاف الأخطاء واتخاذ الإجراءات اللازمة لتصحيحها.

2- قد تواجه بعض الأقسام أو النظم الفرعية مشكلة تتعلق بالمحافظة على أمن المعلومات (Information Secuirty) المخزونة في قاعدة البيانات المتكاملة. وفي هذا الصدد يمكننا القول بأن بعض الأقسام في المنشأة لا ترغب في الكشف عن أرقام أداءها أو إظهار الحقائق السرية الخاصة بعملياتها. وعليه فإن حل هذه المشكلة يتطلب مواقف صريحة واجراءات وقائية من قبل الإدارة ودراسات محسوبة ودقيقة وواضحة لحماية المعلومات المخزونة في قاعدة البيانات من التدخلات غير المشروعة.

3- لما كانت قاعدة البيانات المتكاملة هي الوسيلة العملية الوحيدة لتوفير المعلومات التي تحتاجها جميع الأقسام في المنشأة، فإننا نرى من المنطلق العملي التطبيقي أن بعض الأقسام قد تتجاوز عن حقوق الأقسام الأخرى عن طريق الحصول على معلومات على درجة كبيرة من التفصيل وبصورة تضع على مصدر التقارير عبئاً ثقيلاً.

لذلك يمكننا القول أن الحل الصحيح لهذه المشكلة يتطلب العمل على خلق حاله من التضامن والتعاون بين المدراء التي تتحقق عن طريق الاجتماعات والمناقشات لرسم كافة التدابير والإجراءات اللازمة لمواجهة معوقات العمل وتوفير الأجواء المساعدة على حل مشكلة التجاوز والتداخلات غير المشروعة من قبل بعض الموظفين في المنشأة.

المتطلبات الضرورية لإنشاء قاعدة البيانات المتكاملة

فيما يلي نستعرض أهم المتطلبات الواجب اتباعها لتحقيق عملية إنشاء القاعدة المتكاملة.

1- دمج النظم الفرعية بعضها مع البعض الآخر عن طريق إنشاء واستعمال مجموعة هياكل رئيسية للبيانات (Master Files). ومعنى ذلك أنه يقتضي وجود هيكل رئيسي واحد لكل نوع من المعلومات لكي يتم الرجوع إليه من

قبل كل وظيفة تحتاج إليه. فإذا أخذنا مثلاً ما يقوم به حالياً نظام السيطرة على الخزين من تحليل ودراسة وتحديد المخزون وفضلاً عن ذلك وفي سبيل التخطيط للإنتاج يتم الرجوع إلى الهياكل الرئيسية ليحدد على أساسها إنتاج الأصناف المطلوبة بأعلى درجات الجودة وبأقل تكاليف ممكنة. أن ما أود توضيحه هنا هو أن الهياكل الرئيسية للبيانات تزود المنشأة بمعلومات تفيدها في حساب مستويات الخزين وحساب كميات الإنتاج الفعلية والمخطط، وتأسيساً على ما تقدم نقول بأنه يمكننا تقسيم قاعدة البيانات المتكاملة إلى مجموعة من هياكل البيانات الأساسية كهيكل للمبيعات وهيكل للمحاسبة وهيكل للخزين وما شابه بشكل يضمن وضع نظم للرقابة لتسهيل حسن سير العمل وانتظام العلاقات ين العاملين في المنشأة، وبالمنطق نفسه يمكننا وضع هياكل بيانات رئيسية لخدمات المستهلكين ولخزين البضاعة الجاهزة وخزين بضاعة تحت الصنع وللمشتريات وخزين المواد الأولية والطاقة الإنتاجية وللمنتجات.

2- هناك حاجة ملحة للقيام بدراسة عميقة تهدف إلى تزويد بيانات سليمة إلى قاعدة البيانات المتكاملة. وهنا لابد من التركيز على أهمية السرعة والدقة في إيصال البيانات ولعله من المفيد الإشارة إلى أن سرعة وضع البيانات في القاعدة وتعتبر ضرورية وحيوية، وفضلاً عن ذلك فإن تقييمنا الواقعي لهذه البيانات ومدى كفائتها يقتضي أن نلقي الأضواء على الأسئلة التالية:

هل أن البيانات كاملة؟

هل أن البيانات صحيحة؟

هل أن البيانات معقدة جداً؟

هل أن البيانات محددة تحديداً سليماً؟

هل البيانات سرية؟

هل أن البيانات مسيطر عليها؟

3- أن الأساس الذي يعتمد عليه (نظام قاعدة البيانات) يأخذ في الاعتبار إمكانية تحديث الملف الرئيسي عن طريق تعديل أو تغيير أي برنامج مخزون فيه فعلى سبيل المثال، إذا كانت الحاجة تستلزم تعديل أجزاء المعلومات المتعلقة بالسيطرة على الخزين Inventory Control Modules فإنه يمكن تحقيق ذلك من دون تغيير لأجزاء المعلومات الخاصة بسجلات الخزين وتأسيساً على ما تقدم يمكننا القول بانه يقتضي أن يكون لكل جزء Component من النظام قابلية التجزئة Modularized بصورة تسمح في إلغاء أية وظيفة فرعية من دون التأثير على الوظائف الفرعية الأخرى Subfunctions.

4- بسبب اختلاف ظروف وإمكانيات وخبرات المنشاءات الصناعية، نرى من الضروري أن تمر عملية تكامل النظم بمراحل –أن عملية صهر وتفاعل والتحام نظم المعلومات الفرعية يجب أن يتحقق بعد توفر الشروط المطلوبة للتكامل- أن هدفاً كبيراً كالتكامل الشامل للنظم لا يمكن أن يتحقق دفعة واحدة، وإنما يحتاج إلى مراحل يقترن خلالها الفكر التكاملي بإمكانات ووسائل تحقيقه على نحو سليم، وذلك بوضع الأسس المتينة التي تكفل مواجهة الهزات وتوفير الأجواء المساعدة على جريان عملية الدمج والتكامل بين النظم الفرعية.

وتأسيساً على ما تقدم يمكن القول بأنه من أجل الوصول إلى مرحلة التكامل الشامل يقتضي الأمر منا أن نبدأ أولاً بدمج النظم الفرعية البسيطة ذات الأنشطة المتشابهة والمتكاملة والتي تستخدم ملفات رئيسية قليلة ثم نعمل ثانياً على دمج النظم المعقدة التي تستخدم ملفات كثيرة. وهكذا فإن الاستراتيجية التي ترتكز على تنسيق جزئي بين النظم الفرعية ذات الفعاليات المرتبطة بعضها مع البعض الآخر هي استراتيجية صائبة وتؤدي إلى نتائج جيدة. وعليه ففي هذا المرحلة يصبح التنسيق الجزئي التدريجي بين بعض النظم الفرعية كنظام الإنتاج ونظام المشتريات ونظام

السيطرة على الخزين على سبيل المثال هو الأسلوب الصحيح الـذي يوصلنا إلى الهـدف المنشـود في الأمـد الطويل وهو تحقيق التنسيق الكامل بين جميع النظم الفرعية في المنشأة.

مثال توضيحي

مثال يوضح كيفيـة تحقيـق تكامـل جزئـي أو تنسـيق بـين نظـام السـيطرة علـى الإنتـاج ونظـام المشتريات ونظام السيطرة على الخزين.

1- يستلم قسم التخطيط والسيطرة على الإنتاج طلبات الزبائن للبضائع من مكاتب البيع المختلفة، ويقوم استناداً على تقديرات احتياجات المستهلكين والطلبيـات المستلمة مـن الزبائن بإصدار جدول الإنتاج الرئيسي.

2- يقوم قسم التخطيط والسيطرة على الإنتاج بالتعاون مع قسم المشتريات وقسم السـيطرة علـى الخزين بإصدار برنامج إنتاجي بعد تحديد كميـة السـلع المزمـع تجميعها ويرسله إلى الأقسـام الإنتاجية من أجل أن تقوم بعمليات التجميع الجزئي كما هو مبين في المخطط (15-7).

3- يصدر قسم التخطيط والسيطرة على الإنتاج أوامـر عمـل ويرسـلها إلى قسـم عمليـات التجميـع النهائي بهدف إنجاز مستلزمات العمل المطلوب.

4- بعد إنجاز عمليات التجميع النهائي يتأكد مدير وموظفي قسم السيطرة على النوعية مـن عـدم وجود سلع معيوبة قبل وصولها إلى المستهلك.

5- هناك عدة أقسام تكون على اتصال وثيق بقسم التخطيط والسيطرة على الإنتاج منها مثلاً قسم المشتريات وقسم السيطرة على النوعية.

6- يتم تجميع البيانات المختلفة المتعلقة بالمشتريات والسيطرة على الإنتاج والسيطرة على الخزين في قاعدة بيانات واحدة تستخدم الحاسبة الإلكترونيـة وفي هـذه الحالـة تضم قاعـدة البيانات ثلاثة ملفات أو هياكل للبيانات هي ملف الإنتاج الرئيسي والذي يحتوي على معلومـات تتعلـق بالطاقة الإنتاجية ومواعيد

بدء ونهاية كل عملية ومواعيد إنتاج البضاعة الجاهزة. أما الثاني فهو مَلف مستويات الخزين والذي يستعمل لتحديد المستويات المقررة لتخزين المواد المتوفرة لدى المنشأة. والملف الثالث يتعلق بالمشتريات وطلبات الشراء ويمكن توضيح ذلك بالمخطط (15-8).

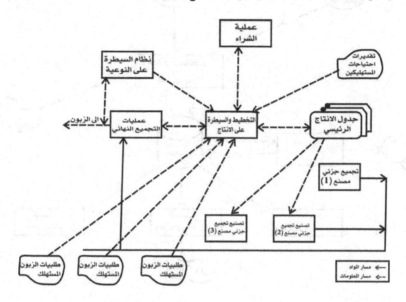

الشكل (15-7) يوضح مسار المعلومات بين الأقسام المختلفة في المنشأة

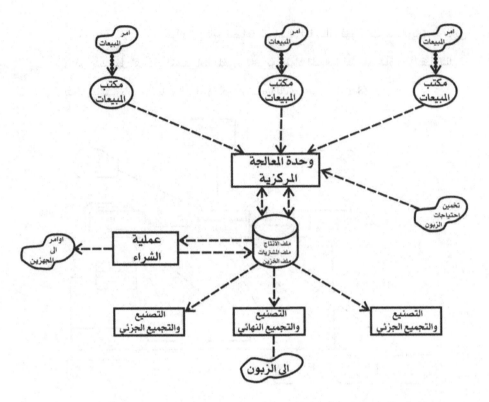

الشكل (15-8) يوضح نموذج لقاعدة البيانات التي تستخدم الحاسوب والتي يخزن جميع ملفات المنشأة

الخلاصة

لقد أتضح لنا في ضوء ما تم من شرح وما قدم من تحليل ودراسة إلى أن وجود نظم فاعلة للمعلومات الإدارية في المنشآت الصناعية يعتبر شرطاً ضرورياً لإمكان تحقيق الاستفادة القصوى من الإمكانيات المتاحة ورفع مستوى الإنتاج كماً ونوعاً. وتتمثل النظم الفاعلة للمعلومات الإدارية بصفة خاصة في وجود نظام جيد لجمع المعلومات ونظام لحفظ البيانات ذي كفاءة عالية ونظام كفوء للاتصالات ونظام متطور للتقارير.

وبسبب الأهمية الحيوية للنظم الفاعلة للمعلومات الإدارية حاولنا بشكل مركز ودائم إلقاء الضوء على مفاهيمها وأنواعها ومكوناتها الهيكلية مع الإشارة إلى كيفية تقييمها كما تولى هذا الكتاب تعريف مختلف القراء بالسمات الرئيسية للنظم الفاعلة، وبالأمور الواجب التركيز عليها عند تصميم هذه النظم بأسلوب ميسر وبطريقة سهلة تمكن الجميع التعرف عليها والإلمام بها.

تحتاج منشآتنا الصناعية شأنها شأن المنشآت في الدول النامية إلى مثل هذه النظم الفاعلة التي لها القدرة على توفير المعلومات اللازمة للقادة الإداريين بالدقة المطلوبة والسرعة المناسبة. لذلك فمن الواجب العمل على إصلاح وتطوير نظم المعلومات الإدارية القائمة حتى تصبح عوامل إيجابية تساعد على دفع عجلات التنمية الاقتصادية إلى الأمام. وبهدف تطوير نظم المعلومات الإدارية والخروج بها عن الشكل التقليدي يتعين اتخاذ عدة إجراءات أهمها ما يلي:

1- ترسيخ الاعتقاد لدى الإدارة ومصممي النظم والاستشاريين بأن نظم المعلومات الإدارية القائمة لا يمكن تطويرها عن طريق تطبيق النظريات والدراسات المصنعة في الدول المتقدمة صناعياً من دون تعديل أو مراعاة لواقع البيئة التي نشأت فيها. إذ لا يوجد نموذج جاهز للنظم الفاعلة التي تتمكن المنشآت الصناعية في الدول المتقدمة والنامية أن تطبقه بنفس الصيغة وبالدرجة ذاتها يمكن لمنشآتنا الصناعية أن تتبناه، لذلك يجب بذل الاهتمام الكافي لدراسة

البيئة أو محيط العمل الذي تتفاعل معه هذه النظم وتتأثر به. فلابـد مـن مراعـاة العوامـل البيئية الاقتصادية والتعليمية والاجتماعية التي تؤثر تـأثيراً كبيراً عـلى فاعليـة نظم المعلومـات الإدارية.

2- يجب أن تتوفر أمام المنشآت الصناعية فرصة حقيقية لخـرق مراحـل التطور التقليـدي والقفـز مباشرة إلى عصر التكنولوجيا والمعرفة وذلك بتبنيها خططاً اسـتراتيجية واضحة لـدعم مرافـق البيئة الأساسية لأنظمة تقنية المعلومات. ويمكن تحقيق ذلك بالآتي:

أ- منع انتقال المهارات والكفاءات العالية في مجال التقنية المعلوماتية إلى أماكن أخرى.

ب- زيادة الـدعم والإسـناد الحكـومي بنشرـ تقنيـات الحاسـبات وتطبيقاتهـا عـن طريـق تطـوير التشريعات القانونية لتلائم عالم الحاسبات.

ج- زيادة كفاءة البنية التحتية للاتصالات والبرامجيات.

د- تقديم أنظمة ذات بنية تحتية متطورة للأعمال الإلكترونية.

3- يقتضي التخطيط لثورة تعليمية حقيقية في المناهج وطرق التدريس في المدارس والجامعات لرفع مستوى التعليم بتقنيات الحاسبات الإلكترونية وتطبيقاتها بهدف أعـداد وتأهيـل الملاكـات مـن العلماء الشباب لإدارة وتحسين نظم المعلومات الإدارية في المنشآت مع وجوب التحرك لتوظيف استثمارات كبيرة في هذا المجال.

4- وجوب التحرك بسرعة لإعادة النظر في السياسات التوظيفية التي تتبعها المنشآت وكذلك بـرامج الرواتب والأجور بهدف سد النقص الحاد في الخبرات والمهارات في قطـاع تقنيـة المعلومـات عـن طريق جذب الموهوبين وأصحاب العقول والكفاءات العالية وإغرائهم للانضمام لهذه المنشآت. ومن جهة أخرى يجب العمل على تشجيع الحوافز المادية والمعنوية وتوجيهها نحو الكفاءات الممتازة

من الموظفين في المنشآت الصناعية لدفعهم إلى النهوض بنظم المعلومات الإدارية الحالية وتطويرها صوب مستويات أفضل من الكفاءة والإنتاجية.

5- العمل على تحديث المناهج في المدارس والجامعات بما يتناسب مع التطور الحاصل في برامجيات الحاسبة الإلكترونية مما يجعل المناهج أكثر قدرة على الاستفادة في مجال الحاسبة كوسيلة تعليمية.

أن الجامعات والمنشآت الصناعية يجب أن تعملان سوية في الأعداد والتنفيذ لبرامج وخطط فعالة لتعليم تقنيات المعلومات لكافة الطلبة وفي جميع المراحل وعلى مختلف المستويات. لذلك يستدعي الأمر وضع خطة طويلة الأجل لتوجيه التعليم في كافة كليات الإدارة والهندسة بما يتفق مع احتياجات المنشآت الصناعية من الموظفين المتخصصين بنظم المعلومات والحاسبات وبحوث العمليات.

6- ضرورة أن تبذل جهود كبيرة من قبل المنشآت الصناعية لتوفير وتأهيل الكوادر المتخصصة بقطاع الحاسبات وتقنية المعلومات عن طريق ما يلي:

أ- إنشاء مختبرات للأعمال الإلكترونية لكي تساعد العاملين على الإلمام بإجراءات وتطبيقات الأعمال المتعلقة بالحاسبات.

ب- إنشاء معاهد للحاسبات تكون تابعة للمنشآت وتتخصص في مجال المعلومات التقنية وذلك لسد احتياجات المنشآت من الكوادر البشرية ذات الطاقة التقنية العالية. ويقتضي ـ أن تقوم هذه المعاهد بتطوير مناهجها التعليمية لكي توفر كل ما يحتاجه المتدرب في قطاع التقنية من سهولة التدريب والعمق الموضوعي، كما يقتضي أن تسير هذه المعاهد وفق خطة استراتيجية تنبع من واقع احتياجات المنشآت.

وستتمكن هذه الشركات بفضل هذه المعاهد من تسريع عملية تدريب وتأهيل المتخصصين التقنين.

وخلاصة القول أن الذي نحتاجه لسد الفجوة التقنية الضخمة بين نظم المعلومات القائمة في منشأتنا ونظم المعلومات القائمة في منشآت الدول القائمة في أوساط المعلوماتية وتكنولوجيا الحاسبات تستلزم ثورة علمية شاملة نجند لها جميع الطاقات ويشترك في دفعها الحكومة والقادة الإدارية ومكاتب الخبرة الاستشارية للتغلب على القيود الإدارية والقانونية والمالية التي تعيق هذه لنظم.

ولاشك أن الطريق إلى الوصول إلى نظم ذات فاعلية وكفاءة عالية طويل وشاق، إلا أنه لابد من عمل كل ما يمكن للبدء في السير فيه، خدمة لمستقبل منشآتنا الصناعية.

مع زيادة التطورات في عالم تكنولوجيا المعلومات تبرز الحاجة لإنشاء قرية صغيرة للمعلومات تستهدف خلق مجتمع متكامل قائم على المعرفة والأبحاث والتطوير. يقتضي أن تضم هذه القرية مركز للتعليم الإلكتروني ومركز تدريبي وتعليمي لشركات تقنيات المعلومات ومؤسسات للأبحاث وجمعيات علمية وتقنية.

يجب أن يركز هذا المشروع على ما يلي:

–   الأبحاث والتطبيقات ويتم تحقيق ذلك من وجود شركات عالمية لكي تقوم بتدريب موظفيها وزبائنها لحالات تطبيقية وعملية.

–   استخدام أحدث الأساليب التقنية مثل مكتبات الوسائط المتعددة وقاعة المؤتمرات الإلكترونية وصالات دراسية متطورة.

–   استحداث مختبرات للحاسبة الإلكترونية ومختبرات لتقنية المعلومات.

يجب أن تتمتع هذه القرية ببنية تحتية قوية تسمح باجتذاب الاستثمارات المحلية والعربية العاملة في مجال تقنية المعلومات والاتصالات والانترنت وأخيراً يقتضي أن توفر الدولة تسهيلات قانونية وإدارية ومالية لتفسح المجال أمام ازدهار هذا المشروع المقترح بشكل يدعو للتفاؤل.

الباب الخامس

حالات عملية عن تطبيقات نظم المعلومات الإدارية في الصناعة

الفصل السادس عشر: حالات عملية عن تطبيق نظم السيطرة على الإنتاج

الفصل السابع عشر: حالات عملية عن تطبيق نظم السيطرة على الخزين

الفصل الثامن عشر: حالات عملية عن تطبيق نظم السيطرة على النوعية

مقدمة

حالات عملية تطبيقية

استعرضنا في الفصول السابقة من الكتاب مفهوم نظم المعلومات الإدارية وأنواعها المختلفة ثـم انتقلنا بعد ذلك إلى دراسة مكونات النظم الهيكلية وطبيعة العوامل البيئية التي تـؤثر عـلى فاعليـة هـذه النظم.

وفي هذا الجزء يحسن بنا أن نعرض عدد من الحالات التطبيقيـة بقصد عـرض الجانـب العمـلي للنواحي النظرية السابق عرضها من مفاهيم وإجراءات حتى يمكن التقريب والمزج بين النـاحيتين النظريـة والعملية لإعطاء القارئ صورة واضحة عن مسار المعلومات وتدفق العمل من النظم الإدارية المختلفة.

أغراض الحالات التطبيقية

1- تعريف القارئ بكيفيـة إعـداد المخططـات البيانيـة التـي تصّور الـدورات المسـتندية والعمليـات المتسلسلة للإجراءات المخزنية والمحاسبية والمشتريات والإنتاج.

2- استخدام الحالات العملية كوسيلة للحصول على المعلومات التي تتعلق بالأنشطة التي تنجزها نظم المعلومات المختلفة من بدايتها حتى نهايتها لدراستها وفحصها بهدف تحسينها وتطويرها.

3- أن استخدام الحالات العملية يساعد القارئ على الفهم الدقيق لعمل النظم المختلفة.

4- أن استخدام الحالات العملية يساعد القارئ على معرفة طـرق سـير المعلومـات في الـنظم المختلفـة للمنشآت وهذا بدوره يضع القارئ أمام صورة الحـدث وتجعله يسـيطر عـلى الظروف التـي عـن طريقها يمكن تحسين فاعلية هذه النظم وتوجيه المنشآت نحو النجاح.

5- تساعد الحـالات العمليـة المـدراء عـلى بنـاء المهـارة الشخصـية في التحليـل الاستراتيجي لتشـخيص المشاكل التي تعاني منها النظم المختلفة في المنشآت الصناعية بهدف اقتراح الحلول المناسبة لها.

لقد جاءت دراسة الحالات العملية التطبيقية في ثلاثة فصول هي: الفصل السادس عشر والفصل السابع عشر والفصل الثامن عشر.

خصص الفصل السادس عشر من البـاب الخـامس لشرـح عـدد مـن الحـالات العمليـة المتعلقـة بتطبيقات نظم السيطرة على الإنتاج في الصناعة بينما تناول الفصل السـابع عشرـ مجموعـة مـن الحـالات العملية المتعلقة بتطبيقات نظم السيطرة على الخزين في الصناعة.

واستعرض الفصل الثامن عشر والأخير حالات عملية تطبيقية تتعلـق بتطبيقـات نظـم السـيطرة على النوعية في الصناعة.

الفصل السادس عشر

حالات عملية عن تطبيقات نظم السيطرة على الإنتاج في الصناعة

أهداف الفصل:

بعد دراسة هذا الفصل يجب أن تكون قادراً على معرفة:

- الدورات المستندية والعمليات المتسلسلة لإجراءات السيطرة على الإنتاج في الشركة من بدايتها حتى نهايتها بهدف دراستها وفحصها ومن ثم تحسينها.

- المشاكل والاختناقات والمعوقات في نظام السيطرة على الإنتاج المعمول به في الشركة بشكل دقيق.

- المواقع التي تتولى مهمة اتخاذ القرارات المفيدة والمتعلقة بالسيطرة على العمليات الإنتاجية في الشركة.

- الطرق الحالية لانتقال التقارير وانسياب المعلومات بين الأقسام المختلفة في الشركة.

- التقارير التي يجهزها نظام السيطرة على الإنتاج في الشركة إلى المدراء وإلى الفنيين بهدف مساعدتهم على صنع القرارات الصائبة.

- التأخيرات التي تحدث لتدفق المعلومات والتقارير بين الأقسام المختلفة في الشركة.

الحالة الدراسية الأولى

شركة النصر للزيوت النباتية

الحالة الدراسية الأولى

شركة النصر للزيوت النباتية

يعمل نظام السيطرة على الإنتاج في شركة النصر للزيوت النباتية على الشكل التالي:
(انظر المخطط رقم (16-1) والمخطط رقم (16-2))

1- يحضر مدير قسم التخطيط والسيطرة على الإنتاج أمر تشغيل ويرسل النسخة الأصلية إلى رئيس العمال Foreman. يستعمل أمر التشغيل لتحديد العملية التي تنجز والورش التي تنجزها. تفحص أوامر التشغيل عادة من قبل رئيس المهندسين قبل إرسالها إلى قسم المحاسبة الإدارية للقيام بحساب كلفة الإنتاج. يحتفظ قسم التخطيط والسيطرة على الإنتاج بنسخة واحدة.

2- يحرر رئيس العمال مستند طلب المواد المخزنية Matetial Requisition voucher يخول بموجبه مأمور المخزن إرسال المواد إلى المصنع.

3- يقوم مأمور المخزن بتهيأة المواد المطلوبة وإصدار مستند صرف المواد المخزنية Materil Issue Voucher.

4- ولمعرفة الكيفية التي يتم بها السيطرة على الإنتاج نفترض أن المطلوب هو صناعة صابون التواليت. هنا تتولى المرحلة الأولى التي تقوم بها الورش بإعداد بطاقات المسار Route Cards التي تبين اسم المنتوج ومواصفاته. وفي المرحلة الثانية يتم إعداد صحيفة تقدم العمل من قبل رئيس العمال، يستلم قسم التخطيط والسيطرة على الإنتاج نسخة من صحيفة تقدم العمل Progress of work sheet لدراستها وذلك بهدف معرفة الأعمال المتأخرة والسيطرة عليها.

5- يقدم العمال تقارير إلى رئيس العمال في أوقات مناسبة لتبيان كميات العمل المنجزة والتأخير وأسبابه وذلك بهدف اتخاذ قرارات مفيدة في ضوئهما.

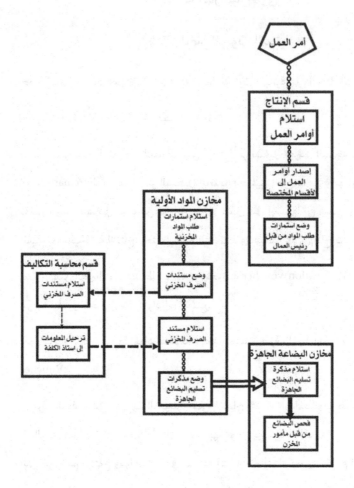

أمر العمل
قسم الإنتاج
استلام أوامر العمل
إصدار أوامر العمل إلى الأقسام المختصة
وضع استمارات طلب المواد من قبل رئيس العمال
مخازن المواد الأولية
استلام استمارات طلب المواد المخزنية
وضع مستندات الصرف المخزني
استلام مستند الصرف المخزني
وضع مذكرات تسليم البضائع الجاهزة
قسم محاسبة التكاليف
استلام مستندات الصرف المخزني
ترحيل المعلومات إلى استاذ الكلفة
مخازن البضاعة الجاهزة
استلام مذكرة تسليم البضائع الجاهزة
فحص البضائع من قبل مأمور المخزن

شكل(16-1)

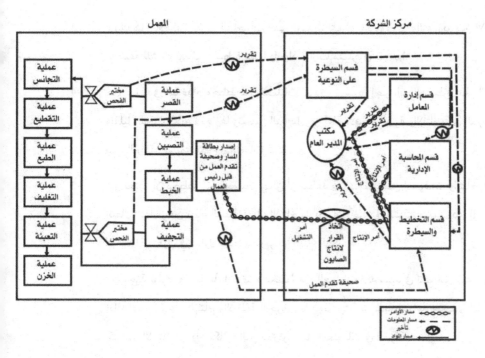

شكل (16-2) نظام السيطرة على إنتاج صابون التواليت وعلاقته بنظام السيطرة على النوعية

شركة النصر للزيوت النباتية/ السيطرة على الإنتاج

أسئلة للمناقشة:

1- هـل تعتقـد أن المخططـات البيانيـة التـي تصـور الـدورات المسـتندية والعمليـات المتسلسـلة لإجراءات السيطرة على الإنتاج في شركتكم تساعد على تطويرها مستقبلاً.

2- هل تعجز شركتك عن تحمل نفقات إنشاء قسم للتصميم والتطوير لـكي يقـوم بدراسـة وفحـص وتحسين إجراءات السيطرة على الإنتاج.

367

3- برأيك هل بالإمكان معرفة التأخيرات التي تحدث لتدفق المعلومات والتقارير بين الأقسام المختلفة للشركة بهدف السيطرة عليها واتخاذ قرارات مفيدة في ضوءها.

4- هل ترغب في استخدام مخطط سير العمليات بهدف تبسيط إجراءات السيطرة على الإنتاج وتقليل الوقت اللازم لإنجازها وتسهيل التواصل بين كافة الأقسام الفنية والإنتاجية في الشركة بما يتيح الارتقاء بمستوى نظام المعلومات فيها.

5- هل تعتقد أن مخطط سير العمليات يمكن أن يساعد في التخلص من المعوقات والتأخيرات في انتقال التقارير بين نظام السيطرة على الإنتاج والأنظمة الأخرى في الشركة مما يؤدي إلى توفير الوقت المستغرق في تداول هذه التقارير بين صناع القرار.

6- من وجهة نظرك هل تفضل استخدام مخطط سير العمليات لأنه مفيد في تتبع سير التقارير بين نظام السيطرة على الإنتاج والأنظمة الأخرى مما يوفر بيئة مناسبة تساعد متخذي القرار في اكتشاف الاختناقات والمشكلات التي تعترض مسار المعلومات في الشركة.

الحالة الدراسية الثانية

شركة الإخلاص لمنتوجات الألبان

الحالة الدراسية الثانية

شركة الإخلاص لمنتوجات الألبان

يعمل نظام السيطرة على الإنتاج في شركة الإخلاص لمنتوجات الألبان على النمط الآتي:

1. بعد إعداد الخطة الإنتاجية السنوية يتخذ المدير الفني الإجراءات التالية:

أ- يجتمع مع رئيس قسم التخطيط والرقابة على الإنتاج لاختيار الخطة الإنتاجية ويناقش موضوع تجزئتها إلى خطط فصلية وشهرية.

ب- يجتمع مع مدراء المعامل (رؤساء العمال) Foreman والملاحظين Supetintendents لمناقشة طرق تنفيذ الخطة لتحديد المسارات routes الذي ستتبع والمواد الأولية المطلوبة وأسلوب العمل المنتج.

ج- يجتمع مع العمال ورؤساء العمل لبيان تحديد كلفة الإنتاج المطلوبة خلال السنة.

2. يحرّر قسم التخطيط والرقابة على الإنتاج أمر تشغيل انظر المخططات (16-3)، (16-14) يحدّد فيه المواد الأولية المستعملة. تحفظ الأصلية في القسم وترسل النسخة الثانية إلى المعمل كتخويل لإنجاز العمل.

3. عند استلام أمر التشغيل يصدر رئيس العمال Foreman مستند طلب المواد المخزنية Material Requisition Vouchers.

4. يختار رئيس العمال Foreman من أضابيره بطاقات المسار route cards المناسبة. تبين هذه البطاقات، رقم العملية، وصف العملية، رقم الماكنة، رقم القسم الإنتاجي، تفاصيل المادة، ووقت العملية. عند انتهاء العمل ترسل بطاقات المسار route cards إلى قسم التخطيط والسيطرة على الإنتاج. يستطيع القسم

عن طريق البطاقات معرفة طريق سير العمليات الإنتاجية ويستعمل هذه المعلومات للسيطرة على الإنتاج في كل عملية.

5. يقوم القسم الفني بإعداد تقارير دورية وترسل في نهاية كل أسبوع إلى المعمل. يقوم المعمل بدراسة وتحليل التقارير الإحصائية الاسبوعية المستلمة من القسم الفني ويرفع تقاريره إلى قسم التخطيط والسيطرة على الإنتاج.

6. يقوم قسم التخطيط والسيطرة على الإنتاج بعمل تحليل للتقارير المستلمة من المعمل ويقارنها بالتقارير السابقة ويستخلص منها النتائج التي يرسلها إلى المدير العام.

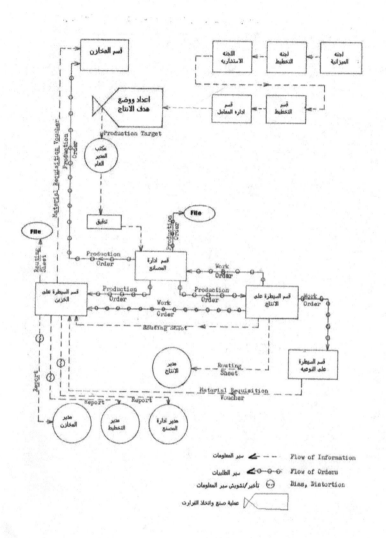

شكل (16-3) نظام السيطرة على الإنتاج في شركة الإخلاص لمنتوجات الألبان

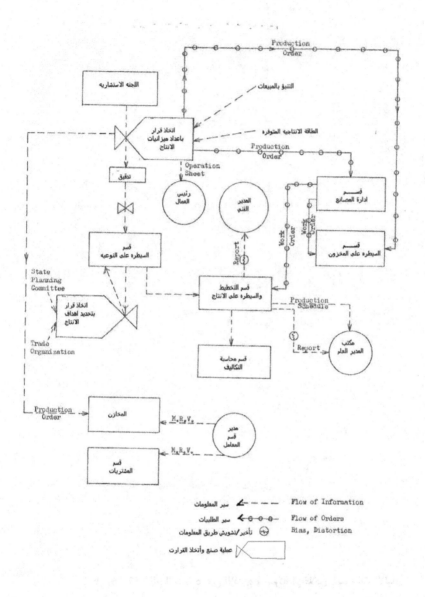

شكل (4-16) نموذج لنظام السيطرة على الإنتاج وعلاقته بنظام السيطرة على النوعية

شركة الإخلاص لمنتوجات الألبان/ السيطرة على الإنتاج

أسئلة للمناقشة:

1- ما هو برأيك الأسباب التي تجعلك ترغب في استعمال المخططات البيانية لسير المعلومات في نظام السيطرة على الإنتاج في شركتكم.

2- اعتماداً على الفهم الدقيق لمسار المعلومات وتدفق العمل في نظام السيطرة على الإنتاج في شركتك هل من الممكن لكم وضع استراتيجية خاصة لتحسين هذا النظام وتطويره في المستقبل.

3- عندما يتعلق الأمر بتطوير وتحسين نظام السيطرة على الإنتاج المعمول به حالياً في شركتك هـل تحصل على كثير من المساعدة من المخططات البيانية لسير المعلومات.

4- إذا كان مسار المعلومات في نظام السيطرة على الإنتاج في شركتك يعاني مـن التـأخيرات التـي تمنع وصول التقارير الضرورية لصناع القرار في الوقت المناسب، هل تعتقد أن استخدام مخططات سـير المعلومات يتمكن من التعامل مع هذه المشكلة بشكل صحيح.

5- هل تريد استخدام مخطط سير العمليات لتبسيط إجراءات العمل في نظام السيطرة علـى الإنتـاج وجعلها أكثر إنتاجية من خلال تقليل أوقات التأخير في انتقال المعلومات بين المـدراء وصناع القرار في الشركة.

6- هل ترى أن المخطط البياني لسير المعلومات هدفه تمكين المـدراء في الشركة مـن تحقيـق التواصـل الفاعل والسلس من خلال تبسيط إجراءات العمل وتسريع تدفق المعلومات بين الأقسام المختلفة.

الحالة الدراسية الثالثة

شركة الشرق للنسيج الصوفي

الحالة الدراسية الثالثة

شركة الشرق للنسيج الصوفي

يعمل نظام السيطرة على الإنتاج في شركة الشرق للنسيج الصوفي كما يلي:

(انظر شكل (5-16)

1- يقوم قسم التخطيط بحساب كمية القماش والبطانيات والجواريب المزمع انتاجها لمطابقة الأهداف الموضوعة مقدماً، كما يقوم هؤلاء الأفراد بتحديد مواصفات المنتجات فيما يتعلق باللون والموديل وكذلك تحديد تاريخ التسليم.

2- يصدر قسم التخطيط أمر إنتاج ويرسله إلى قسم إدارة المعامل لتحديد الكمية المطلوبة وتاريخ الإنتهاء من الإنتاج.

3- يحرر قسم المعامل أمر عمل من أربع نسخ يرسل النسخة الأصلية إلى قسم التخطيط، والنسخة الثانية إلى قسم السيطرة على الإنتاج والنسخة الثالثة إلى قسم السيطرة على المخزون ويحتفظ قسم إدارة المعامل بالنسخة الرابعة.

4- يحرر قسم إدارة المعامل صحيفة المسار ROUTING Sheet من ثلاث نسخ. يرسل النسخة الأولى إلى رئيس العمال والنسخة الثانية إلى قسم السيطرة على الإنتاج والنسخة الثالثة تحفظ في قسم إدارة المعامل.

5- يصدر قسم السيطرة على الإنتاج مستند طلب المواد المخزنية (Material Requisition Voucher) ويرسله إلى موظفي المخازن المسؤولين.

6- يقوم قسم السيطرة على الإنتاج بإعداد تقارير شهرية عن نتائج أعمال السيطرة على الإنتاج لكل منتوج ويرسل في نهاية كل شهر إلى مدراء السيطرة على النوعية والتخطيط والمصانع.

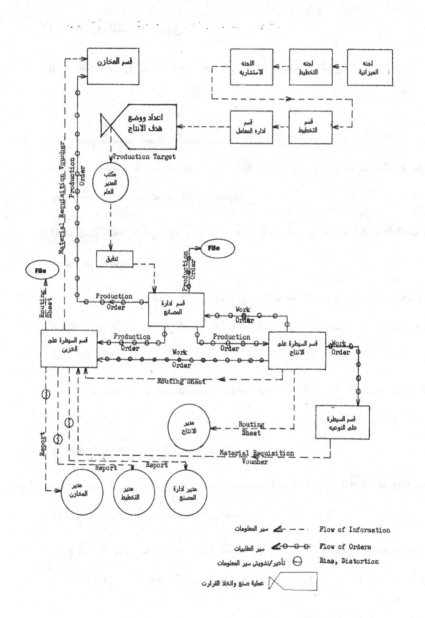

شكل (5-16) نموذج لنظام التخطيط والسيطرة على الإنتاج في شركة الشرق للنسيج الصوفي

شركة الشرق للنسيج الصوفي/ السيطرة على الإنتاج

أسئلة للمناقشة:

1- يوجد عديد من الوسائل الفنية لتطوير نظم المعلومات الإدارية والتي من أهمها مخطط سير العمليات. من وجه نظرك ما هي المنافع التي يمكن أن تحققها شركتك من وراء استخدام هـذه المخططات.

2- برأيك هل بالإمكان إعداد مخطط لسير العمليات يسمح لك تنفيذ المهام المطلوبة ومعرفة طرق سير المعلومات وتشخيص المشاكل التي يعاني منها نظام السيطرة على الإنتاج في شركتك.

3- هل تعاني من الإحباط بسبب المشاكل والاختناقات والمعوقات في نظام السيطرة على الإنتاج المعمول به حالياً في شركتك. هل تعتقد أن مخطط سير العمليات يوفر لك حلاً متكاملاً لهـذه المشاكل.

4- كيف يمكن أن يوفر مخطط سير العمليات بيئة "ملائمة" للشركة تساند وتساعد متخـذي القرار في تشخيص مواطن الضعف ونقاط الاختناق في جميع الأقسام الإنتاجية والخدمية التي تمـر بها التقارير والمستندات.

5- هل تعتبر مخطط سير المعلومات بأنه وسيلة يمكن. اعتمادهـا لتوضيـح سـير التقارير وارتبـاط بعضها مع بعض، بشكل يساعد الإدارة العليا في الشركة عـلى التخلص مـن الـروتين وإجـراءات العمل اليدوية التقليدية.

6- هل أن الفهم الصحيح للمخططات البيانية لسـير المعلومـات يساعدك عـلى تشخيص المشـاكل والمعوقات التي تعرقل توصيل التقارير والبيانات إلى صناع القرار في الوقت المناسب.

382

الحالة الدراسية الرابعة

الشركة المتحدة للإسمنت

الحالة الدراسية الرابعة

الشركة المتحدة للإسمنت

يعمل نظام السيطرة على الإنتاج في الشركة المتحدة للإسمنت كـما يـلي: (انظر الشـكل (16-6)

(16-7).

1- يصدر قسم التخطيط والسيطرة عـلى الإنتاج جـدول الإنتـاج Production Schedule للشـهر القادم استناداً على الأوامر المستلمة ومخزون البضاعة الجاهزة.

2- يتم الاتفاق بين مدراء السيطرة على النوعيـة والمبيعـات عـلى تـواريخ التسـليم وكميـة ونوعيـة الإسمنت المزمع إنتاجية.

3- يحرر القسم الفني استمارات خاصة للعمليات تبين المسـارات التـي تتبعهـا كـل عمليـة والمـواد الأولية المستعملة وترسل هذه الاستمارات إلى رؤساء العمال في كل معمل.

4- يقوم القسم الفني بإنشاء أمر إنتاج مـن ثـلاث نسـخ يرسـل النسـخة الأولى إلى قسـم المعامـل والنسخة الثانية إلى قسم السيطرة على المخزون والنسخة الثالثة إلى المخازن.

5- يصدر قسم المعامل أمر عمل يبين فيه كمية الإسمنت المطلوبة وتاريخ الإنتاج المطلوب ويرسـله إلى مدير كل معمل لدراسته مع مهندس الإنتاج ورؤساء العمال ولحساب عدد سـاعات تشـغيل كل ماكنة.

6- يصدر قسم المعامل مستندات طلب المواد المخزنية لإرسـالها إلى المخـازن للحصول عـلى المـواد المطلوبة في الوقت المطلوب.

7- يقوم قسم التخطيط والسيطرة عـلى الإنتـاج بإعـداد تقارير شـهرية لإرسـالها إلى المـدير العـام والمدير الفني.

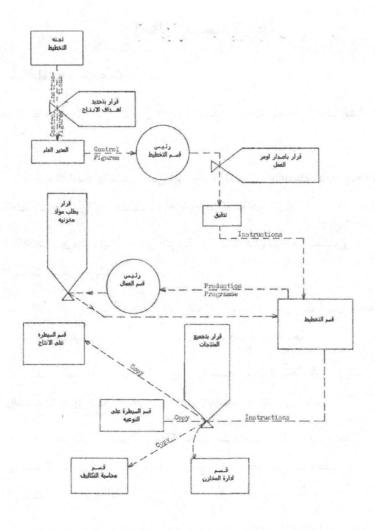

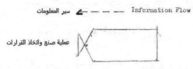

شكل (6-16) نموذج لنظام التخطيط والسيطرة على الإنتاج في الشركة المتحدة للإسمنت

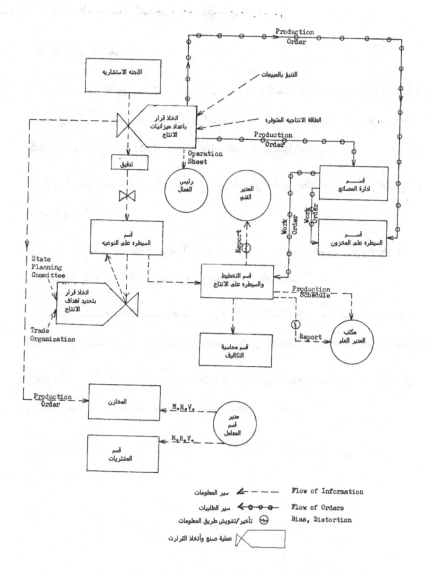

	سير المعلومات	Flow of Information
	سير الطلبيات	Flow of Orders
	تأخير/تشويش طريق المعلومات	Bias, Distortion
	عملية صنع وأتخاذ القرارت	

شكل (16-7) نظام التخطيط والسيطرة على الإنتاج في الشركة المتحدة للإسمنت

الشركة المتحدة للإسمنت/ السيطرة على الإنتاج

أسئلة للمناقشة:

1- هل تعتقد أن من الأمور التي تترك تأثيراً عميقاً على ما يمكنك فعله لتطوير نظام السيطرة على الإنتاج في شركتك هو قدرتك على إعداد واستخدام مخطط سير العمليات الذي يساعدك على اكتشاف المشاكل ومعرفة الاختناقات والتأخيرات التي يعاني منها النظام.

2- هل تريد أن يقوم مخطط سير العمليات بمساعدتك على تطوير نظام السيطرة على الإنتاج المعمول به حالياً في شركتك.

3- برأيك هل ترغب في بناء نظام جديد للمعلومات أو تنوي تطوير أو تحسين النظام الموجود لديك حالياً عن طريق الاستفادة من استخدام مخططات سير العمليات.

4- هل تفضل استخدام مخطط سير العمليات في شركتك لاعتقادك أن مهمته تمكينك من معرفة مسار كل تقرير في الأقسام الإنتاجية والفنية وتشخيص مواطن الضعف بهدف وضع الحلول المناسبة لها.

5- برأيك هل ترى أن مخطط سير العمليات من شأنه أن يسهم في تبسيط الإجراءات الروتينية والإدارية بشكل يستفيد منه جميع مستخدمي التقارير في الشركة.

الحالة الدراسية الخامسة

شركة النجاح للصناعات الجلدية

الحالة الدراسية الخامسة

شركة النجاح للصناعات الجلدية

يعمل نظام السيطرة على الإنتاج كما يلي:

1- يحرّر قسم الإنتاج برنامج الإنتاج الذي يرسله إلى قسم التصميم.

2- يصدر قسم التصميم (Materials Issues Vouchers) استناداً لمواصفات المواد المستعملة في الموديلات المختلفة للأحذية. لاحظ الشكل (16-8)

3- يحرر قسم التصميم والتطوير أمر عمل Jop Order من ثلاث نسخ ترسل النسخة الأولى إلى رئيس قسم الفصال لبيان حركة المواد بين الأقسام الإنتاجية المختلفة وتنتقل النسخة الثانية مع المواد إلى المصنع وتحفظ النسخة الثالثة في قسم التصميم والتطوير. يتضمن أمر العمل معلومات عن عدد الأزواج المطلوب إنتاجها وفقاً للحجوم المحددة والمواصفات المطلوبة. يرفع رئيس قسم تقطيع الجلود إلى قسم التخطيط والرقابة عن الإنتاج تقارير دورية عن الانحرافات والتأخيرات وأسبابها. لاحظ الشكل (16-9)

4- يصدر رئيس قسم الفصال صحيفة إنتاج يومية Daily production sheet من عدد كبير من النسخ وتوزع على العمال في المصنع. تحتوي الصحيفة على معلومات عن نوع الإنتاج المطلوب وعدد الأزواج المطلوبة من الأحذية، الموديلات المطلوبة والتعليمات التي يحتاجها العامل.

5- يتلقى قسم محاسبة التكاليف نسخة من أمر العمل ويتولى فحصها وتسجيليها في صحيفة التكاليف.

6- يصدر قسم التصميم والتطوير بطاقة عمل Work Ticket لكي ترافق المنتج. الذي ينتقل بين الأقسام الإنتاجية المختلفة إلى حين وصولها مخازن البضاعة الجاهزة.

7- يقوم قسم الإنتاج بعمل تقارير إحصائية اسبوعية عن نتائج أعمال السيطرة على الإنتاج، ويرسلها في نهاية كل أسبوع إلى المدير العام.

8- يعد قسم حسابات التكاليف تقارير شهرية ويرسلها إلى قسم الإنتاج كما يستلم قسم الإنتاج مجموعة من التقارير الصادرة من مأمور المخزن.

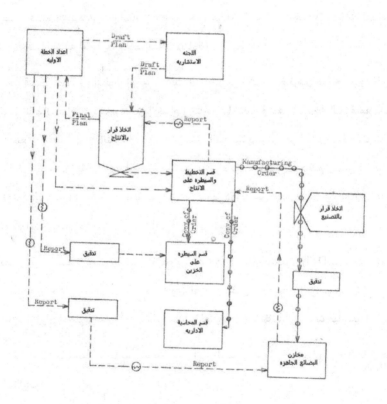

الشكل (8-16)

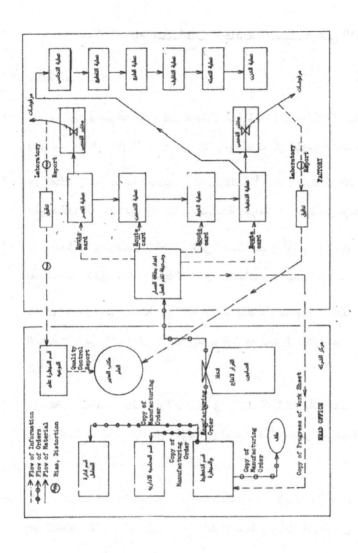

الشكل (8-16) نظام التخطيط والسيطرة على الإنتاج في شركة النجاح للصناعات الجلدية

شركة النجاح للصناعات الجلدية/ السيطرة على الإنتاج

أسئلة للمناقشة:

1- ما رأيك بمخطط سير العمليات، هل تعتقد أن هذا المخطط يتيح لك تشخيص المشاكل التي يعاني منها نظامك الحالي للسيطرة على الإنتاج ويساعدك على تطويره وتحسينه مستقبلاً.

2- هل تعتقد أن مخطط سير العمليات يوفر لشركتك حلاً متكاملاً للمشاكل الإنتاجية من خلال تطويره للدورات المستندية والعمليات المتسلسلة لإجراءات السيطرة على الإنتاج في شركتك.

3- هل انت قادر على تحديد التأخيرات التي تحدث لتدفق المعلومات بين الأقسام الإنتاجية المختلفة عن طريق استخدام مخططات سير المعلومات في شركتك.

4- هل أن الفهم الصحيح لمخطط سير العمليات يساعدك على تحديد المشكلات التي تعاني منها الأقسام الإنتاجية والفنية التي تمر بها التقارير قبل وصولها إلى الإدارة العليا وصناع القرار في شركتك.

5- هل تفضل استخدام مخطط سير العمليات في شركتك لاعتقادك بأنه مفيد في تتبع التقارير وأوامر العمل الصادرة ابتداءً من دخولها إلى قسم الفصال وحتى تسلمها إلى قسم الإكمال وتسجيل جميع الإجراءات المتخذة بشأنها.

6- اشرح كيف يستخدم مخطط سير العمليات كأداة لاختزال الإجراءات الروتينية اللازمة للسيطرة على الإنتاج في الشركة ولتسهيل وتسريع تبادل المعلومات بين المدراء وصانعي القرار.

الحالة الدراسية السادسة

شركة المنار للصناعات الكهربائية

الحالة الدراسية السادسة

شركة المنار للصناعات الكهربائية

فيما يلي وصف لنظام السيطرة على الإنتاج في شركة المنار للصناعات الكهربائية لاحظ المخطط (9-16).

1- تنفذ إجراءات السيطرة على الإنتاج على أساس شهري. يقوم قسم التخطيط بإصدار أمر عمل لكل نوع من المنتجات بشكل منفصل يحدد فيها كمية الإنتاج المطلوبة لكل شهر وفقاً للبرنامج الشهري المخطط. يتضمن أمر العمل معلومات عن العمليات التي تنجز والمواد الأولية المستعملة، والأقسام الصناعية التي تنجز بها العملية، تساعد هذه المعلومات رئيس العمال أو الملاحظ في معرفة الأقسام الصناعية التي تنجز العمل ووقت إنجاز السلعة.

2- يهيئ رئيس قسم التخطيط قبل انتهاء كل شهر، برنامج انتاجي استناداً إلى مخزون البضاعة الجاهزة والطلبات الجارية orders on hand ويرسله بعد موافقة المدير العام إلى كل قسم إنتاجي لاعلامهم بكميات المنتجات نصف المصنعة مثل المحركات الكهربائية والمحولات الكهربائية التي يجب صنعها. يقوم قسم التخطيط بإصدار أوامر عمل من نوع آخر تتعلق بتجميع كل نوع من المنتجات. تبين هذه الأوامر العملية التي ستنجز ووقت ابتداء وانتهاء العمل.

3- يحرر رئيس عمال كل قسم إنتاجي استمارة طلب المواد المخزنية Material Requisition form ويرسلها إلى المخازن.

4- يسجل رئيس العمال العملية التي يتبعها كل جزء في صحيفة المسار Routing Sheet ويسجل فيها أيضاً اسم العملية والوقت المطلوب لإنجاز العملية، القسم الذي تنجز فيه العملية ورقم الجزء، رقم الماكنة، واسم المواد.

5- عندما يتم انجاز العملية النهائية، ترسل الوحدات المصنعة إلى رئيس العمال الذي يقوم بحسابها وإرسالها إلى المخازن مع مذكرة تسليم البضاعة الجاهزة Finished goods delivery note.

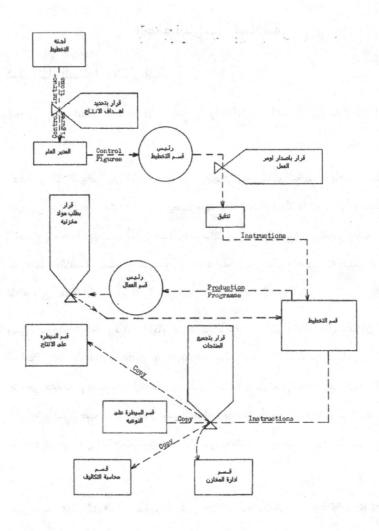

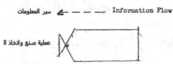

الشكل (9-16) نظام التخطيط والسيطرة على الإنتاج في شركة المنار للصناعات الكهربائية

شركة المنار للصناعات الكهربائية/ السيطرة على الإنتاج

أسئلة للمناقشة:

1- إذا كنت مديراً في إحدى الشركات الصناعية ما هي العوامل الاقتصادية والفنية التي تأخذها بالاعتبار لتحديد فيما كنت تقرر استخدام مخطط سير العمليات لتطوير نظام السيطرة على الإنتاج في شركتك؟

2- من وجهة نظرك إلى أي مدى يكون مخطط سير المعلومات مفيداً في تطوير نظام السيطرة على الإنتاج المعمول به حالياً في شركتك.

3- هل تستطيع استعمال مخطط سير العمليات كطريقة لحل المشاكل التي يعاني منها نظام السيطرة على الإنتاج في شركتك مثل التأخيرات التي تحصل عند انتقال المعلومات بين الأقسام الفنية والإدارية وبين المصانع التابعة للشركة.

4- لماذا تعتقد أن مخطط سير العمليات يمكن أن يساعدك في الحد من الازدواجية والروتين ويساهم في زيادة فائدة المعلومات وتحقيق الإدارة الأفضل للبيانات مما يعود بفائدة أكبر على صانعي القرار في الشركة.

5- هل تعتقد أن هناك حاجة ماسة لاستخدام مخطط سير العمليات في الشركة لتبسيط إجراءات العمل فيها وتسريع نقل المعلومات والتقارير بين الأقسام المختلفة.

الفصل السابع عشر

حالات عملية عن تطبيقات نظم السيطرة على الخزين في الصناعة

أهداف الفصل:

بعد دراسة هذا الفصل يجب أن تكون قادراً على معرفة:

- مخططات انسيابية الأعمال والمعاملات المتعلقة بالسيطرة على الخزين، وإدارة الأعمال المخزنية وهذه تشمل سير المعلومات المتعلقة باستلام المواد وحفظها حسب أصنافها وكذلك صرف المواد عند طلبها.

- كيف تتم السيطرة على حركة المواد الأولية وتداولها وخزنها وتنسيق الطلب وسير المعلومات وإدارة الخزين وبرمجة عمليات التجهيزات.

- الدورات المستندية والعمليات المتسلسلة لإجراءات السيطرة على الخزين من بدايتها حتى نهايتها بهدف دراستها وفحصها ومن ثم تحسينها.

- التقارير المختلفة التي يجهزها نظام السيطرة على الخزين في الشركة إلى الإدارة والفنيين بهدف مساعدتهم على اتخاذ قراراتهم بكفاءة وإنجاز الأهداف والوظائف المطلوبة منهم.

- التأخير الذي يحصل عند انتقال المعلومات والتقارير بين الاختصاصيين والفنيين في الشركة.

الحالة الدراسية السابعة

شركة النصر للزيوت النباتية

الحالة الدراسية السابعة

1-   شركة النصر للزيوت النباتية

فيما يلي عرض موجز لإجراءات السيطرة على الخزين في شركة النصر للزيوت النباتية: (انظر المخطط رقم 17-1).

أ-   ينظم رئيس قسم السيطرة على الخزين طلب تخويل الشراء بنسختين. ترسل إلى قسم المشتريات الذي يقوم موظفيه بإعداد أمر شراء الذي يرسل إلى المجهز.

ب-   تستلم المواد من قبل مأمور المخزن الذي يقوم بفحصها فحصاً دقيقاً وتنظيم مستند استلام مخزني Material Received Voucher بأربع نسخ ترسل إلى قسم السيطرة على الخزين، قسم السيطرة على النوعية، قسم المشتريات وللحفظ في المخازن.

ج-   يقوم الموظف المسئول في قسم السيطرة على الخزين بترحيل المعلومات التي في مستند الاستلام المخزني إلى بطاقة الخانة Bin tag.

د-   يقوم الموظف المسئول في قسم السيطرة على الخزين بترحيل المعلومات التي في أمر الشراء إلى بطاقة حركة المواد Stock Movement Card.

هـ-   يقوم الموظفين في قسم السيطرة على الخزين بإعداد تقارير شهرية عن حركة المخزون بالكمية والقيمة وترسل إلى قسم السيطرة على النوعية الذي يقوم بدوره بدراستها ورفع تقريره إلى المدير العام مع الاقتراحات اللازمة. يتضمن التقرير معلومات عن المواد التي وصلت إلى حد إعادة الطلب أو الحد الأدنى للخزين.

و-   يرفع قسم السيطرة على الخزين تقريراً فصلياً إلى المدير العام وقسم المشتريات عن المواد الراكدة التي لم تستخدم في عملية الإنتاج.

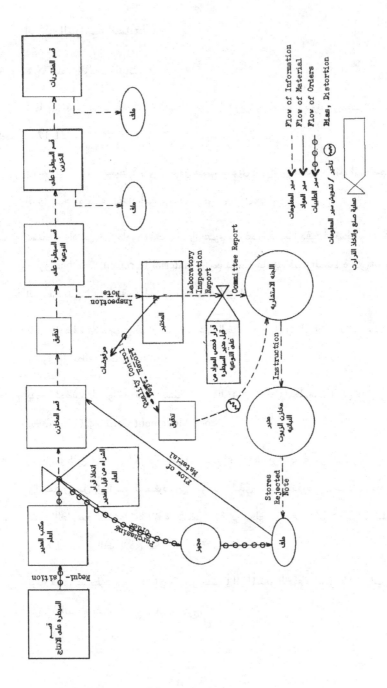

شكل (17-1) نظام السيطرة على الخزين في شركة النصر للزيوت النباتية

شركة النصر للزيوت النباتية / السيطرة على الخزين

أسئلة للمناقشة:

1- هل تعتبر تحليل نظامك الحالي للسيطرة على الخزين عن طريق استخدام مخطط سير العمليات شرط ضروري لتحسين النظام أو لبناء نظم جديدة.

2- هل تستطيع استعمال المخططات لإنسيابية الأعمال والمعاملات المتعلقة بالسيطرة على الخزين كحل لمشاكل شركتك مثل التأخيرات التي تحصل عند انتقال التقارير بين المدراء والفنيين ورؤساء الأقسام.

3- هل يستفاد من المخطط البياني لسير العمليات للتعرف على سير المعلومات المتعلقة بإجراءات السيطرة على الخزين وباستلام المواد وحفظها في الشركة.

4- إلى أي درجة أنت مقتنع بأهمية استخدام مخطط سير العمليات لتنظيم وتسريع إجراءات العمل في الشركة ولتقديم الخدمة السريعة لصناع القرار عن طريق الحد من الروتين وتقليل الاختناقات والتأخيرات في جميع أقسام الشركة الإنتاجية والخدمية.

5- ألا تعتقد بأن المخطط يوفر بيئة جيدة تمكن صناع القرار من توجيه الاهتمام إلى أساليب معالجة المشاكل المتعلقة بسير التقارير من أقسام السيطرة على الخزين والمخازن والسيطرة على النوعية في الشركة.

الحالة الدراسية الثامنة

شركة الإخلاص لمنتوجات الألبان

الحالة الدراسية الثامنة

2- شركة الإخلاص لمنتوجات الألبان

فيما يلي عرض موجز لإجراءات السيطرة على الخزين في شركة الإخلاص لمنتوجات الألبان لاحـظ شكل الرقم (17-2).

أ- ينظم كاتب السيطرة على الخزين الموجود في المخازن طلـب تخويـل الشـراء ويرسـله إلى قسـم المشتريات ليخوله بشراء الأدوات الاحتياطية المطلوبة.

ب- يقوم قسم المشتريات بإصدار أمر الشراء من أربع نسخ تحفظ الأولى في القسـم لحـين اسـتكمال إجراءات الشراء وترسل الثانية إلى القسم المالي لإجراء اللازم وترسل الثالثة إلى قسم السيطرة على الخزين وترسل الرابعة إلى المدير العام لإجراء اللازم نحو الاستيراد من الخارج.

ج- يصدر قسم المخازن مستند الاستلام المخزني من نسختين عند وصـول البضـاعة، ترسـل النسـخة الأولى إلى قسم المشتريات لإجراء اللازم والثانية إلى قسم المحاسبة الإدارية لغـرض تسـعير البضاعة.

د- يقوم مأمور المخزن بإدخال المعلومات التي تتعلق بتاريخ استلام المادة والصادر منها والرصيد في سجل حركة المواد.

ه- ينظم مأمور المخزن مستند الإصدار المخـزني مـن ثـلاث نسـخ ترسل الأولى إلى قسـم المشـتريات والثانية إلى قسم المحاسبة الإدارية وتحفظ الثالثة في قسم المخازن.

و- ينظم قسم المحاسبة الإدارية تقريراً شهرياً عـن المـواد المصـروفة والراكـدة في مخـازن الشركة ويرسله إلى القسم المالي الذي بدوره يرفع تقريره إلى المدير العام.

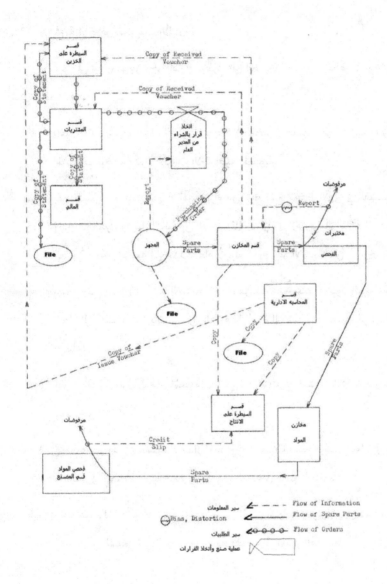

شكل (17-2) يبين نموذج لنظام المشتريات وعلاقته بنظام السيطرة على الخزين

شركة الإخلاص لمنتوجات الألبان / السيطرة على الخزين

أسئلة المناقشة:

1- برأيك هل تعتبر المخطط البياني لسير المعلومات في الشركة أهم وسيلة يمكن اعتمادها للكشف عن التأخيرات في وصول المعلومات المطلوبة إلى صناع القرار من مدراء ورؤساء أقسام.

2- هل تفضل استخدام المخطط لاعتقادك أنه مفيد في فحص سير المعلومات بين الأقسام المختلفة والمخازن والمختبرات بهدف اكتشاف التأخيرات التي تحصل في طريق سير الأوامر والمعلومات التي تصل صناع القرار في الشركة.

3- هل أن الفهم الصحيح لنظام السيطرة يساعدك على تحديد المشكلات التي قد تحدث مستقبلاً واقتراح الحلول العملية لها.

4- إلى أي درجة أنت مقتنع بأهمية استخدام مخطط سير العمليات كأداة لتبسيط إجراءات العمل في مختلف أنشطة الشركة ولتسريع نقل المعلومات بين الإدارة العليا ورؤساء الأقسام.

5- هل أنت مقتنع بإمكانية مخطط سير العمليات في تطوير شبكة فاعلية المعلومات بهدف تجهيز معلومات سريعة يعول عليها في اتخاذ القرارات الإدارية في الشركة.

الحالة الدراسية التاسعة

شركة الشرق للنسيج الصوفي

الحالة الدراسية التاسعة

3-   شركة الشرق للنسيج الصوفي

فيما يلي عرض موجز لإجراءات السيطرة على الخزين في الشركة (انظر شكل 17-3).

أ- ينظم قسم السيطرة على الخزين طلب الشراء بثلاث نسخ عند انخفاض خزين المواد من المخازن من مستوى إعادة الطلب وترسل النسخة الأولى إلى قسم المشتريات والثانية إلى قسم المخازن وتحفظ الثالثة في القسم.

ب- يرحل قسم المخازن المعلومات المدونة في طلب الشراء إل بطاقة حركة المواد التي تحتوي على معلومات تتضمن اسم المادة الواردة والصادر والرصيد.

ج- تصدر اللجنة الاستشارية أمر الشراء بثلاث نسخ ترسل النسخة الأولى إلى المجهز وترسل النسخة الثانية إلى محاسبة التكاليف وتحفظ النسخة الثالثة في الإضبارة.

د- ينظم مأمور المخزن مستند استلام مخزني (Material Received Voucher) بخمس نسخ وترسل إلى قسم المشتريات، قسم التكاليف، قسم السيطرة على الخزين، وقسم السيطرة على النوعية وتحفظ النسخة الخامسة في قسم المخازن، يقوم مأمور المخزن بإدخال المواد الواردة في بطاقة الخانة ويدون كاتب السيطرة على الخزين المعلومات الكمية المبينة في حقل الاستلام في صحيفة حركة المواد.

هـ- يصدر مأمور المخزن عند صرف المواد مستند صرف مخزني بثلاث نسخ ترسل الأولى إلى قسم السيطرة على الخزين والثانية إلى قسم محاسبة التكاليف وتحفظ الثالثة في قسم المخازن. يقوم كاتب المخزن بترحيل الكمية المصروفة إلى البطاقة المخزنية.

و- يصدر مأمور المخزن تقريراً شهرياً من أرصدة المواد المخزنية المتوفرة ويرفعه إلى قسم المشتريات وقسم محاسبة التكاليف.

ز- ينظم قسم السيطرة على الخزين تقريراً فصلياً عن الأرصدة الراكدة بالمخازن من المواد ويرسـله إلى معاون المدير العام.

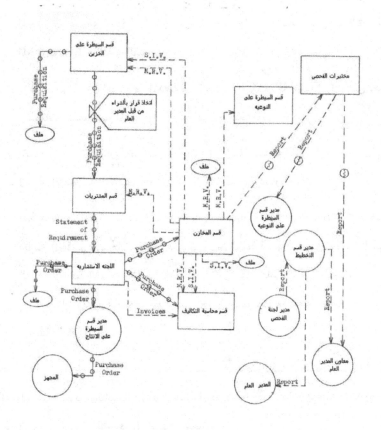

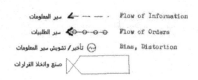

سير المعلومات   Flow of Information

سير الطلبيات   Flow of Orders

تأخير/ تشويش سير المعلومات   Bias, Distortion

صنع واتخاذ القرارات

الشكل (3-17) نموذج لنظام السيطرة على الخزين وعلاقته بنظام السيطرة على النوعية

418

شركة الشرق للنسيج الصوفي / السيطرة على الخزين

أسئلة للمناقشة:

1- من وجهة نظرك هل من الممكن الاستفادة من مخطط سير العمليات لاكتشاف ضعف الاتصالات بين الأقسام أو انعدام التعاون بين العاملين مما يمنع وصول جميع المعلومات التي يحتاجها المدراء في الشركة.

2- باعتبارك مديراً لقسم السيطرة على الخزين في الشركة هل تلجأ أحياناً إلى مخطط سير العمليات لكي يساعدك على معرفة أسباب ضعف الاتصالات التي تقلل سير الإجراءات وتعطل إنجاز المعاملات المهمة.

3- هل تخطط لاستخدام المخطط لمعرفة التأخيرات التي تحصل عند انتقال المعلومات والتقارير بين موظفي قسم السيطرة على الخزين والأقسام الفنية الأخرى في الشركة.

4- هل تعتقد أن المخططات البيانية لسير العمليات أدوات مفيدة لدراسة سير العمليات الإنتاجية ومراحل الصنع وتعاقب سير المنتجات في الشركة.

5- ما هو دور لجان التطوير والتحديث في الشركة لتوجيه الاهتمام إلى أساليب معالجة المشاكل التي يعاني منها نظام السيطرة على الخزين وإلى أي درجة تستأنس الإدارة بتوصيات هذه اللجان.

6- هل يمكنك الاستفادة من مخطط سير المعلومات لتصوير الدورات المستندية والعمليات المتسلسلة للإجراءات المخزنية والسيطرة على المواد المخزنة وذلك بهدف تطوير وتحسين فاعليته النظم المعمول بها حالياً في شركتك.

الحالة الدراسية العاشرة

الشركة المتحدة للإسمنت

الحالة الدراسية العاشرة

4- الشركة المتحدة للإسمنت

فيما يلي عرض موجز لإجراءات السيطرة على الخزين في الشركة المتحدة للإسمنت (انظر شكل (4-17).

أ- يحرر قسم السيطرة على الخزين طلب تخويل الشراء بنسختين عند انخفاض نقطة إعادة الطلب المبينة في بطاقة الاستاذ المخزنية ويرسلها إلى قسم المشتريات.

ب- ينظم قسم المشتريات أمر الشراء بثلاث نسخ ترسل النسخة الأولى إلى المدير العام ومن ثم إلى المجهز والنسخة الثانية إلى مخازن الأدوات الاحتياطية وتحفظ الثالثة في القسم.

ج- عند وصول الأدوات الاحتياطية إلى المخازن تفحص فحصاً دقيقاً للتأكد من مطابقتها للمواصفات المحددة مسبقاً وتسجل الكمية المستلمة في بطاقة الخانة Bin Card.

د- ينظم مأمور المخزن مستند استلام مخزني Material Receipt Voucher بأربع نسخ ترسل الأولى إلى قسم المشتريات والثانية إلى قسم التكاليف والثالثة إلى قسم السيطرة على الخزين وتحفظ الرابعة في المخازن.

هـ- ينظم مأمور المخزن تقرير شهري عن حركة الخزين بالكمية والقيمة ويرفع إلى قسم المشتريات وقسم التكاليف يوضح التقرير الحد الأدنى والحد الأعلى لكل صنف.

و- ينشأ قسم السيطرة على الخزين تقريراً شهرياً عن الأدوات الاحتياطية الراكدة ويرفعه إلى المدير العام وقسم المشتريات.

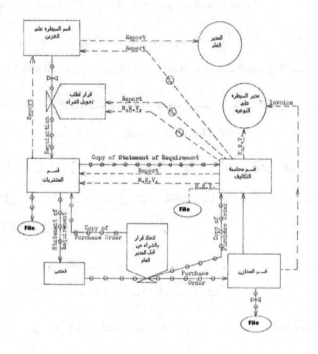

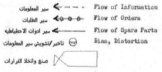

شكل (4-17) نظام السيطرة على الخزين في الشركة المتحدة للإسمنت

الشركة المتحدة للإسمنت/ السيطرة على الخزين

أسئلة للمناقشة:

1- هل تعتقد أن مخططات سير المعلومات التي تبين إجراءات السيطرة على الخزين في الشركة كان لها تأثير كبير في معرفة التأخيرات التي تعرقل تدفق المعلومات والأوامر بين مدراء الأقسام المختلفة والمدير العام.

2- هل كان لمخططات سير المعلومات من وجهة نظرك دور في التقليل من التأخير في نقل المعلومات والتقارير بين أقسام المشتريات والتكاليف والسيطرة على الخزين.

3- حسب وجهة نظرك هل من الممكن لكم الاستفادة من مخططات سير العمليات للتأكد من أن عمليات الصنع تسير بكفاءة ولا توجد أي اختناقات أو تأخير في طريق انتقال المعلومات بين الأقسام الانتاجية والفنية في الشركة.

4- هل تريد استخدام مخطط سير العمليات في الشركة لاكتشاف وتعدد الحلقات الوسيطة والروتين الذي يؤدي إلى تأخر وصول المعلومات المطلوبة لك والتي تؤثر تأثيراً سلبياً في صنع قراراتك الإدارية.

5- إلى أي درجة أنت مقتنع بتوصيات لجان التطوير والتحديث في الشركة فيما يتعلق بتبسيط إجراءات العمل ولتسهيل انسياب المعلومات بين الأقسام المعفية.

الحالة الدراسية الحادية عشرة

شركة النجاح للصناعات الجلدية

الحالة الدراسية الحادية عشرة

5-شركة النجاح للصناعات الجلدية

فيما يلي وصف لإجراءات السيطرة على الخزين في الشركة (انظر الشكل (17-5).

أ- يصدر قسم السيطرة على الخزين طلب تخويل الشراء من نسختين يرسل النسخة الأولى إلى قسم المشتريات وتحفظ النسخة الثانية في القسم. يقوم قسم السيطرة على الخزين بتنظيم استمارة تخويل الشراء عندما يصل خزين المواد الأولية في المخازن إلى نقطة إعادة الطلب.

ب- يقوم قسم المشتريات بتنظيم أمر الشراء بعد حصول موافقة مدير القسم بأربع نسخ يرسل الأولى إلى مأمور المخزن لترحيل المعلومات التي في أمر الشراء إلى بطاقة حركة المواد وترسل الثانية إلى اللجنة الاستشارية للموافقة عليها وإحالتها إلى المدير العام وترسل الثالثة إلى قسم السيطرة على الخزين وتحفظ الرابعة في القسم.

ج- ينظم مأمور المخزن عند وصول البضاعة إلى المخازن مع قائمة المجهز مستند استلام مخزني بأربع نسخ وترسل إلى القسم المالي قسم السيطرة على الخزين والمجهز وتحفظ الرابعة في قسم المخازن بعد ترحيل المعلومات إلى البطاقة المخزنية يقوم رئيس ملاحظي المخازن بإدخال المواد الواردة إلى بطاقة حركة المواد.

د- يقوم مأمور المخزن في حالة صرف المواد المخزنية إلى الأقسام الإنتاجية تنظيم مستند صرف مخزني بخمس نسخ ترسل ثلاث نسخ إلى القسم الطالب ونسخة إلى القسم المالي وتحفظ الرابعة في المخازن بعد ترحيل المعلومات إلى البطاقة المخزنية.

٥- يقوم مـأمور المخـزن بعمـل تقريـر شـهري عـن نتـائج أعـمال قسـم المخـازن ويرسـل إلى قسـم المشتريات والقسم المالي وقسم السيطرة على الخزين. يقوم قسم السيطرة على الخـزين بدراسـة التقارير الشهرية المستلمة من قبل إدارة المخـازن ويرفـع تقريـره الفصـلي إلى المـدير العـام مـع توصياته بما يراه مناسباً.

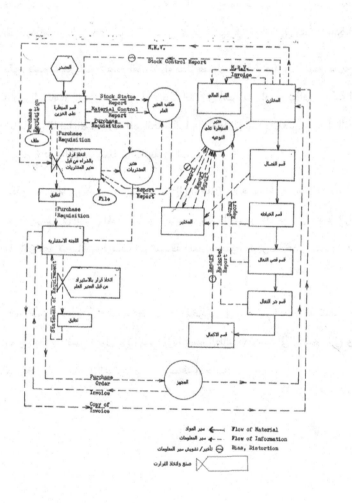

شكل (17-5) نموذج لنظام السيطرة على الخزين في شركة النجاح للصناعات الجلدية

شركة النجاح للصناعات الجلدية / السيطرة على الخزين

أسئلة للمناقشة:

1- ما هي المنافع التي يمكن أن تحققها الشركة من وراء استخدام مخطط سير المعلومات. حدّد ذلك بصورة مختصرة.

2- هل تعتقد أن مخطط سير العمليات يمكن أن يساهم في القضاء على المشاكل التي يعاني منها نظام السيطرة على الخزين من خلال تقييم سير المعلومات واكتشاف الاختناقات والتأخيرات.

3- برأيك هل تحتاج الشركة إلى الاستعانة بخدمة استشاري متخصص بتصميم وتطور النظم الذي يساعدها في إنشاء مخطط لسير عمليات وإجراءات السيطرة على خزين المواد الأولية.

4- باعتبارك رئيساً لقسم السيطرة على الخزين هل ترغب في استخدام المخطط البياني لسير العمليات لاكتشاف تعدد الحلقات الوسيطة الذي ينجم عنها تأخير في إنجاز العمل وزيادة الجهد والوقت.

5- ما رأيك في الدعوات التي تقول أنه "يجب الاستفادة من مخطط سير العمليات في مسعى لتسهيل وتسريع تبادل المعلومات وإنجاز المعاملات التي تتعلق بالسيطرة على الخزين في الشركة والتصدي لبعض التجاوزات في عملية الازدواج والروتين في إجراءات العمل.

6- باعتبارك مديراً لإحدى الشركات هل تلجأ أحياناً على استخدام المخططات الانسيابية لسير المعلومات وذلك بهدف معرفة طرق سير التقارير والمعلومات المهمة في نظام السيطرة على الخزين وبالتالي تقليل حجم التأخيرات التي تؤثر على فاعلية هذا النظام.

الحالة الدراسية الثانية عشرة

شركة المنار للصناعات الكهربائية

الحالة الدراسية الثانية عشرة

6- شركة المنار للصناعات الكهربائية

فيما يلي شرح موجز لاجراءات السيطرة على الخزين في شركة المنار (انظر شكل رقم 17-6)

1- عندما يرد البرنامج الإنتاجي السنوي إلى قسم السيطرة على الخزين ينظم القسم تقريراً على الكمية اللازمة من المواد وانواعها ويرسله إلى قسم المشتريات. يتم إعداد التقرير على أساس المعلومات التي تحويها البطاقات المخزنية واستمارات شركة المواد.

2- ينظم قسم المشتريات أمر الشراء بثلاث نسخ يرسل النسخة الأولى إلى المجهز وترسل الثانية إلى المخازن وتحفظ الثالثة في القسم.

3- ينظم مأمور المخزن مستند استلام بالمواد الواردة من المجهز بأربعة نسخ ترسل نسختين إلى القسم المالي ونسخة إلى القسم الطالب والرابعة للحفظ في المخزن. تدخل المواد الواردة في البطاقة المخزنية واستمارة حركة المواد.

4- ينظم مأمور المخزن مستند صرف مخزني بالمواد المجهزة بستة نسخ ترسل ثلاث نسخ إلى القسم الطالب ونسخة إلى القسم المالي ونسخة إلى -قسم السيطرة على الخزين ونسخة للحفظ في المخزن. تدخل المواد المصروفة في بطاقة الخانة أو البطاقة المخزنية واستمارة حركة المواد.

5- في نهاية كل شهر يصدر مأمور المخزن تقرير عن حركة المواد ويرفعه إلى المدير الهام ومدير قسم المشتريات.

6- يقوم قسم السيطرة على الخزين بإعداد تقرير سنوي بثلاث نسخ عن المواد الأولية التي تصرف بصورة بطيئة ويوضع فيه أسباب الركود مع التوصيات لعلاج الحالة. يرسل التقرير السنوي إلى قسم المشتريات وقسم السيطرة على الإنتاج.

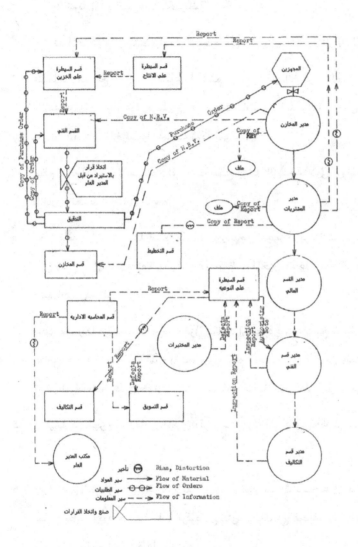

شكل (6-17) نظام السيطرة على الخزين في شركة المنار للصناعات الكهربائية

شركة المنار للصناعات الكهربائية/ السيطرة على الخزين

أسئلة للمناقشة:

1- طلب منك تقديم المشورة لكيفية إعداد مخططات لسير المعلومات لتصوير إجراءات السيطرة على الخزين في شركتك ما هي اقتراحاتك وضحها بشكل مختصر.

2- هل تمتلك شركتك المصادر المالية الكافية والخبرات الاستشارية اللازمة لإعداد مخططات لتصوير إجراءات السيطرة على الخزين وذلك بهدف اكتشاف التأخيرات التي تعرقل سير التقارير والمعلومات بين رؤساء الأقسام والمدراء.

3- هل تتوفر لدى الشركة مجموعة برامج تدريبية لتلبية احتياجاتها في أمور تتعلق بالسيطرة على الخزين من المواد الولية والأدوات الاحتياطية وإدارة الأعمال المخزنة.

4- هل تريد أن يقوم المخطط بمساعدتك على وصف إجراءات العمل وسير المعلومات في نظام السيطرة على الخزين حتى تستطيع إلغاء الحلقات الإدارية الوسيطة غير المبررة التي تؤدي إلى التأخير في إنجاز العمل.

5- إلى أي مدى أنت مقتنع بأهمية استخدام مخطط سير العمليات في نظام السيطرة على الخزين وذلك بهدف توفير الوقت والجهد وتقليل نسبة حدوث الأخطاء في إنجاز المعلومات وتقليص الهدر المادي في الشركة.

الفصل الثامن عشر

حالات عملية عن تطبيقات نظم السيطرة على النوعية في الصناعة

أهداف الفصل:

بعد دراسة هذا الفصل يجب أن تكون قادراً على معرفة:

- مخططات انسيابية العمل والمعاملات من الأقسام المختلفة في الشركة وكيفية تنفيذ الأعمال فيه خطوة بخطوة.

- الإجراءات المتبعة للسيطرة على نوعية المواد والمنتجات في الشركة وتحديد الاختناقات والمشكلات والمعوقات التي يعاني فيها النظام الحالي.

- الدور الحقيقي لنظام التقارير المعمول به بالشركة عن طريق تحديد الأنواع المختلفة للتقارير الداخلة والخارجة من الأقسام المختلفة والتي تتضمن معلومات إجراءات السيطرة على نوعية المنتجات ونتائج الفحص الروتينية.

- حجم التأخير الذي يعرقل إجراءات العمل وسير المعاملات وتدفق المعلومات التي تمر على سلسلة من الاختصاصين والفنيين في الشركة.

الحالة الدراسية الثالثة عشرة

شركة النصر للزيوت النباتية

الحالة الدراسية الثالثة عشرة

1- شركة النصر للزيوت النباتية

إن الإجراءات المتبعة في نظام السيطرة على النوعية في الشركة هي كما يلي:

انظر الشكل (18-1)

أ- فحص المواد الأولية:

أولاً: ترسل المخازن نماذج من المواد الأولية بنسبة مساوية إلى 1% إلى المختبر لإجراء الفحوصات اللازمة بغية اكتشاف المعيبات إن وجدت. يتم الفحوصات وفقاً للمواصفات المحددة مسبقاً وباستعمال جداول خاصة يسجل فيها نتائج الفحص والوقت المستهلك لفحص كل فقرة من المواد.

ثانياً: تتخذ الإجراءات السريعة من قبل لجنة خاصة لفحص المواد التي لا تطابق نوعيتها المواصفات القياسية. تتكون هذه اللجنة من مدير السيطرة على النوعية والمدير الفني والمدير التجاري ورئيس المختبر.

ترفع هذه اللجنة تقريراً شهرياً عن نتائج الفحص ويتضمن التوصيات والاقتراحات لمعالجة العيوب المكتشفة.

ب- الفحوصات أثناء مراحل الإنتاج

أولاً: تتلقى مختبرات الفحص تعليمات من مدير السيطرة على النوعية للقيام بفحص المنتج أثناء مراحل الإنتاج والتقرير عن نتائج الفحوصات إلى المسؤولين.

ثانياً: تقوم مختبرات الفحص بفحص نماذج احتياطية Random Samples من المنتوج في كل مرحلة من مراحل الإنتاج للتأكد من مطابقتها للمواصفات الموضوعة. تستعمل المختبرات في عملية الفحص مخططات سير العمليات Precess flow Charts ولوحات السيطرة Control Charts لاكتشاف الانحرافات في العمليات الإنتاجية.

ثالثاً: يرفع الأفراد المسؤولين على فحص النماذج تقريراً إلى مدير السيطرة على النوعية يشرحون فيه النتائج التي حصلوا عليها بعد الإنتهاء من إجراء الفحوصات اللازمة ويوضحوا أسباب الانحرافات بهدف اتخاذ الإجراءات التصحيحية في الوقت المناسب، يرسل مدير السيطرة على النوعية تقريراً إلى المدير العام يحوي معلومات عن المنتجات المرفوضة في مختلف مراحل التصنيع وتحديد أسبابه وطرق معالجته.

ج- فحص المنتوج الكامل

أولاً: تسحب نماذج من المنتجات ترسل إلى المختبرات لفحصها للتأكد من مطابقتها للمواصفات الموضوعة. وفي كثير من الأحيان يتم فحص المنتجات نظرياً Visuel Inspection بهدف اكتشاف المنتوجات المعيبة واتخاذ الاجراءات الضرورية قبل وصولها إلى المستهلك.

ثانياً: يقوم قسم السيطرة على النوعية بإعداد تقرير شهري يتضمن معلومات عن نتائج فحوصات المنتوج الكامل والعيوب التي اكتشفت وأسبابها وتوصيات لعلاجها. يرسل هذا التقرير إلى مدير السيطرة على النوعية وإلى المدير العام ومدير قسم التخطيط ومدير السيطرة على الإنتاج ومدير قسم إدارة المعامل.

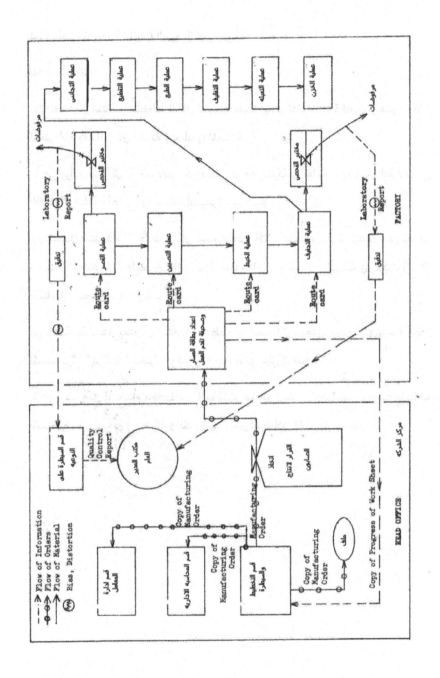

الشكل (18-1) نظام السيطرة على النوعية في شركة النصر للزيوت النباتية

445

شركة النصر للزيوت النباتية / السيطرة على النوعية

اسئلة للمناقشة:

1- هل تعتقد أن استخدام المخطط البياني لسير العمليات يعتبر أداة مفيدة لتصوير قنوات نقل المعلومات والتقارير بين الشركة ومصانعها المختلفة.

2- ما هي برأيك المشاكل والصعوبات الكبيرة التي تواجه الشركة في نقل المعلومات والتقارير بين الأقسام المختلفة والمخازن ومختبرات السيطرة على النوعية.

3- هل تفضل استخدام المخطط البياني لسير المعلومات لاعتقادك أنه يساعدك على تحديد الاختناقات والمشكلات والمعوقات التي يعاني منها نظام السيطرة على النوعية في شركتك وبالتالي يمكنك في صنع قرارات إدارية ناجحة.

4- من وجهة نظرك هل تعتبر أن استخدام مخطط سير العمليات سيعمل على زيادة سرعة إنجاز المعاملات في الشركة لأنه يختزل الوقت والجهد ويقضي على الروتين.

5- اشرح كيف يمكن استخدام مخطط سير العمليات كوسيلة لتبسيط الإجراءات الروتينية المتعلقة بالسيطرة على النوعية في الشركة وذلك بهدف إنجاز المعاملات المطلوبة بسرعة.

الحالة الدراسية الرابعة عشر

شركة الإخلاص لمنتوجات الألبان

2. شركة الإخلاص لمنتوجات الألبان:

فيما يلي الإجراءات المتبعة في نظام السيطرة على النوعية في الشركة (انظر شكل رقم(18-2).

أ) فحص المواد الأولية

أولاً: يفحص الحليب في مراكز تجميعه ويتم رفض الكميات التي لا تطابق للمواصفات الموضوعة، ينقل الحليب الذي قبلت نوعيته إلى المعمل في سيارات خاصة (Tankers).

ثانياً: تسحب عينات من كل سيارة وتفحص لغرض عزل الكميات التالفة، كذلك يجري فحص نماذج احتياطية من قناني الحليب الفارغة للتأكد من سلامتها ومطابقتها للمواصفات الموضوعة، ترفع تقارير عن نتائج الفحص إلى قسم السيطرة على النوعية.

ب) فحص المنتوج الكامل

يتم إجراء الفحوصات على نماذج احتياطية من المنتوج (الحليب، قيمر،زبده، جبن،آيس كريم) لمعرفة مدى مطابقتها للمواصفات القياسية المثبتة ولتمنع وصول منتجات معابة إلى المستهلكين، تقوم بهذا النوع من الفحوصات لجنة مؤلفة من المسؤولين في أقسام السيطرة على النوعية ورئيس قسم المختبر.

تعد هذه اللجنة تقارير شهرية عن نتائج الفحص ترفعها إلى مدير السيطرة على النوعية وإلى المدير العام.

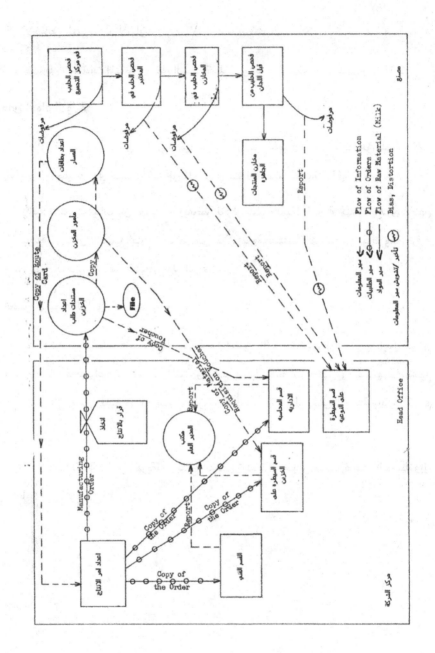

شكل (18-2) نظام السيطرة على النوعية في شركة الاخلاص لمنتجات الألبان

450

شركة الإخلاص لمنتوجات الألبان (السيطرة على النوعية)

أسئلة للمناقشة:

1. هل تفتقر شركتك للعناصر المؤهلة والكوادر المتخصصة في إعداد وتنظيم المخططات البيانية لسير العمليات التي يمكن الاستفادة منها في تحديد الاختناقات والمشكلات التي يعاني منها نظام السيطرة على النوعية في شركتك.

2. هل يحظى موضوع المخططات البيانية لسير العمليات والمعاملات باهتمام كبير من قبل المسؤولين في الشركة نظراً لماله علاقة مباشرة في تحسين وتطوير نظام السيطرة على النوعية الحالي.

3. ما هي برأيك الإجراءات التي يجب أن تتبعها الشركة لمعرفة حجم التأخير الذي يعرقل إجراءات العمل وسير العمل وسير المعاملات بين الموظفين المسؤولين على السيطرة على نوعية المنتجات.

4. هل تعتقد أن دراسة سير المعلومات وجريان العمل في قسم السيطرة على النوعية شرط ضروري لتحسين نظام المعلومات الحالي في الشركة.

5. وضح كيف أن لاستخدام مخطط سير العمليات تأثيراً كبيراً على تقليل سلسلة الإجراءات الروتينية اللازمة لإنجاز عمليات السيطرة على النوعية في الشركة.

6. برأيك هل تعتبر أن إعداد المخططات البيانية لتصوير سير المعلومات وتدفق العمل في نظام السيطرة على النوعية مفيد في قياس أوقات التأخير في انتقال التقارير بين مدراء الأقسام المختلفة وقسم السيطرة على النوعية في الشركة.

الحالة الدراسية الخامسة عشر

شركة الشرق للنسيج الصوفي

3. شركة الشرق للنسيج الصوفي

فيما يلي وصف للإجراءات المتبعة في نظام السيطرة على النوعية في الشركة (انظر الشكل رقم(18-4) الذي يوضح مراحل السيطرة على نوعية الغزول الرفيعة.

أ) فحص المواد الأولية

يفحص الصوف المستورد من قبل الشركات المجهزة في الخارج وفقاً لمواصفات متفق عليها وترسل نتائج الفحص إلى الشركة للتأكد من عدم وجود العيوب في الصوف قبل إرساله إلى المصانع وللاطمئنان على جودة نوعيته وسلامته من المعيبات، وفي حالة وصول بعض الصوف في حالة غير جيدة جدية يرفع مأمور المخزن إشعار إلى قسم السيطرة على النوعية لفحصه والتأكد من سلامته قبل وصوله إلى المصانع.

ومن ناحية أخرى يرفع مدير السيطرة على النوعية تقريراً مفصلاً إلى المجهز يحتوي على معلومات عن الكميات التالفة من الصوف وأسبابها. ترسل نسخ من التقرير إلى المدير العام ومأمور المخزن ومدير السيطرة على الإنتاج، يرفع الفاحصون تقارير إلى مختبر السيطرة على النوعية في كل مرحلة من مراحل الإنتاج.

ب) فحص المواد الكاملة

لغرض التأكد من سلامة المنتجات كالبطانيات والأقمشة والجواريب قبل وصولها إلى المستهلك تقوم لجان متخصصة بإجراءات الفحص الضرورية على منتجات الشركة لعزل الوحدات المعابة وللتأكد من مطابقة الوحدات الأخرى للمواصفات الموضوعة. تتألف اللجنة الأولى من مهندسين وكيميائيون وأفراد السيطرة على النوعية.

تقوم هذه اللجنة بإجراءات السيطرة الروتينية على المنتجات للتأكد من سلامتها وإعداد تقارير عن نتائج الفحص ترفعها إلى اللجنة الثانية.

تتكون اللجنة الثانية من مدراء التخطيط والرقابة على الإنتاج والمشتريات والسيطرة على النوعية وأهم واجباتها القيام بدراسة التقارير المستلمة من اللجنة الأولى

ورفع تقارير مفصلة إلى المدير العام عن النتائج والانحرافات في الإنتاج وعن كمية المنتجات المعابـة. ترسـل نسخ من التقارير إلى معاون المدير العام وإلى الهيئة الاستشارية.

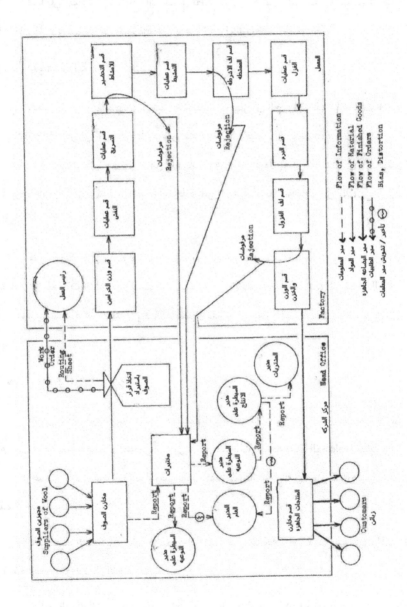

شكل(18-3) نظام السيطرة على النوعية في شركة الشرق للنسيج الصوفي

شركة الشرق للنسيج الصوفي(السيطرة على النوعية)

أسئلة للمناقشة:

1. من وجهة نظرك هل أن تحقيق النجاح في تطوير نظام السيطرة على النوعية في شكركتك يعتمد في جانب مهم منه على الفنيين والاستشاريين المتخصصين في إعداد المخططات البيانية لسير العمليات؟

2. هل لدى شركتك أي خطة تساعد على إنشاء المخططات البيانية لسير المعاملات في نظام السيطرة على التوعية الحالية عن طريق توفير المصممين والاستشاريين والفنيين؟

3. هل هناك عقبات تواجه شركتكم لإنشاء مخططات انسيابية المعاملات كعدم توفر الكادر الفني المتخصص ونقص الدعم الإداري أو عدم وجود النوعية الكافية لأهمية استخدام المخططات؟

4. هل تعتقد أن استخدام المخططات البيانية لسير العمليات يوفر معلومات عن المسار الذي تنتقل فيه التقارير عبر الأقسام المختلفة في الشركة ويساعد على اكتشاف الاختناقات والتأخير؟

5. طلب منك تقديم المشورة لكيفية إعداد مخطط لسير العمليات بهدف تصوير حركة التقارير المختلفة وتدفقها بين إجراءات نظام السيطرة على النوعية واكتشاف الاختناقات وسلسلة الإجراءات الروتينية. ما هي اقتراحاتك؟

الحالة الدراسية السادسة عشر

الشركة المتحدة للأسمنت

3. الشركة المتحدة للأسمنت

يعمل نظام السيطرة على النوعية في الشركة كالآتي(انظر الشكل(18-5)

أ) فحص المواد الأولية:

تستعمل الشركة نوعين رئيسيين من المواد الأولية (mad & gravel) التي تنتج محلياً. تفحص نماذج من كل مادة أولية في المختبرات للتأكد من نوعيتها ولرفض المواد التي لا تطابق المعايير والمواصفات. عند انتهاء الفحص يقوم كل فاحص بإعداد تقرير حول نوعية المواد الأولية ويرسله إلى مدير قسم السيطرة على النوعية. يلخص مدير السيطرة على النوعية تقرير الفاحصين ويرفع تقرير شهري إلى المدير العام عن نتائج الفحوصات بغية اتخاذ الإجراءات السريعة لتصحيح الانحرافات أن وجدت.

ب) فحص المنتجات الكاملة

تؤخذ نماذج من الأنواع المختلفة للأسمنت للقيام بفحصه من ناحية (,Soundness, Fineness Strength) والتركيب الكيماوي. يتم رفض الأسمنت الذي لا يطابق المواصفات النوعية المقررة. يرفع الفاحصين تقارير إلى المدير السيطرة على النوعية تبين كميات الأسمنت المفحوصة والمرفوضة.

يقوم مدير السيطرة على النوعية بإعداد تقرير يحتوي معلومات عن نتائج فحص الأسمنت. ترسل النسخة الأولى إلى المدير العام والنسخة الثانية إلى المدير الفني والنسخة الثالثة إلى مدير التخطيط والسيطرة على الإنتاج.

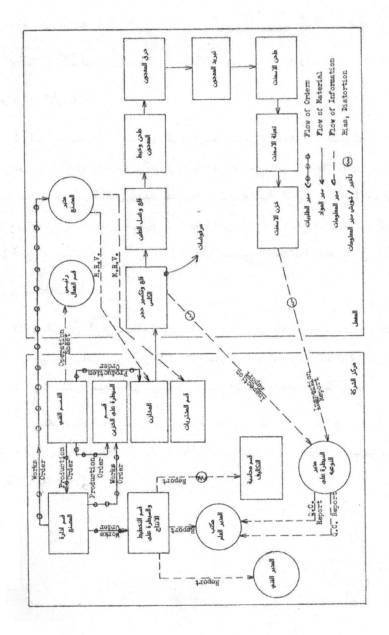

شكل(18-4) نظام السيطرة على النوعية في الشركة المتحدة للإسمنت

الشركة المتحدة للأسمنت (السيطرة على النوعية)

أسئلة للمناقشة:

1. هل لدى شركتك أية خطة قائمة أو مستقبلية محددة في إطار سعيها نحو تشجيع استخدام المخططات البيانية لسير العمليات من أجل تطوير نظام السيطرة على النوعية المعمول به حالياً؟

2. هل هناك حملة توعية تبين للمستخدمين في شركتكم الفوائد الكبيرة التي يقدمها لهم استخدام المخططات البيانية لسير المعلومات كتقليص حجم التأخيرات الذي يعرقل إجراءات العمل في نظام السيطرة على النوعية؟

3. إذا كنت مديراً لإحدى الشركات الصناعية، هل ستختار استعمال مخطط سير العمليات بهدف إخراج نظام السيطرة على النوعية المعمول به حالياً في شركتك من وضعها الحالي الذي يعاني قصوراً في الوظائف والواجبات؟

4. هل تعتقد أن استخدام مخطط سير العمليات أداة ضرورية لقياس أوقات التأخير وحجم تدفق المعلومات والتقارير بين قسم السيطرة على النوعية والأقسام الأخرى في الشركة؟

5. هل كان لمخطط سير العمليات من وجهة نظرك دور في المعالجة المتكاملة لإدارة عمليات جميع فعاليات حركة المعلومات والتقارير بين الأقسام والشعب الإنتاجية في الشركة.

الحالة الدراسية السابعة عشرة

شركة النجاح للصناعات الجلدية

5. شركة النجاح للصناعات الجلدية

فيما يلي وصف لنظم السيطرة على النوعية في الشركة (انظر الشكل (5-18).

أ) فحص المواد الأولية:

يعطي مدير السيطرة على النوعية تعليماته لفاحصي السيطرة على النوعية لفحص الجلود للتأكد من مطابقتها للمواصفات الموضوعة تسجل نتائج الفحص في استمارة خاصة يحدد فيها التاريخ،الاسم، كمية المواد المفحوصة ونتائج الاختبار، ترسل النسخة الأصلية إلى مدير السيطرة على النوعية.

ب) الفحص في المراحل المختلفة من الإنتاج

أولاً: تكون مسؤولية قسم السيطرة على النوعية، فحص نوعية الجلد منذ وصوله إلى قسم الفصال وانتقاله في الأقسام الصناعية المختلفة من المصنع.

حالما تصل الجلود إلى قسم الفصال يجري عليها فحوصات معينة من قبل فاحصي المختبر من حيث الحجم، الشكل، الوزن، الثمن.

ثانياً: يتم فحص نوعية الجلد بعد عملية الفصال وقبل نقله إلى قسم الخياطة يقوم الفاحص بفحص واحتساب عمل كل عامل حال انتهاء عملية الفصال وإعداد تقرير إلى مدير السيطرة على النوعية لتبيان كمية تلف كل عامل.

ثالثاً: يتم اختيار عدد من القطع من قسم الخياطة لفحصها من ناحية النوعية، الحجم، وقياسات المواد المستعملة واللون تنجز هذه الإجراءات بشكل دوري لتأمين مطابقة القطع للمواصفات القياسية المحددة.

رابعاً: يتم الفحص في أقسام قص النعل وجر القالب من وقت لأخر أثناء العملية، ينتقل الفاحصون من ماكنة إلى أخرى لاختبار المنتجات أثناء العمل. يفحص الفاحصين بالعين المجردة نوعية القطع الكاملة قطعة قطعة لاكتشاف الجلد المعيوب.

يفحص الفاحصين أيضاً السكراب المتراكم في المكائن وترفع تقارير عن كمية تلف كل عامل إلى مدير السيطرة على النوعية.

خامساً: في كثير من الأحيان ترجع المنتجات المرفوضة في قسم قص الفعل إلى المخازن ويباع قسم من المنتجات المرفوضة.

سادساً: حين انتهاء كل عملية يقوم الفاحص بحساب عمل كل عامل ويرسل تقرير بهذا الخصوص إلى قسم السيطرة على النوعية.

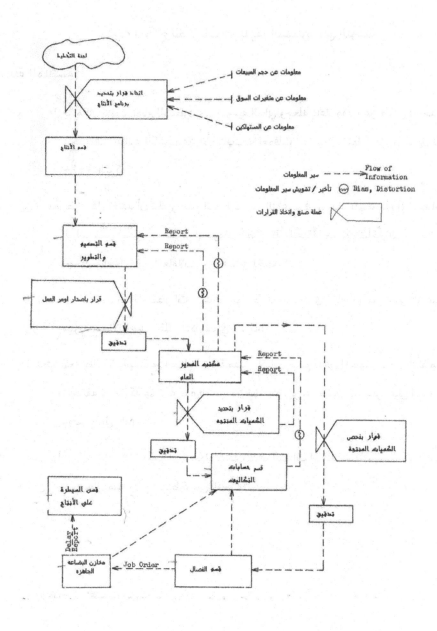

شكل(5-18) نظام السيطرة على النوعية في شركة النجاح للصناعات الجلدية

469

شركة النجاح للصناعات الجلدية(السيطرة على النوعية)

أسئلة للمناقشة:

1. برأيك هل بالإمكان تطوير نظام للسيطرة على النوعية الحالي وجعله فاعلاً وكفؤاً عن طريق استخدام المخططات البيانية للكشف عن الاختناقات والمعوقات التي يعاني منها النظام المعمول به حالياً في الشركة؟

2. من وجهة نظرك هل تعتقد أن تطوير نظام السيطرة على النوعية في شركتك باستخدام المخططات البيانية لسير المعلومات سيوفر المعلومات الضرورية المتعلقة بحجم التأخير الذي يعرقل إجراءات العمل وسير المعاملات بين الأقسام المختلفة؟

3. هل تعتقد أن استغلال أحدث التطورات في عالم تكنولوجيا المعلومات في نظام السيطرة على النوعية سيزيد من الإنتاجية ويقلل التكاليف في الشركة؟

4. هل تعتبر المخططات البيانية لسير العمليات أداة مفيدة لقياس حجم تدفق المعلومات بين الأنظمة المختلفة في الشركة ولمعرفة فترة التأخير بين بث التقارير من نظام السيطرة على النوعية ووصولها إلى المدراء؟

5. ما هي برأيك الإجراءات التي يجب أن تتبعها الشركة بهدف اكتشاف الاختناقات في إجراءات العمل التي يعاني منها نظام السيطرة على النوعية؟

الحالة الدراسية الثامنة عشرة

شركة المنار للصناعات الكهربائية

شركة المنار للصناعات الكهربائية (السيطرة على النوعية)

أسئلة المناقشة:

1. هل تريد أن يقوم مخطط العمليات بتطوير النظام الحالي للسيطرة على النوعية في شركتك عن طريق تسجيل جميع الإجراءات والإحداث وسير المعلومات بين الأقسام المختلفة والكشف عن الاختناقات التي تؤخر انتقال التقارير بين المدراء على مختلف مستوياتهم؟

2. هل تعتقد أن استخدام التقنية الحديثة لتطوير نظام السيطرة على النوعية في الشركة يبلور العديد من الفوائد وأهمها تقديم خدمات أفضل وتحقيق توفيرات كبيرة على رأس المال,

3. هل ترى أن تطوير نظام السيطرة على النوعية باستخدام المخططات البيانية لسير المعلومات سيوفر المعلومات الضرورية الملحة إلى صناع القرار في الشركة، مما يسمح لهم بالإطلاع الدائم والسريع على أوضاع رؤساء الأقسام لتلبية احتياجاتهم المختلفة من المعلومات وتتيح لهم القدرة على الحفاظ على اتصالات دائمة مع الزبائن والمجهزين للمواد الأولية.

4. هل تعتبر أن تصوير الدورات المستندية والعمليات المتسلسلة لإجراءات نظام السيطرة على النوعية من بدايتها حتى نهايتها يمكن أن يفيد في قياس فترة التأخير بين بث المعلومات والتقارير من النظام ووصولها إلى صناع القرار الإداري.

5. حسب وجهة نظرك هل من الممكن أن يساهم مخطط سير العمليات في تحقيق قدرات الشركة وإمكانياتها في تبسيط إجراءات العمل الروتينية وتقليص الوقت المطلوب لإنجاز المعاملات المتعلقة بالسيطرة على النوعية.

6. شركة المنار للصناعات الكهربائية

فيما يلي وصف لنظام السيطرة على النوعية المستخدم من قبل شركة المنار للصناعات الكهربائية. انظر الشكل(18-6)

أ) فحص المواد الأولية

أولاً: يبدأ فاحصي المختبر بأخذ نماذج اعتباطية من المواد الأولية المختلفة وفحصها لكي تطابق المواصفات الموضوعة. تقبل المواد التي تطابق المواصفات القياسية وترفض المواد التي لا تطابق هذه المواصفات.

ثانياً: عندما تنتهي عملية فحص المواد الأولية يرسل قسم السيطرة على النوعية تقرير إلى المدير العارم شارحاً فيه نتائج الاختبارات.

ب) فحص المنتوج الكامل

أولاً: تتضمن السلع الكاملة مختلف أجهزة الإضاءة والمراوح السقفية والمنضدية، المحولات الكهربائية ومضخات الماء لصناعة المبردات، يجب أن تجتاز هذه المنتجات اختبار فني شامل تعطى لها شهادة ترسل إلى قسم التسويق لدعم بيع هذه المعدات.

ثانياً: يتم فحص السلع الأخرى كمصابيح الإضاءة والجوك والهولدير والسويجات ودكم الجرس على أساس نماذج احتياطية، عند اقتناع الفاحصين بأن جميعها تطابق المواصفات القياسية تصدر شهادة اختبار شامل من قبل قسم السيطرة على النوعية لكل نوع من هذه المنتجات، عندما ينتهي اختبار هذه السلع، يتم ختم هذه الشهادات من قبل مدير السيطرة على النوعية وترسل إلى قسم التسويق.

ثالثاً: عند انتهاء اختبار المنتجات يرفع الفاحصين تقرير يبين نتائج الفحوصات نسبة الأجزاء التالفة.

ترسل النسخة الأولى من التقرير إلى المدير العام وترسل النسخة الثانية إلى القسم الفني.

ج) اختبار المنتجات قبل التسويق

لا يوجد فحص على المنتجات قبل إرسالها إلى المستهلك ولكن هناك فحص يجرى على نوعية المنتجات التي تخزن بشكل غير مناسب. يتم فحص المنتجات المخزونة في أماكن مكشوفة والمعرضة للشمس والمطر والتراب من قبل فاحص السيطرة على النوعية. يرسل تقرير من قبل الفاحصين بعد انتهاء فحص المنتجات إلى رئيس قسم التسويق.

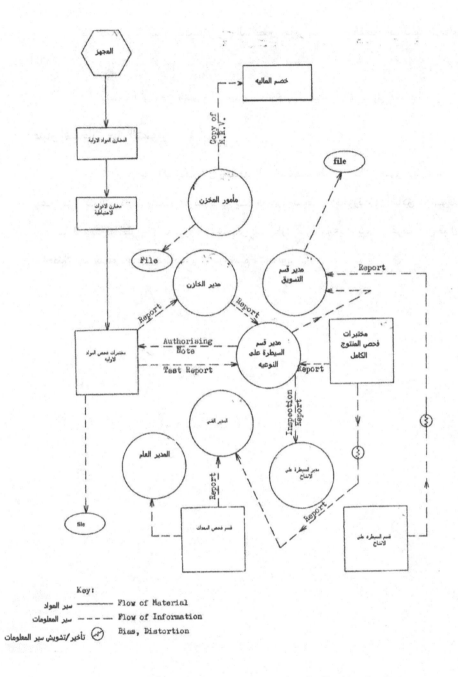

شكل (18-6) نظام السيطرة على النوعية في شركة المنار للصناعات الكهربائية

مراجع الكتاب

Chapter One **الفصل الأول**

1- Armstrong, A. and John, H., III "the real value of on-line communities "Harvard Business Review (may-june 1996).

2- Beyer, W. "Appositive look at MIS "Financial Executive 1988.

3- Bluich, w. "Inventory control: Using a system of data base management" Financial executive (September 1997).

4- Caruth, D. "How will total system affect the corporation" Journal of system management (1989).

5- Colbert, B. "pathway to profit: the management information system "Management science (October 1999).

6- Davis, G. "Management Information Systems, Conceptual foundations, Structure and Development" McGraw-Hill co. (1996).

7- Dearden, J. "How to organize information systems" Harvard Business Review (1989).

8- Elliot, L and Wasley, R. :Business Information processing systems" Richard D.Irwin, Inc. (1989).

9- Firemin, P. "Information systems and management accounting" Accounting Review 1989.

10- Fitzgeral, J. "Fundamentals of system analysis" John Wiley and sons (1989).

11- Garrity, Th. "Developing better management information systems" Financial Executive (1992).

12- Holmes, R. "Developing better management information systems" Financial Executive (1995).

13- Kenneron,W. "MIS Universe" Data Management (1991).

14- Kindard.A. "Data systems and management- An Introduction to systems analysis and Design" prentice-Hall 1998.

15- Mcrae,T. "Analytical Management" Wiley-Inter science (1991).

16- Murdick,R. and Ross,J. "Information systems for Modern management", prentice Hall (1989).

17- Nicholson, Ch. "Building Data Bank for multiple uses" Systems and Procedure Journal (1995).

18- Orickley, J, "the suceesful computer systems" Mcgraw-Hall (2001).

19- Price,T. Information systems for management planning and control, Richard D.Irwin (1999).

20- Radley, G "Management information systems" Billing and sons Itd (1993).

21- Radford, K. "Information systems in management" Reston publishing company (1988).

22- Schoderbeck, P. "Management systems-conceptual consideration" Business publication, Inc (1998).

23- Shio,M. "New look at MIS planning" datamation (1992).

24- Thurston, P. "Who should control information systems" Harvard business Review (1982).

1- Barney,J. "Looking inside for competitive advantage "Academy of management executive (1995).

2- Champy, Jim. "Now batting cleanup: Information technology" Computer world (October 28, 1996).

3- Curtis, G. "Business information systems: Analysis, design and practice" Pearson education (2002).

4- Drucber,p. "The emerging theory of manufacturing" Harvard Business Review (1998).

5- Heizer,J. and Render "Principles of operation management" Prentice Hall, International, Inc (1999).

6- Hicks,J. "Management information systems: A user perspective" 3rd editor West publishing st. (1993).

7- Hodges,B. and Johnson H. "Management and organizational behavior a multidimensional approach "John Willy and sons (1990).

8- Kast,f. and Rosienzwieg, J. "Organization and management (2002) A system approach" Mcgraw-Hill book CO. (1990).

9- Kim, Yemmin and Jinjioo Lee "Manufacturing strategy and production systems: An integrated framework "Journal of operation management II (1993).

10- Krooenke,D. "usiness information systems" Mcgraw-Hill Newyork (1993).

11- Li,D. "Design and Management of information system" Donnelley and Son, P.4(1992).

12- Lowe,E. and Mcinnes,J. "Control in socio-Economic organization: A Rational for the design of management control systems" The journal of management studies, May (1992) edition, Mcacmillan, Upper Saddle river (1996).

13- Laudon, K. "Management information systems: Organization and technology" 3rd edition, Mcacmillan, Upper Saddle river (1996).

14- Obien,J. "Introduction to information systems" 19th edition, mcgraw-Hill Newyork (2001).

1- Adelberq, A "Management Information systems and their Implications" Management Accounting (2002).

2- Ackoff, R. "Management Misinformation Systems" Management Science, (1999).

3- Blouch, w "Inventory Control: Using a System of Data Base Management. "Financial Executive (2003).

4- Busch, j and Starter, F Information Systems. Theory and Practice. Hamilton Publishing Co. (1994)

5- Corwin, R "Patterns of Organizational Conflict" administrative Science Quarterly (2001).

6- Davis, G "What's Happening In Sensor-Based MIS" Canadian Data System (1998).

7- Gorry, G and Mortar, M "A Framework for Management Information System, Scoar Management Review (2003).

8- Kruger, I "Management Information System: Success or Failure, Atlanta Economic Review (1997).

9- Mcrae, T "Analytical Management" Wily-International Science (2001).

10- Miller, "MIS Cases, Decision Making With Application Software "Prentice Hall (2004).

11- Macintosh,N "A Contextual Model of Information Systems" Accounting Organization and Society (2001).

12- Milko, E "Auditing through the Computer or Around" Management Accounting (2001).

13- Pondy, L "Varieties of Organizational Conflict" ADM.SCI Quarterly (2001).

14- Polock, N "The Information Needs of Top Management" ADM. Management (2002).

15- Radar, M "Suffering from Information Overload" Management World (1999).

16- Shio, M "New Look at MIS "Journal of Systems Management (2000).

1- Argyris, c "Management Information Systems" the Challenge to Rationality and Emotionality".

2- Applegate, L "Corporate Information Strategy Management" the Challenge of Doing Business in the Internet Age, McGraw-Hill (2003).

3- Hammann, P and Hoeble, H "Models in Management: some Comments and Conclusions" (2000).

4- Holmes, R "Developing Better Management Information Systems" Financial Executive (1998).

5- Joey, G "Organizational Decision Support Systems" Fownal of Management Information Systems 8, no.3 (Winter 1991-1992).

6- Knouse, s "Ethical Decision making in Business" Journal of Business Ethics (May 1992).

7- Kallmar, E "Ethical Decision making and Information Technology," New York Mitchel McGraw-Hill (1993).

8- Vroom, V "A new Look at Management Decision making" Organization Dynamics (1998).

1- Anthes, G "the Long Arm of Moore's Law" Computer World (October 5, 1998).

2- Bell, Gordan "Ultra Computers: A Tera Flop Before it Time "Communications of the ACM 35, no.8 (August 1992).

3- Coope, S "Computers Systems: Architecture, Networks And Commutations" McGraw-Hill Co. (2003).

4- Davis, G "Management Information Systems Conceptual Foundations "Structure and Development, McGraw-Hill Co.

5- Johnson, F "An Interactive Stock Control System with Strategic Management Role "the Journal of the Research Society (1990).

6- Musdruick, R and Ross, J "Information Systems for Modern Management" Prentice-Hall, (1989).

7- O'brien, J "Introduction to Information Systems with MIS ource and Power Web" McGraw-Hill (2004).

1-   Avision, D "A Management Approach to Database Applications" McGraw-Hill (2005).

2-   Carter, J "Data Base Design and Programming McGraw-Hill (2005).

3-   Cook, M "The Data Base Revolution Systems and Frocedures Journal (2001).

4-   Davis, J "EDP Control Means Tool Control Management Accounting (USA) (2002).

5-   Lorents, A "Database Systems: Concepts, Management and Applications" Fort Worth: the Dryden Ren (1998).

6-   Lieberniar, A a Structwing of An Events Accounting Review (2000).

1- Brandel, M "Video Conferencing Slowly Goes Desktop" Computer World (Feb 20, 1995).

2- Carr, H "Management of Telecommunications Business to Business Problems McGraw-Hill Co (2005).

3- Forougan, B "Business Data Communications" McGraw-Hill Co. (2005).

4- Miller, D "Data Communications and Networks" McGraw-Hill (2005).

5- Nakamura, K "Roles of Multimedia Technology in Telework "Journal of Organizational Computing And Electronic Commerce G, no.4 (1996).

6- Nolan, R "Managing Information Systems by Committee" Haward Busines Review/ July-August (1982).

7- O'brien, J "Management Information Systems Managing Information Technology in the International Enterprise" McGraw-Hill (2005).

8- Ror, G "Implementing Electronic Meeting Systems at IBM" MIS Quarterly 14, no.4 (December 1990).

1- Ahrens, J "Tailoring Database Training for End Users" MIS Quarterly (Dec 1993).

2- Curtis, G "Business Information Systems Analysis, Design And Practice", 4th Edition, West Publishing sc (1993).

3- Ehampy, J "Now Battling Cleanup: Information Technology" Computer World, (October 28, 1996).

4- Grover V "How Effective is Data Resource Management Reassessing Strategic Objectives" Journal of Information Systems (1991).

5- Krooenke, D "Business Information Systems" McGraw-Hill New York (1993).

6- Laudon, K "Management Information Systems Organization and Technology, 3rd Edition Macmillan Upper Saddle River (1996).

7- O'brien, J "Introduction to Information Systems 10th Edition, McGraw-Hill New York 2001.

1- Anderson, H "the Rise of the Extranet" Pc Today (Feb 1997).

2- Afuah, A "Internet Business Models and Strategies Text And Cases" McGraw-Hill Co. (2003)

3- Anderson, H "the Rise of the Extranet" Pc Today (Feb 1997).

4- Bandyopadhady, N "E-Commerce: Context, Concepts, and Consequences" McGraw-Hill Co. (2002)

5- Bernard, R "the Corporate Internet" New York Wiley (1996).

6- Chaudhury, A "E-Business and E-Commerce Infrastructure: Technologies Supporting the E-Business Initiative" McGraw-Hill Co (2002).

7- Cronin, M "Doing More Business on the internet" New York: Van Nostrand Reinhol (1996).

8- Datba3, M "Designing Interactive Multimedia Systems" McGraw-Hill Co (2003).

9- Forou3an, B "Business Data Communications" McGraw-Hill (2003).

10-   GreenLaw, R "Inline/Online: Fundamentals of the Internet & the World Wide Web" McGraw-Hill Co (2002).

11-   Glodman, J "Client/Sewer Information Systems" Johns Wiley & Sons (1999).

12-   Hills, M "Internet Business Strategic" New York: John Wiley & Sons (1997).

13-   Hofstetter, F "Internet Technologies at Work" McGraw-Hill Co (2005).

14-   Morgan, J "Application Cases in Management Information Systems "McGraw-Hill (2004).

15-   O'leary, T "Computing Tody "McGraw-Hill Co (2006).

16-   Oates, B "Researching Information Systems and Computing" Sage Publications (2005).

17-   O'leary, T "Computing Esseatials" McGraw-Hill Co (2006).

1- Bates, R "Voice and Data Communication Handbook" McGraw-Hill (2002).

2- Conklin, W "Principles of Computer Security" McGraw-Hill (2005).

3- Earr, H "Management of Telecommunications: Business to Busines Problems" McGraw-Hill (2003).

4- Forouzan, B "Local Area Network" McGraw-Hill (2002).

5- Forouzan, B "Data Communications and Networking" McGraw-Hill (2003).

6- Hallberg, B "Networking" McGraw-Hill (2003).

7- Hills, M "Internet as Groupware New York, John Wiley & Sons (1997).

8- Hills, M "Internet Business Strategies" New York, John Wiley & Sons (1997).

9- Maiwald, E "Fundamentals of Network Security" McGraw-Hill (2004).

10- Miller, D "Data Communications and Network" McGraw-Hill (2003).

1- Bennett, S "Object-Oriented Systems Analysis and Design Using UML" McGraw-Hill Co (2002).

2- Garvin, D "Building a Learning Organization "Haward Business Review- (July 1993).

3- Grover, V "Investment Priorities in Contemporary Organization "Communications of the ACM 41, no.2 (February 1998).

4- Haag, S "Information Systems Essentials" McGraw-Hill.

5- Iansiti, M "Developing Products on Internet Time" Haward Business Review, (October 1997).

6- Keen, P "Shaping the Future: Business Design through Information Technology "Haward Business School press, (1991).

7- Marakas, G "Systems Analysis & Design an Active Approach" McGraw-Hill (2005).

8- Schach, S "Introduction to Object-Oriented Analysis and Design. McGraw-Hill (2004).

1- Avison, D "Information Systems Development" Methodologies Techniques and Tools: McGraw-Hill Co (2003).

2- Chester, M "Basic Information Systems- Analysis and Design" McGraw-Hill Co (2002).

3- Carmine, C "Object-Oriented Analysis and Design" Information Systems Management, (1995).

4- Hunton, J "Effects of Users Participation in Systems Development: A longitudinal Field Study", MIS Quarterly 21, no.4 (December 1997).

5- Janz, B "Reengineering the System Development Process" Journal of Management Information System (1997).

6- Post, G "Management Information Systems Solving Business Problems with Information Technology" McGraw-Hill Co (2003).

7- Sabherwahl, R "the Role of Trust MIS Outsourcing Development Projects" Communications of the AEM (1999).

8- Thompson, R "Information Technology and Management" McGraw-Hill (2003).

1- Alavi, M "An Assessment of the Prototyping Approach to Information Systems Development" Commutations Of the ACM (1984).

2- Britton, C "Software System Development: A Gentle Approach". McGraw-Hill Co (2003).

3- Baskerville, R "Controlling Prototyping Development through Risk Analysis" MIS Quarterly 20, no.4 (Dec 1996).

4- Fitzgerald, B "Information Systems Development" Methods-In Action. McGraw-Hill Co (2002).

5- Haag, S "Management Information Systems for the Information Age" McGraw-Hill Co (2005).

6- Keen, P "Information System and Organizational Change" Communications of the ACM (January 1981).

7- McKeen, J "Successful Strategic for Users Participle in Systems Development", Journal of Management Information Systems 14, no.2 (Fall 1997).

8- Nerson, J "Applying Object-Oriented Analysis and Design" Communications of the ACM (September 1992).

9- Newmann, P "Systems Development Woes" Communications of the ACM (Dec 1997).

10- Williams, B "Using Information Technology" McGraw-Hill (2004).

1- Keil, M "A Framework for Identify Software Project Risks" Communications of the ACM (1998).

2- Keen, P "Shaping the Future: Business Design through Information Technology" Cambridge: the Business School Pren (1991).

3- Mahmood, M "Measuring the Organizational Impact of Information Technology Investment" Journal of Management Information System 10, no.1 (September 1993).

4- Matlin, G "What is the Value of Investment in Information Systems" MIS Quarterly 12 no.3 (September 1989).

5- Simgleton, J "Measuring Information System Performance" MIS Quarterly (1988).

6- Timmreck, E "Performance Management: Vendor Specifications and Benchmarks", in the Information Systems Handbook (1975).

7- Willis, T "An Assessment of Systems Development Methodologies" Journal of Information Technology Management (1991).

1- Davenport, TH "Process Innovation: Reengineering Work through Information Technology" Boston: Haward Business School Aren, (1993).

2- Kettinger, W "Business Process Change: A Study of Methodologies Techniques and Tools "MIS Quarterly (March 1997).

3- Morgan, J "Application Cases in Management Information Systems" McGraw-Hill (2004).

4- Marks, M "If we Build it, They Will Come: Designing Information Systems That People Want to Use", Sloan Management Review (Summer 1994).

5- Mursay, R "Building the Business of the Future the IT Imperative" Information System Management (Fall 1992).

6- O'brien, J "Evaluating Information Systems Documentation Techniques" Journal of Information System Education (Fall 1992).

7- Pei, D "Object-Oriented Analysis and Design "Information System Management (1995).

8- Sprague, R "Information System Management in Practice", 3rd ed, Englewood Cliffs. Prentice Hall, (1993).

9- Whitten, J "Systems analysis and Design Methods with Project and Cases" McGraw-Hill Co. (2004)

المؤلف في سطور

من مواليد 1940- العراق

بكالوريوس في التجارة والاقتصاد من جامعة بغداد

عام 1962

ماجستير في دراسات الشرق الأوسط من الجامعة الأمريكية- الولايات المتحدة عام

1966

ماجستير في نظم المعلومات الإدارية من جامعة ويلز- المملكة المتحدة 1983

شارك في إدارة الكثير من الدورات والبرامج التدريسية التي ينظمها المركز القومي

للاستشارات والتطوير الإدارية. قدم العديد من الخدمات الاستشارية في حقل

الإدارة المالية والصناعية.

اصدر العديد من الكتب في مجال تخصصه إلى جانب العديد من المقالات المنشورة

في المجلات العلمية المتخصصة في الإدارة الصناعية والتنمية الإدارية

Printed in the United States
By Bookmasters